镇江文博 2022

ZHENGJIANG WENBO

镇江博物馆 编

江苏大学出版社
JIANGSU UNIVERSITY PRESS
镇 江

图书在版编目(CIP)数据

镇江文博. 2022 / 镇江博物馆编. -- 镇江 : 江苏大学出版社，2023.11
ISBN 978-7-5684-1933-8

Ⅰ. ①镇… Ⅱ. ①镇… Ⅲ. ①文物－考古－镇江－文集 Ⅳ. ①K872.533-53

中国版本图书馆 CIP 数据核字(2022)第 247359 号

镇江文博. 2022

编　　者/镇江博物馆
责任编辑/吴小娟
出版发行/江苏大学出版社
地　　址/江苏省镇江市京口区学府路 301 号(邮编：212013)
电　　话/0511-84446464(传真)
网　　址/http://press.ujs.edu.cn
排　　版/镇江市江东印刷有限责任公司
印　　刷/南京玉河印刷厂
开　　本/889 mm×1 194 mm　1/16
印　　张/10.25
字　　数/300 千字
版　　次/2023 年 11 月第 1 版
印　　次/2023 年 11 月第 1 次印刷
书　　号/ISBN 978-7-5684-1933-8
定　　价/68.00 元

目　录

江苏省江宁甘村甸遗址发掘简报

南京博物院　南京市江宁区文化遗产保护中心[1]

内容提要：2019 年，南京博物院主持了江苏省江宁甘村甸遗址的发掘工作，发掘区位于遗址的北部边缘地带，一共布设探方 19 个，发现房屋、水井、道路、墓葬等遗迹和不同质地的众多遗物。发掘区内地层时代为汉至六朝时期，甘村甸遗址应是一处六朝时期的聚落遗址，这为研究南京地区汉至六朝时期文化遗存积累了重要资料。

关键词：江宁　甘村甸　六朝

甘村甸遗址位于江苏省南京市江宁区禄口街道上穆社区甘村甸自然村，东接将军大道，与南京 S1 号地铁线相距约 900 米，东南距禄口机场约 5000 米。遗址发掘区中心坐标：东经 118°49′6″、北纬 31°44′60″（图一）。

甘村甸遗址位于地势较高的土岗之上，民房密集，周边分布着农田和池塘。因甘村甸自然村北部区域拟出让建设，2017 年对该地块进行平整时发现该遗址。根据勘探情况分析，拟建设地块应为甘村甸遗址的北部。该地块上层堆积土已被挖除约 1 米，地块周边建有长方形水泥围墙，长 320 米，宽 160 米，围墙内面积 5 万多平方米。经国家文物局批准，2019 年 9 月至 12 月，南京博物院联合河南大学、南京市江宁区文化遗产保护中心对该地块进行抢救性考古发掘。

发掘区位于水泥围墙之内，依据前期勘探情况，分别在发掘区内东、西部布设两个小发掘区。东部发掘区为 A 区，布 10 米×10 米探方 9 个，探方编号分别为 T1311、T1312、T1411、T1412、T1511、T1512、T1611、T1612、T1712。由于后期发掘需要，T1412 和 T1512 向北扩方，发掘面积共计 1004 平方米。西部发掘区为 B 区，布 10 米×10 米探方 10 个，探方编号分别为 T0201、T0202、T0203、T0301、T0302、T0303、T0402、T0403、T0502、T0503，发掘面积共计 1000 平方米。两个发掘区共计发掘面积 2004 平方米（图二）。此次发掘清理了汉代至六朝时期墓葬、灰坑、房址、水井、沟、路等遗迹，出土了银器、铜器、铁器、石器、陶器、瓷器、骨器等遗物。由于 B 区地层浅薄，发现的遗迹和遗物极少，现仅将 A 区发掘情况介绍如下。

［1］ 徐勇，男，1989 年 9 月生，南京博物院馆员；张伟，男，1983 年 1 月生，泰州市博物馆馆员；马永强，男，1976 年 3 月生，南京博物院研究员，南京大学历史学院在读博士。

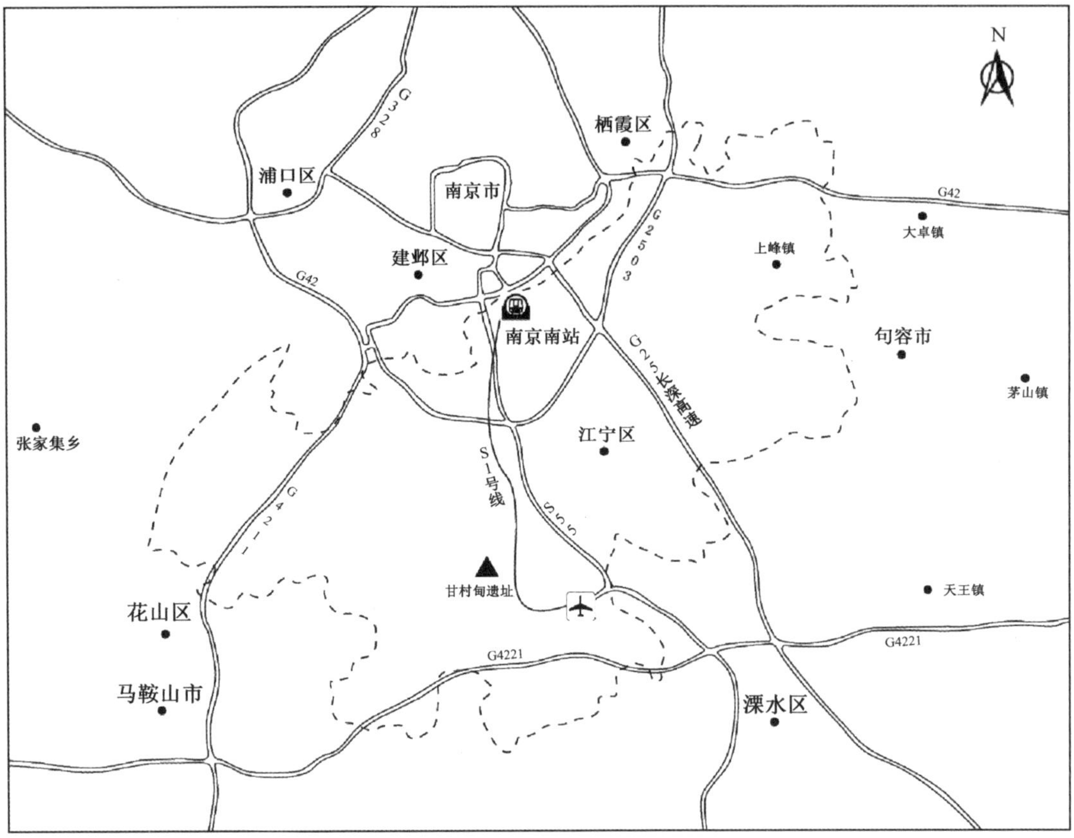

图一　甘村甸遗址位置示意图

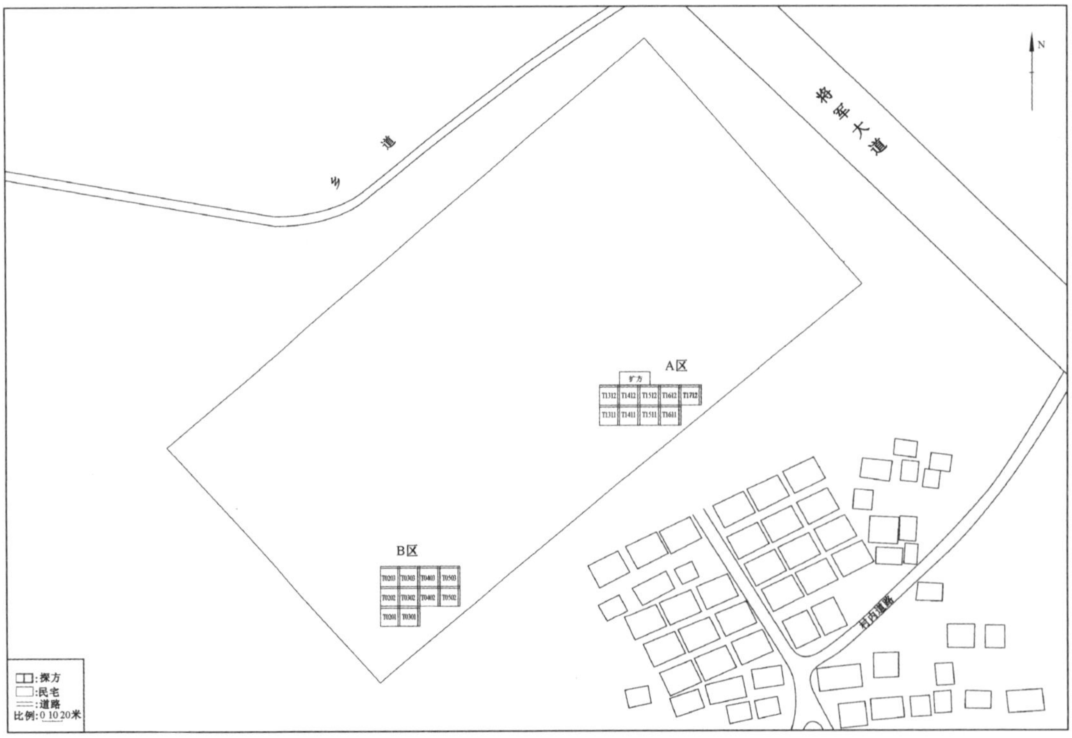

图二　甘村甸遗址布方图

一、地层堆积

A 区地层以 T1311、T1411、T1511、T1611 南壁（图三）和 T1411、T1412 及其扩方的西壁（图四）为例介绍如下。

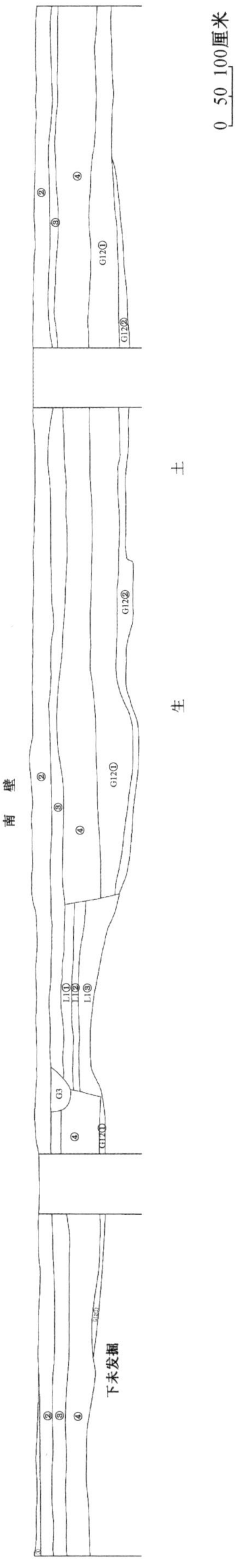

图三　A 区南壁

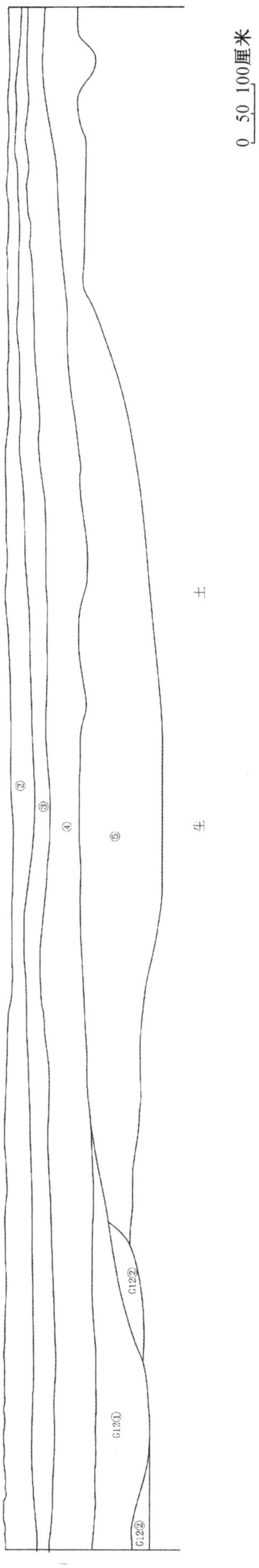

图四　A 区西壁

第①层，浅黄色土层，分布于A区东部，西部地层较薄，斜坡状堆积，厚0~0.25米，土质致密。包含物有青瓷片、釉陶片、泥质红陶片、泥质灰陶片、板瓦、筒瓦等。该层为六朝时期文化层。

第②层，黄褐色沙土层，遍布A区。地层南部较厚，呈南北向斜坡状堆积，厚0.2~0.5米，土质致密。包含物中板瓦、筒瓦、泥质红陶片、泥质灰陶片较多，有少量青瓷片、釉陶片和石器。开口于此层下的遗迹有H1—H10、H12—H17、H20、H22、G1、G3、G4、G7、M1—M3。该层为六朝时期文化层。

第③层，浅灰色土层，遍布A区。地层东部较厚，呈水平层分布，厚0.1~0.3米，土质较致密。包含物中有青瓷碗、板瓦、筒瓦、泥质红陶片、泥质灰陶片。开口于此层下的遗迹有H34—H60、G8、G9、G11、M4、F1。该层为六朝时期文化层。

第④层，灰黑色土层，夹杂有红烧土颗粒和炭灰，遍布A区。南部地层较厚，呈斜坡状堆积，厚0.4~1.4米，土质较致密。包含物中灰陶片较多，有少量夹砂红陶片、印纹硬陶片，可见器形有罐、盆等。开口于此层下遗迹有J4、H12。该层为汉代文化层。

第⑤层，青灰色土层，夹杂有生土块，分布于A区北部，南部被G12打破。地层呈斜坡状堆积，厚0.3~1.5米，土质疏松。包含物较少，有少量红陶片、灰陶片和印纹硬陶片和原始瓷片。该层为汉代文化层。

⑤层以下为生土。

二、重要遗迹遗物

（一）汉代重要遗迹、遗物

1. 汉代重要遗迹

发掘区内汉代地层有两层，发现的遗迹有J4、L1和G12。

J4　开口于第④层下，打破第⑤层和生土层（图五；图版一：1），位于T1312中部。J4井口为不规则圆形，斜壁平底，口径约1.52、底径约1.1、井深3米。井内填土堆积分为两层：第①层填土为黑灰色淤积土，土质疏松，包含物有草木灰、印纹硬陶残片、陶豆残片，深2.2米；第②层填土为青灰色淤积土，土质较疏松，包含物有少量灰陶片，深0.8米。

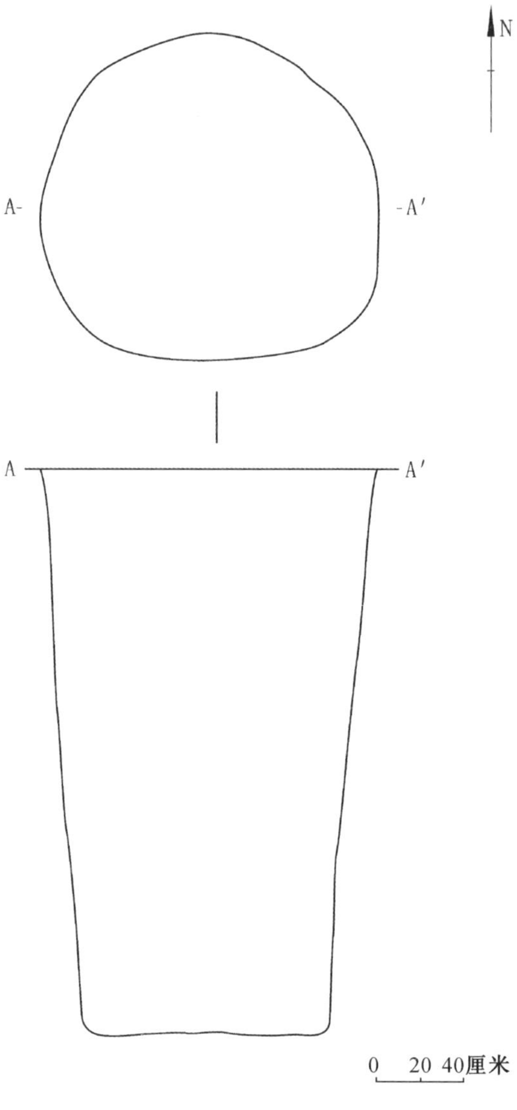

图五　J4平、剖面图

L1　顶部被第③层土叠压，两侧有第④层土和G12沟内堆积（图六；图版一：2）。横跨T1411、T1412、T1511、T1512四个探方，向探方北部扩方，将L1北部全部揭露。方向160°。L1长条形，顶小底大，两侧呈斜坡状，底部建在生土上，东南至西北走向，道路主体构筑借助于低洼地带中的生土丘垅地形，底层利用沟内黏土垫积，顶部用草包泥堆筑路面（图版一：3）。截面呈梯形，两侧壁面无明显修整痕迹。南北长约26米，南窄北宽，南部路面宽4.4、

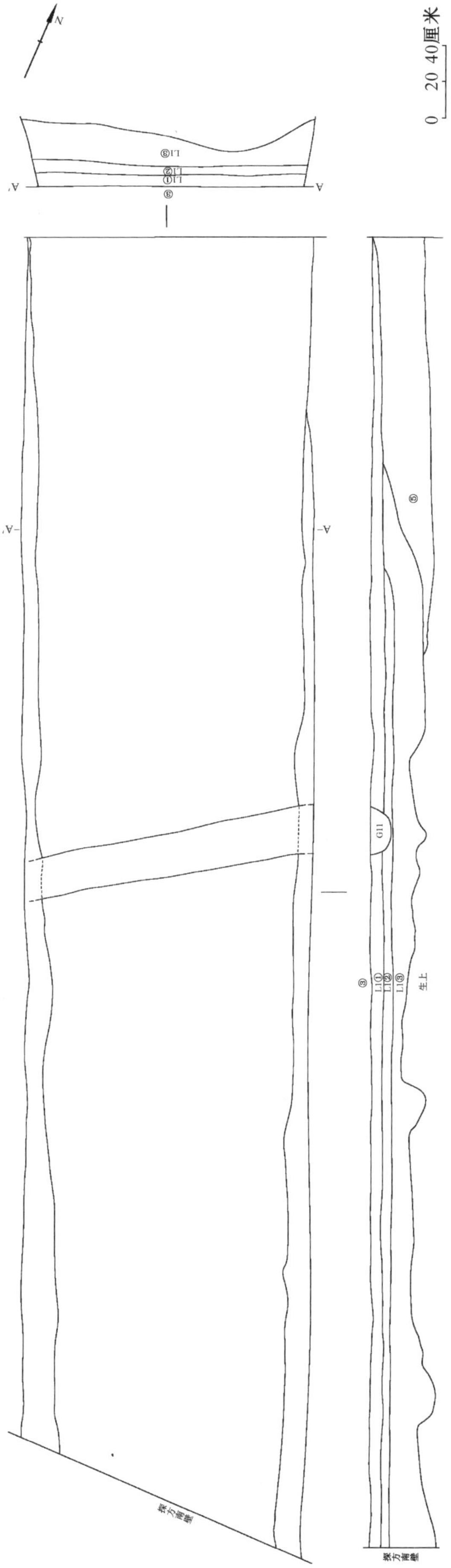

图六 L1平、剖面图

路基宽 5.5 米，北部路面宽 5.5、路基宽 5.6 米，路高 0.2~1.3 米。L1 可分为 3 层（图版一：4）：

第①层，草包泥层，厚 0.2~0.4 米，黄褐色黏土，土质致密，可较清晰看见草包腐朽后的方格状灰带，草包形状及大小不统一，夹杂少量碎瓦片及烧土颗粒。该层出土铜质方形印章一枚。

第②层，垫土层，厚 0~0.22 米，灰褐色黏土，土质致密，包含物有小红烧土颗粒。未见夯筑痕迹。

第③层，垫土层，厚 0~0.9 米，青灰色黏土，土质致密，其间夹杂少量陶片残片、印纹硬陶残片和炭灰末。未见夯筑痕迹。

L1 北端为生土堆积，南部直通遗址堆积较厚的主体部分，并且两侧有大面积的沟堆积，应为遗址外直通遗址内的一条人工修筑的道路。

G12　叠压于第④层下，打破第⑤层和生土层（图七），被 L1 横跨，位于 T1311、T1411、T1511、T1611 南部，并延伸到探方之外。探方内 G12 呈不规则形，堆积呈斜坡状，北部薄，南部厚。沟内堆积分为两层：第①层填土为黑灰色淤积土，土质较疏松，包含物有少量夹砂红陶片和印纹硬陶片，灰陶片较多，可辨器形有罐、盆等，厚 0~0.9 米；第②层填土为青灰色淤积土，土质较致密，包含物较少，有少量灰陶腹片，厚 0~0.4 米。

2. 汉代遗物

汉代地层中出土遗物大部分为破碎的砖瓦片，可辨器形和可修复器类很少，根据质地分为铜器和陶器两种。

（1）铜器

铜印章　1 件（L1：1）。锈蚀，拱桥纽，正方形印身，印文篆书，白文，印文为“王舜”，印身边长 1.5、高 1.6 厘米（图八：1；图版一：5）。

铜箭镞　2 件。锈蚀。T1712④：1，素面，通体光滑，三棱锥面，锥面开血槽，箭刃锋利，棱尾削角，镞尾渐变成圆形箭铤，箭铤尾部残存锈蚀铁铤。通长 4、棱宽 1 厘米（图八：2；图版一：6）。T1612④：3，残，素面，圆锥形镞心，镞头为三翼形，仅存一翼保存大部分翼叶，其他两翼仅存根部。尾端有圆柱形箭铤，通长 4.5、残宽 0.7、铤长 0.7、直径 0.4 厘米（图八：3；图版二：1）。

（2）陶器

陶豆　1 件（J4：1）。泥质灰陶，素面，残留豆盘内底局部，喇叭形圈足，足下部折壁有突棱。残柄高 8.2、圈足直径 9 厘米（图九：1；图版二：2）。

陶鼎足　1 件（T1612④：1）。红陶，直立足，截面半弧形，足中部外表面内收，内表面平整，底平。残高 5.7、残宽 3.6、厚 1.5 厘米（图九：2）。

陶网坠　1 件（T1612④：2）。红陶，略残，双缢形网坠，中间横向凹绳槽，两端各一个竖向凹绳槽，表面有打磨痕迹。长 8、宽 3.9、厚 2.8 厘米（图九：3；图版二：3）。

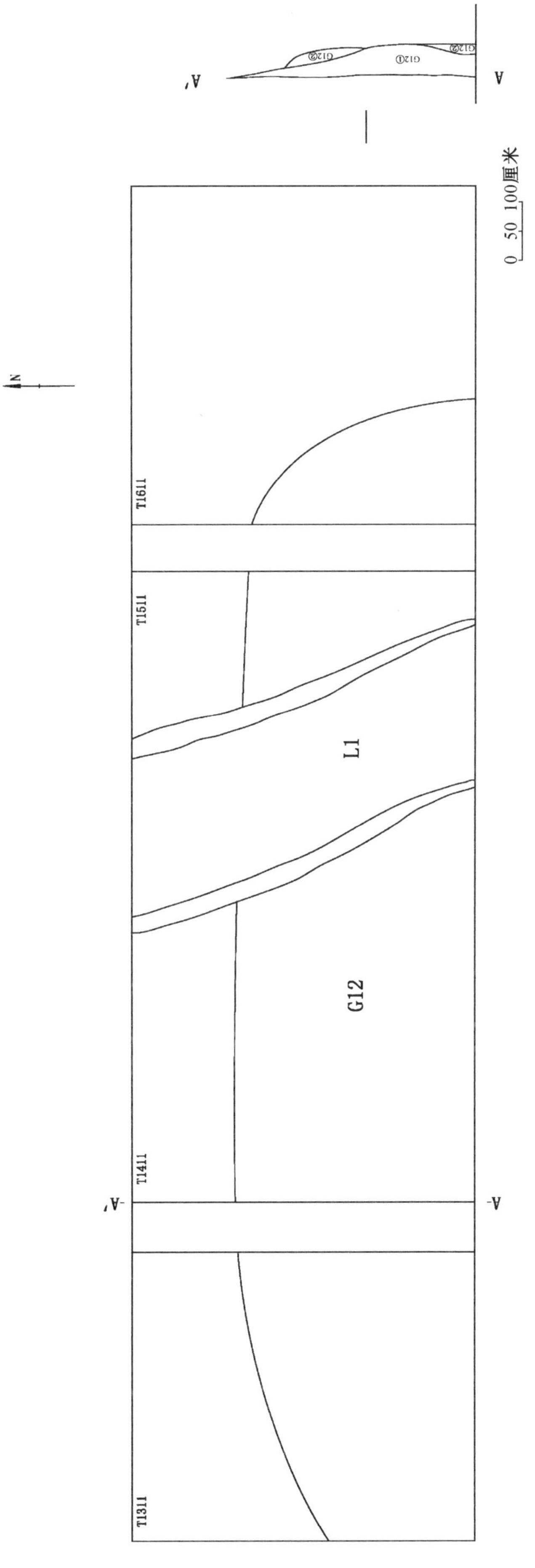

图七　G12平面图

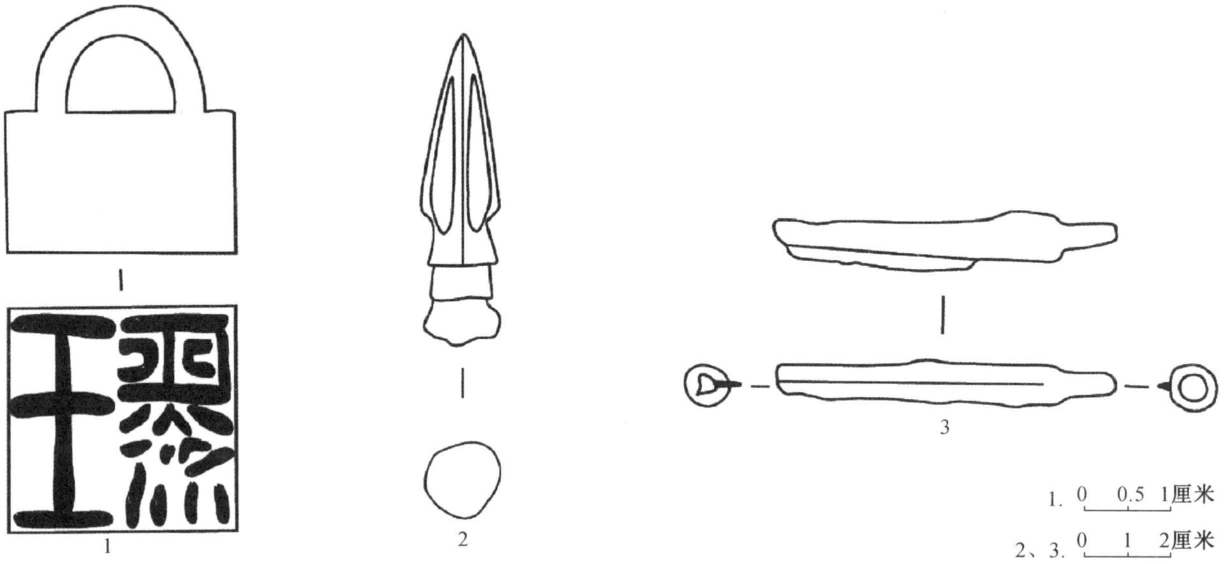

图八　汉代地层出土铜器

1. 铜印章（L1：1）　2、3. 箭镞（T1712④：1、T1612④：3）

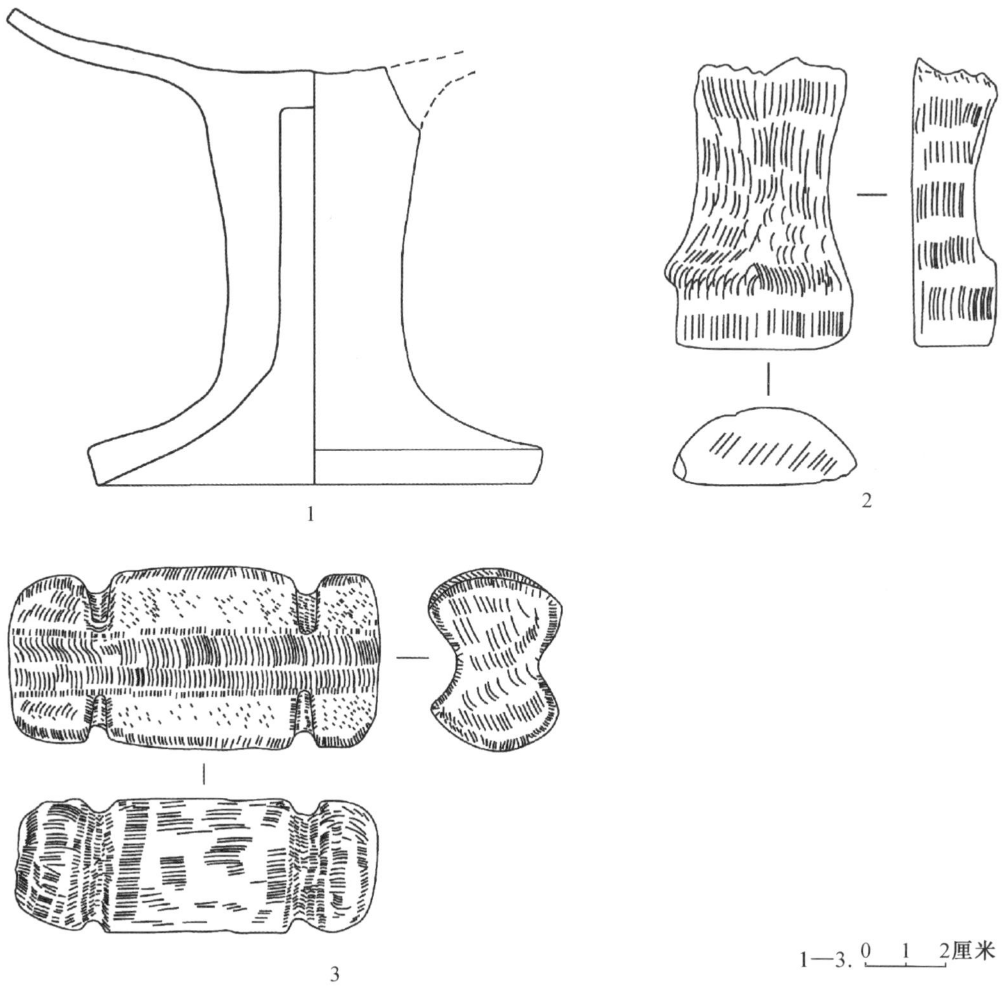

图九　汉代地层出土陶器

1. 陶豆（J4：1）　2. 陶鼎足（T1612④：1）　3. 陶网坠（T1612④：2）

（二）六朝时期重要遗迹、遗物

1. 六朝时期重要遗迹

发掘区内六朝时期地层有 3 层，发现有众多灰坑，另发现有房址、墓葬、灰沟等遗迹。现挑选各类遗迹中较典型的详细介绍如下。

F1 开口于第③层下，打破第④层，位于 T1712 中部偏西，方向 136°（图一〇；图版二：4）。该遗迹由 13 个柱洞环绕组成，依次编号为 F1D1—F1D13。柱洞内填土为黄白色花土，土质纯净致密。房址内径约 4.5 米，房址内踩踏面不明显。其中，西南侧 4 个柱洞 F1D6—F1D9 在一条直线上，其他 9 个柱洞位于东侧，呈半环状。北侧 F1D3—F1D5 这 3 个柱洞距离较近，呈三角之势分布。南侧 F1D10 和 F1D11 相邻，内凹向房址内部。其他柱洞之间距离 0.8~1.4 米。柱洞为不规则椭圆柱形，各柱洞数据如下：

F1D1，最大径 0.42、深 0.44 米。

F1D2，最大径 0.36、深 0.5 米。

F1D3，最大径 0.32、深 0.46 米。

F1D4，最大径 0.33、深 0.46 米。

F1D5，最大径 0.28、深 0.4 米。

F1D6，最大径 0.46、深 0.52 米。

F1D7，最大径 0.36、深 0.5 米。

F1D8，最大径 0.36、深 0.5 米。

F1D9，最大径 0.28、深 0.58 米。

F1D10，最大径 0.2、深 0.5 米。

F1D11，最大径 0.26、深 0.53 米。

F1D12，最大径 0.26、深 0.52 米。

F1D13，最大径 0.26、深 0.5 米。

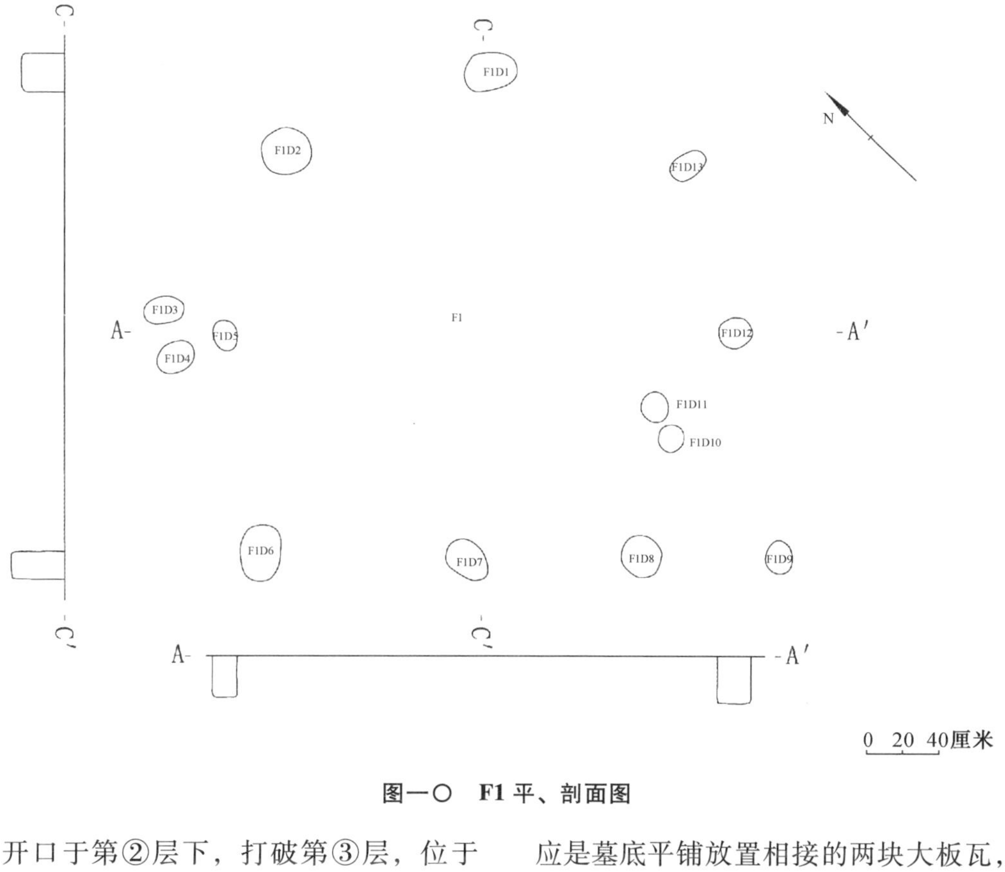

图一〇　F1 平、剖面图

M3 开口于第②层下，打破第③层，位于 T1412 西部，方向 165°（图一一；图版二：5）。竖穴土坑墓，平面形状呈长方形。墓内填土呈灰褐色，土质致密，纯净无包含物。墓内有残破板瓦组合的葬具。根据发掘情况推测，应是墓底平铺放置相接的两块大板瓦，其四周竖放小板瓦，然后顶部再用板瓦倒扣覆盖，内部留有空间放置尸骨。现顶部和侧面板瓦破碎残缺，底部板瓦也残破。板瓦有红褐色和灰色两种，纹饰为上部弦纹，下部网格纹。葬具内尸骨不存。墓圹东西宽 0.6、南北长 1.05、深 0.31 米。葬具残长 0.77、残宽 0.5、残深 0.28 米。从葬具尺寸分析，M3 应为埋葬孩童尸骨之墓。

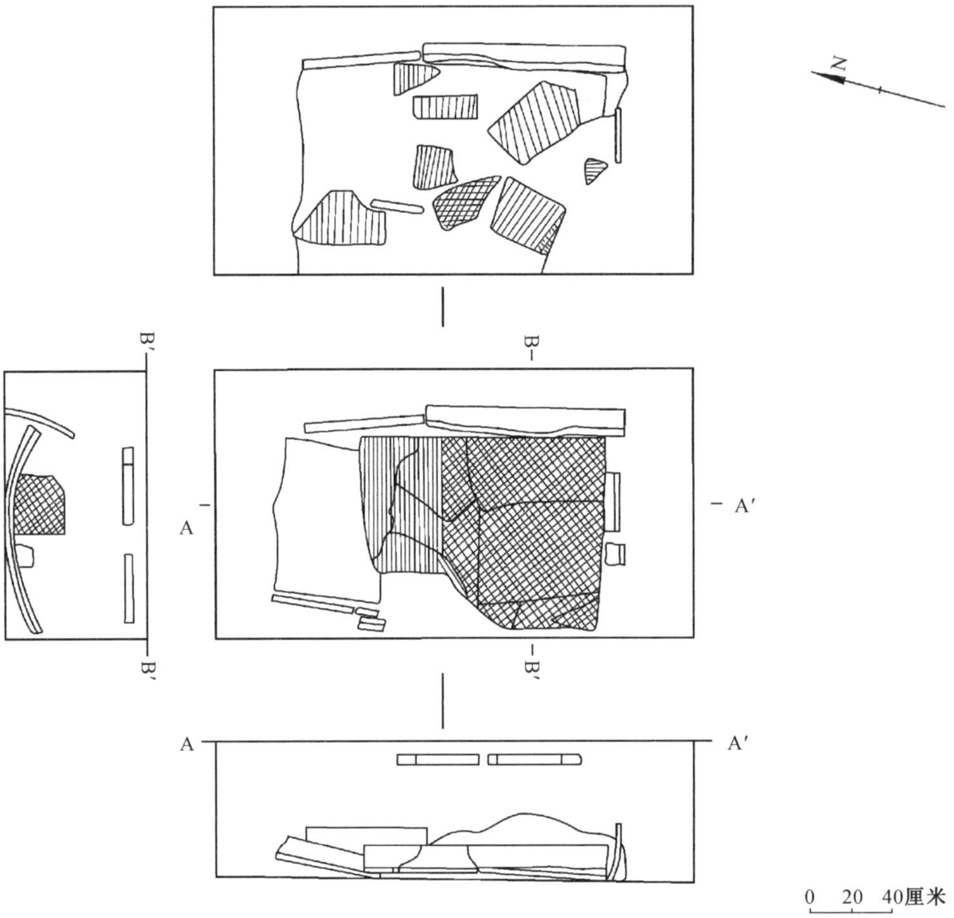

图一一　M3 平、剖面图

H22 开口于第②层下，打破第③层和 L1，位于 T1412 中部，方向 90°（图一二；图版二：6）。填土为一次性填土，浅灰黑色，土质致密，包含物有泥质灰陶片、瓦片、红烧土颗粒。出土 1 件可修复瓷钵。灰坑距地面 0.3、最大直径 1.04、深 0.4 米。

G1 开口于第②层下，打破第③层，斜跨 T1511 和 T1512 两个探方，方向 165°（图一三；图版三：1）。平面长条状，截面呈弧形，壁面无修整痕迹。探方内全长约 17.75 米，宽 1.05～2 米。填土分为两层：第①层填土为灰黑色黏土，包含陶片、瓦片等，厚 0～0.36 米；第②层填土为黑色淤土，夹杂大量草木灰，包含少量陶片、瓦片，厚 0～0.06 米。G1 内出土 5 件筒瓦和 1 件瓦当。

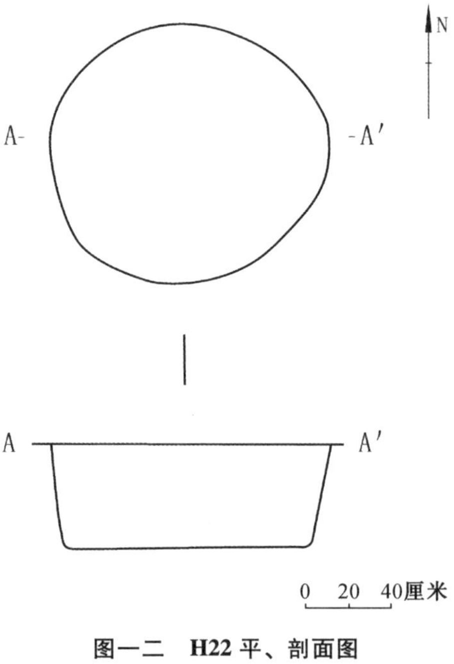

图一二　H22 平、剖面图

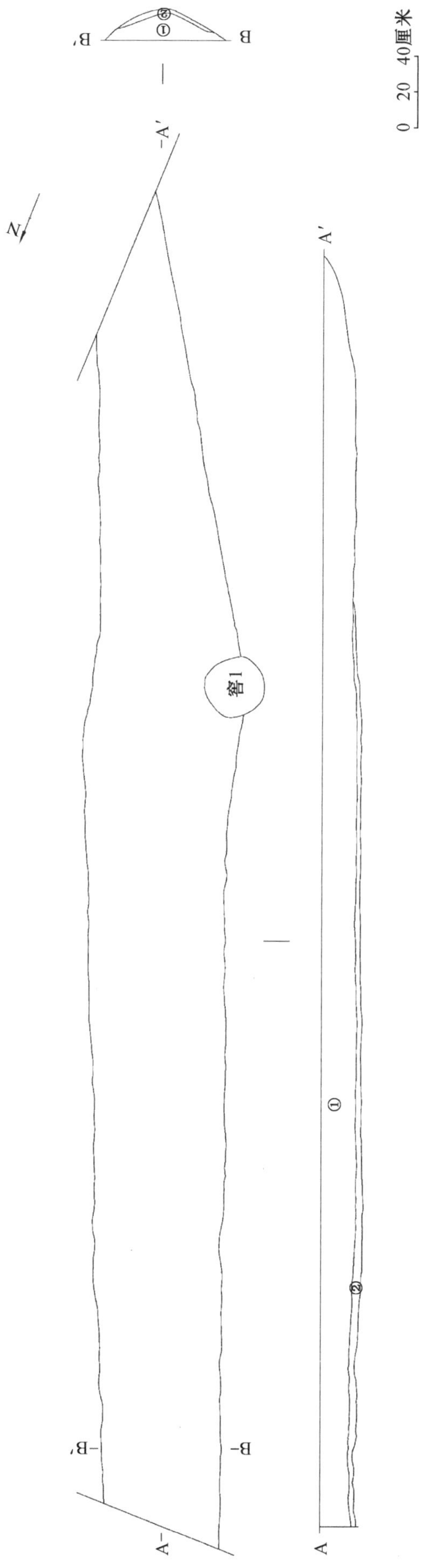

图一三　G1 平、剖面图

窖1开口于第②层下，打破G1，一半压在T1511北隔梁中部下，一半在探方内，方向90°（图一四；图版三：2）。窖1为土圹内砖筑窖，窖口为不规则椭圆形，窖壁由残青砖、石头和瓦片砌筑而成，残存3层。残砖上有穿壁纹和三角几何纹。窖内填土为灰褐色黏土，纯净无包含物。口径约0.78米，残深0.24米。

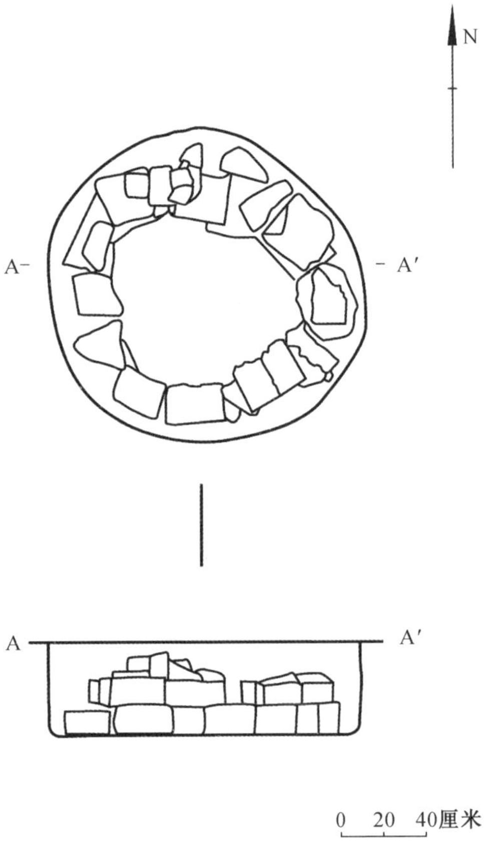

图一四 窖1平、剖面图

2. 六朝时期遗物

六朝时期地层内出土遗物以生活生产用品为多，按照质地和功能可分为银器、铜器、铁器、陶器、瓷器、石器、骨器和建筑构件等。

（1）银器

银发钗 1件（T1312②：8）。银质，锈蚀，断裂，双股“U”形，截面呈圆形。长19.4、直径0.4厘米（图一五；图版三：3）。

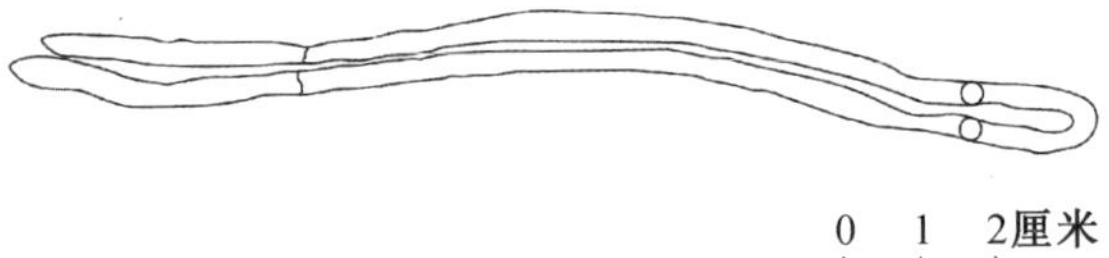

图一五 六朝时期地层出土银发钗

（2）铜器

铜箭镞 8件。铜质，锈残，三棱锥形。根据镞面是否有血槽可分为A、B两型。

A型 3件。镞面有血槽。G4：1，镞铤呈六边形。长3、宽1.1、厚0.9厘米。T1311②：8，镞铤近似圆形。长4、宽0.8、厚0.7厘米。T1312②：9，镞铤呈六角形，后部残留少量铁质铤杆。长3.4、宽1.1、厚1厘米（图一六：1；图版三：4）。

B型 5件。镞面没有血槽，镞铤呈六边形。T1312②：1，长3.6、宽1.2、厚1.2厘米。T1312②：14，镞铤后部残留少量铁质铤杆，长2.6、宽1、厚1厘米。T1511②：2，长2.5、宽1、厚0.8厘米（图一六：2；图版三：5）。T1312③：2，长2.5、宽1、厚0.8厘米。T1612③：7，后部残留少量铁质铤杆。通长4、宽1.3、厚1.4厘米。

铜眉刷 2件。铜质，锈蚀。T1311②：11，通体鎏金，烟斗状圆孔刷头，圆柱状刷柄，刷尾阴刻龙头样纹饰。通长12.2、刷头直径1厘米（图一六：3；图版三：6）。H16：1，烟斗状圆孔刷头，圆柱状刷柄，略弯曲，柄尾端残。残长5.6、宽0.8、高1厘米。

铜镜残片 2件。铜质，残锈。T1312②：6，残存弧形边，镜背有两道凸弦纹和云纹。残长3.9、残宽2.5、厚0.3厘米。T1612③：6，残存弧形边，由外而内镜背纹饰有卷云纹、凸弦纹、锯齿纹。残长2.6、残宽2、厚0.3厘米（图一六：4；图版四：1）。

铜带钩 1件（T1611②：6）。铜质，素面，瘦长腹，截面呈纺锤形，钩圆形首，下有一圆形纽。通长8、通高1.1厘米（图一六：5；图版四：2）。

铜顶针 1件（T1412③：1）。铜质，锈蚀，变形。扁环形，环身外侧面饰五圈凹孔纹饰。环外直径2、厚0.2、宽0.7厘米（图一六：6；图版四：3）。

铜盖弓帽 4件。铜质，锈残。比较完整的盖弓帽1件（T1712③：6），上有椭圆球形帽，下是圆柱体筒身，中空，一边有半月形尖钩，圆柱体筒身上有一圈凸棱，底部有一直径0.2厘米的穿孔。通长6.4、柱径1.1厘米（图一六：7；图版四：4）。仅剩球形帽顶3件：G7：1，直径1.4、高1.1厘米；T1312②：13，直径1.4、厚1.1厘米；T1411③：2，直径1.6、厚1.2厘米。

铜刀　1件（T1511②：1）。铜质，锈残，略弯曲弧状柄，前端残留少许刃部，柄部呈片状，尾部有纺锤状柄首。残长8.5、残宽1、厚0.4厘米（图一六：8；图版四：5）。

铜泡钉　1件（T1311②：7）。铜质，锈残，素面，钉帽椭圆形，帽心略凸起，边缘薄，底面圆心处有三棱柱状柄凸起。直径2、厚0.3厘米（图一六：9；图版四：6）。

铜饰件　3件。T1511②：4，弯钩状铜饰，锈残，一端为内斜边，外直棱钩状，另一端渐宽，截面呈平行四边形，中空。长2.2、宽1.6、厚0.8厘米（图一六：10；图版四：7）。T1312②：4，铜条状铜饰，锈残，截面圆形铜条状，一端渐变为扁平弧形边薄片。长7.8、直径0.5厘米。T1712③：7，铜质龙头饰件，锈残，主体为龙头及卷曲的龙身，雕刻技法细腻。侧面有銎孔，应为插饰件。通长2.6、通宽1.7厘米（图一六：11；图版四：8）。

铜钱　有刀币、大泉五十、蚁鼻钱和五铢钱4种。

铜刀币　1枚（T1712③：5）。铜质，锈蚀，刀柄末端残缺，刀身如刀刃，外围有凸棱，刀身有阳文“五百”二字，新莽时期铸造。长4.3、宽1.4、厚0.1~0.3厘米（图一六：12；图版五：1）。

大泉五十　3枚。铜质，锈残，圆形方孔，有内外廓，阳文“大泉五十”钱文，新莽时期铸造。T1512②：3，钱文清晰，直径2.6、厚0.1厘米（图版五：2）。T1712③：3，部分外郭残缺。直径2.4、厚0.1厘米。T1712③：13，钱文残存“大”和“五”，直径2.7、厚0.2厘米。

蚁鼻钱　1枚（T1611③：2）。铜质，锈蚀。凸面椭圆形贝状，凸面有阴刻鬼脸纹饰。长1.8、宽1、厚0.3厘米（图版五：3）。

五铢钱　4枚。铜质，锈蚀。圆形方孔，有内外廓，阳文“五铢”钱文。H1：1，残缺部分内郭，直径2.6、厚0.1厘米。T1312②：7，直径2.4、厚0.1厘米。T1411③：1，残缺部分外郭，直径2.4、厚0.1厘米（图版五：4）。T1311③：1，残缺部分外郭，直径2.4、厚0.1厘米。

（3）铁器

铁箭镞　3件。铁质，锈残。T1312②：10，三棱锥状，镞铤削棱呈六边形。长6.3、宽1.4、厚1.3厘米（图一七：1；图版五：5）。T1312②：12，四棱锥状，镞铤渐变为圆形。长4.5、直径1厘米。T1412②：3，两棱锥形，扁平。长2.6、宽1.5、厚1厘米。

铁鼎足　1件（T1612③：4）。铁质，锈蚀，残存鼎足上部分，圆突形。残长7.8、残宽6.3、厚3.3厘米（图一七：2）。

铁钩　1件（T1311②：2）。铁质，锈残，尖四棱锥状，头部弯曲成钩，钩与椎体呈90°，钩背面与该面整体略呈弧形，锻造制成。长3.6、宽0.9、厚1.3厘米（图一七：3；图版五：6）。

铁铲　1件（H1：3）。铁质，锈残，铲形，刃端薄，首端厚，中空。器身一侧首部处嵌有凹槽。长9、宽4.4、厚2厘米（图一七：4；图版五：7）。

铁锛　2件。铁质，锈残，斜扁平长条形。T1312②：2，刃部和顶部残缺。长10.5、宽4.4、厚2.1厘米（图一七：5）。T1512③：5，刃部残缺，銎部内填有泥土。长12.1、宽6、厚2.8厘米（图一七：6；图版五：8）。

铁权　1件（T1312②：5）。铁质，锈蚀，半球体，顶部圆环纽，平底。直径8.5、高5.5厘米（图一七：7；图版六：1）。

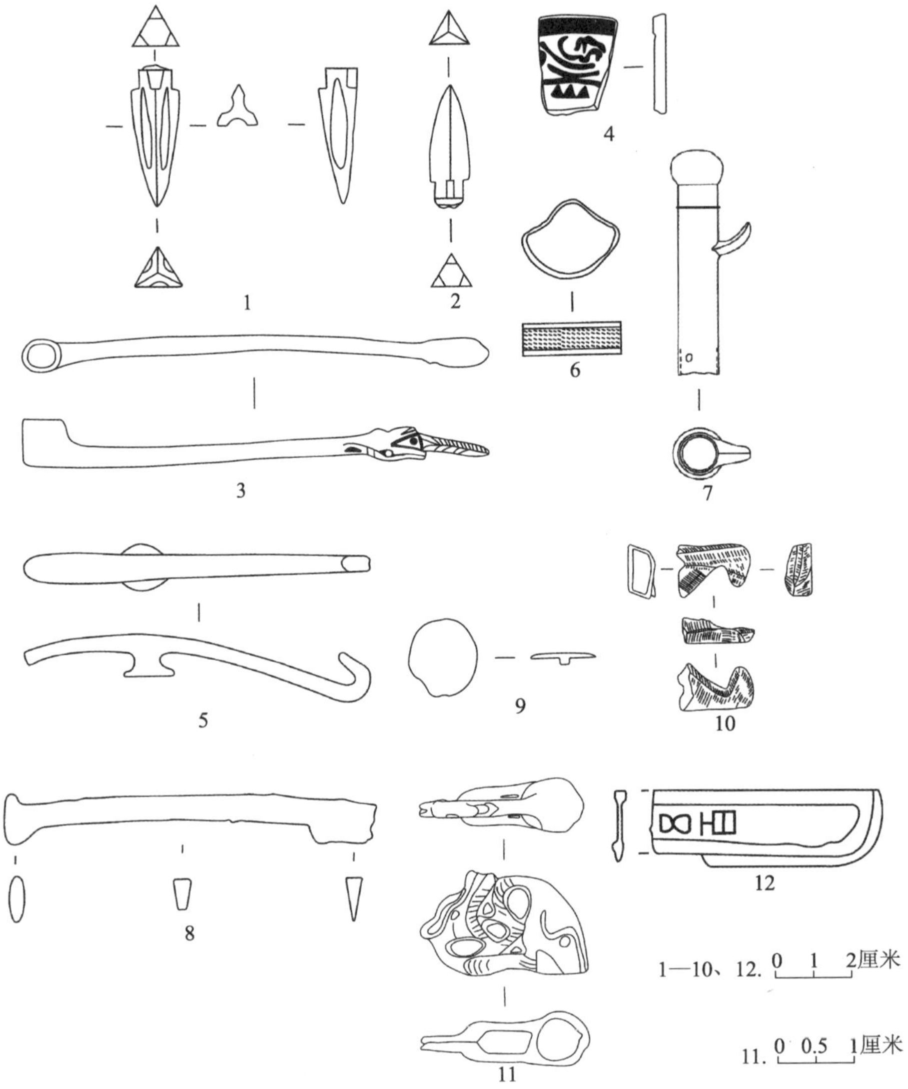

图一六 六朝时期地层出土的铜器

1、2. 箭镞（T1312②：9、T1511②：2） 3. 眉刷（T1311②：11）
4. 铜镜（T1612③：6） 5. 带钩（T1611②：6） 6. 顶针（T1412③：1）
7. 盖弓帽（T1712③：6） 8. 铜刀（T1511②：1） 9. 泡钉（T1311②：7）
10. 铜饰（T1511②：4） 11. 铜质龙头饰件（T1712③：7） 12. 刀币（T1712③：5）

铁钉 1件（T1512③：2）。铁质，锈残，中部弯曲呈弧形，一端为三角形钩状，截面为扁平长方形。长19、宽1、厚0.6～0.8厘米（图一七：8）。

铁环 2件。铁质，锈残。H1：2，柱状圆环，环缺四分之一圆弧，锈蚀严重。直径2.7、高2、厚0.3厘米（图一七：9；图版六：2）。T1311②：12，弧拱形，相当于圆周的四分之一。四边棱角清晰。长7.5、宽4.8、厚1.1厘米。

铁棒 1件（T1712②：6）。铁质，锈蚀严重，棒状，截面呈八面形，头大底小。通长26.8、宽2.4～3.6厘米（图一七：10；图版六：3）。

楔形铁器 2件。铁质，锈残，长方体，一端凸起，呈三角形截面齿状，反面平整。T1311②：3，长5.9、宽2.3、厚1.8厘米（图一七：11；图版六：4）。T1311②：9，长4.4、宽2.1、厚1.7厘米。

方形穿孔铁器 1件（T1611③：3）。锈残，正方形，直边，中心有孔，孔锈蚀。边长4.4、厚1.5、穿孔直径约2.4厘米（图一七：12；图版六：5）。

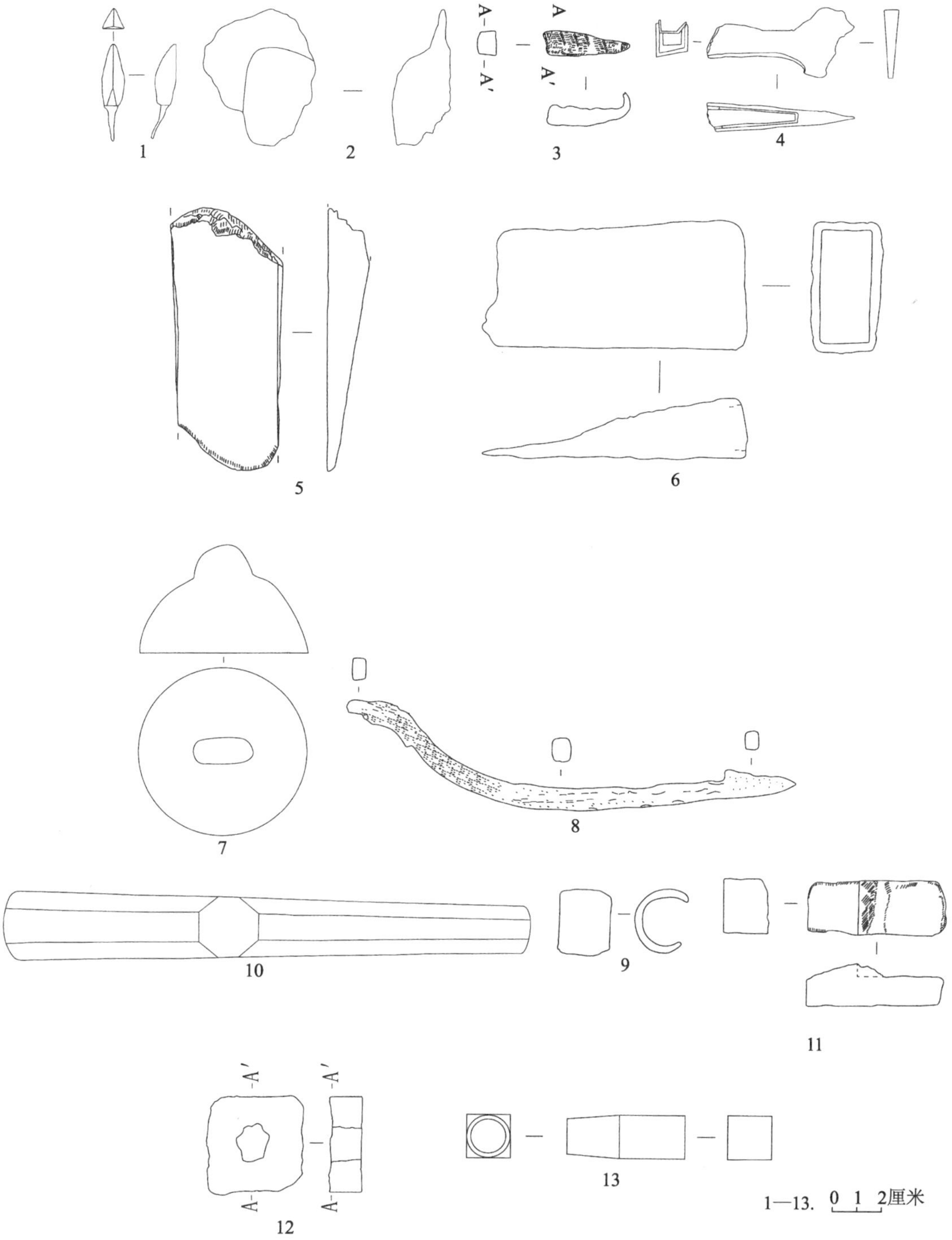

图一七　六朝时期地层出土的铁器

1. 箭镞（T1312②：10）　2. 铁鼎足（T1612③：4）　3. 铁钩（T1311②：2）　4. 铁铲（H1：3）　5、6. 铁锛（1312②：2、T1512③：5）　7. 铁杈（T1312②：5）　8. 铁钉（T1512③：2）　9. 铁环（H1：2）　10. 铁棒（T1712②：6）　11. 楔形铁器（T1311②：3）　12. 方形穿孔铁器（T1611③：3）　13. 柱形铁器（T1612③：8）

柱形铁器　1件（T1612③：8）。铁质，锈蚀，由上下两部分组成，上部是一个圆柱体，上小底大，下部为方形柱体，平底。方柱高3、上端直径1.6、下端直径2、圆柱高2.4、边长2厘米（图一七：13；图版六：6）。

（4）陶器

陶碗　1件（T1512③：6）。泥质红陶，微敛口，圆唇，斜腹，平底，素面。口径16.4、底径7.4、高5.6厘米（图一八：1；图版六：7）。

双系陶罐　2件。均残损，已修复。短颈，溜肩，肩部贴塑一对牛鼻耳双系。H47：1，泥质红褐色陶。陶罐有变形，直口，平唇，弧腹，平底，肩腹部有14圈弦纹，腹下部拍印绳纹。口径19.2、腹径29.2、底径11.2、高24.8厘米（图一八：2；图版六：8）。M4：1，泥质灰陶。敞口，圆唇，圆腹，圜底。腹下部及底部拍印绳纹。口径12、腹径21.6、高21.6厘米（图一八：3；图版七：1）。

陶罐　3件。均残损，已修复。敞口，折沿，圆唇，短束颈，溜肩，鼓腹，圜底，最大腹径偏上。肩腹部有弦纹，腹下部及底部有绳纹。T1411②：1，泥质红褐色陶。底部有火烧痕迹。口径17.4、腹径23.6、高17.8厘米（图版七：2）。T1312③：7，泥质灰陶。高16.7、口径15、腹径23.2厘米（图一八：4；图版七：3）。T1411③：5，泥质红褐色陶。口径17.2、腹径28、高25厘米（图一八：5；图版七：4）。

陶盆　2件。残存部分口沿及腹部。盆口平折沿，沿面宽平，敞口，圆唇，腹部有细凹弦纹带。T1512②：7，外口径残存25.3、残高7.6厘米。T1611③：4，外口径残存28、残高11厘米（图一八：6；图版七：5）。

陶豆　1件（T1412②：8）。灰陶，豆盘残缺，喇叭形圈足，足柄有一道竹节样痕迹，圈足中空，足柄上有一枚“十”字形阴刻纹饰。圈足直径8.6、残高7.8厘米（图一八：7；图版七：6）。

陶纺轮　6件。泥质灰陶，边缘呈圆形，中间穿孔。根据纺轮器身造型可以分为A、B两型。

A型　3件。纺轮呈玉璧形，直边。T1512②：1，残，一面局部有网格纹。直径5.9、厚0.9厘米。T1611②：1，基本完整。直径5、厚1.4厘米（图一八：8；图版七：7）。T1312③：1，完整，直径4.4、厚2厘米。

B型　3件。器形完整，纺轮呈算珠形，弧边。T1311②：5，直径3.4、厚度2.5厘米。T1611③：1，直径4.6、厚3厘米（图一八：9；图版七：8）。T1712③：1，直径5.2、厚3.2厘米。

陶网坠　1件（T1412②：6）。灰陶，残存一半。双缢形网坠，呈纺锤体状，两端各有一个竖向凹绳槽，中间正反两面各设一条横向大凹绳槽。残长5.8、宽4.7、厚度3.5厘米（图一八：10；图版八：1）。

陶球　1件（T1712③：12）。红陶，圆球状，通体打磨光滑。直径1.1厘米（图一八：11）。

陶饼　7件。灰陶，圆饼形，厚薄不均，为瓦片磨制而成，部分表面上还有未磨平的绳纹。T1512②：6，直径4.8、厚1.5厘米。T1611②：5，直径2.9、厚1.6厘米。T1712③：9，直径3.5、厚1.6厘米。T1411③：4，直径4.2、厚1.6厘米。T1412③：3，直径3.6、厚1.5厘米（图一八：12；图版八：2）。T1712③：10，直径3、厚0.7厘米。T1712③：11，直径2.4、厚1.5厘米。

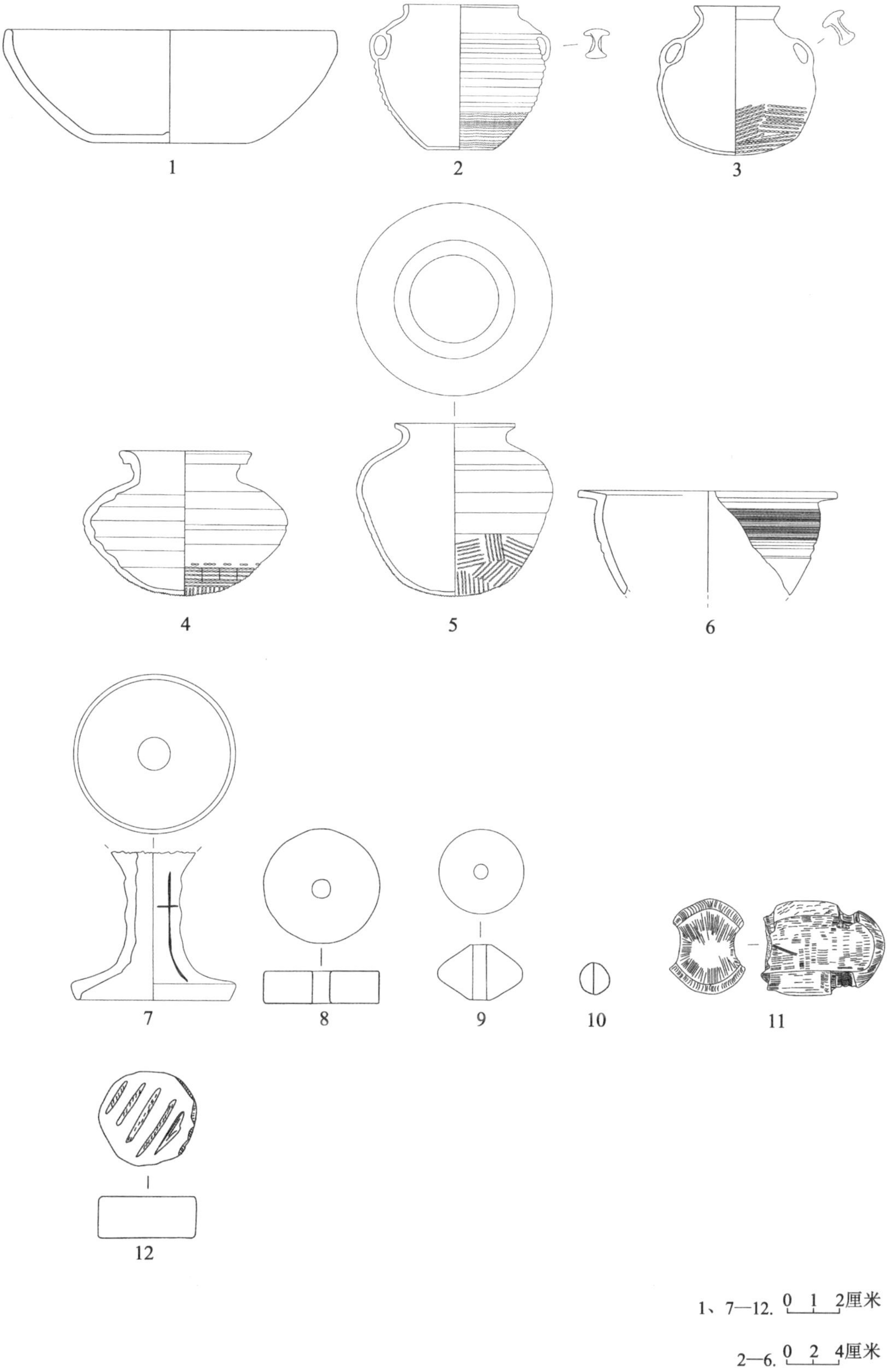

图一八　六朝时期地层出土的陶器

1. 陶碗（1512③：6）　2、3、4、5. 陶罐（H47：1、M4：1、T1312③：7、T1411③：5）
6. 陶盆（T1611③：4）　7. 陶豆（T1412②：8）　8、9. 纺轮（T1611②：1、T1611③：1）
10. 网坠（T1412②：6）　11. 陶球（T1712③：12）　12. 陶饼（T1412③：3）

（5）瓷器

青瓷碗底　1件（G6：1）。仅存圈足器底，器表施青釉，露紫红胎，外底墨书“王”字，底径5.4厘米（图一九：1；图版八：3）。

青瓷钵　5件。均修复，敞口，圆唇，平底内凹，施青釉，不及底，灰白胎。根据腹部形制可以分为A、B两型。

A型　3件。上腹较直，下腹斜收，上腹口沿下有一圈凹槽，其下有一圈网格纹。H22：1，内底饰一圈凹弦纹，内底有支烧钉痕，腹部有火石红。口径15.2、底径4、高5.6厘米。T1611①：1，口径13、底径7.5、高4.6厘米。T1311②：13，内底饰两圈凹弦纹，外底有火石红斑，口径13、底径5.8、高4.7厘米（图一九：2；图版八：4）。

B型　2件。弧腹。T1311②：14，外腹有一圈凹槽，内底饰两圈凹弦纹，内有支烧钉痕，口径12、底径5、高3厘米（图一九：3；图版八：5）。T1712②：12，腹部有一圈凸弦纹，口径9.4、底径4.5、高3.3厘米。

青瓷鸡首壶残片　1件（T1311②：15）。青瓷鸡首壶上残存了鸡首及部分腹片，鸡冠残缺一部分，腹片上有弦纹和网格纹。残高5.5、厚0.4厘米（图一九：4；图版八：6）。

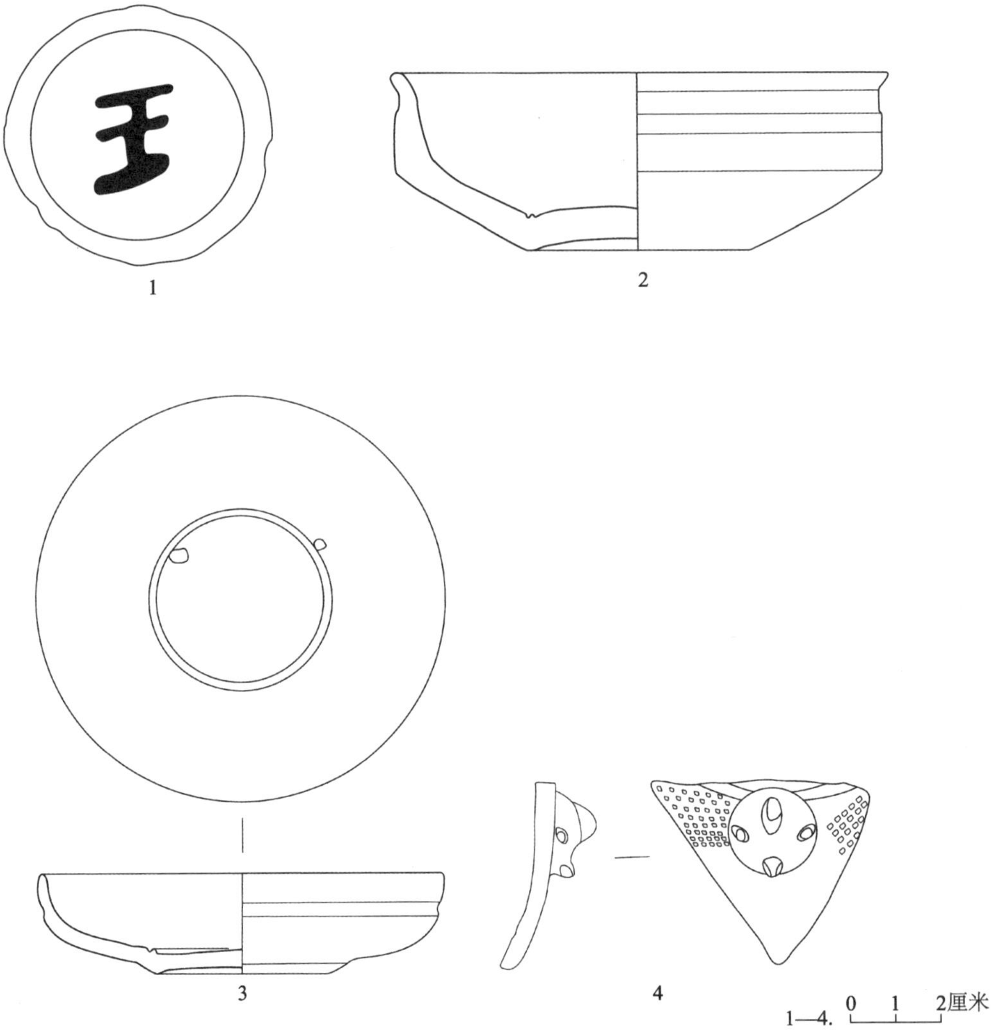

图一九　六朝时期地层出土瓷器

1. 青瓷碗底（G6：1）　2、3. 青瓷钵（T1311②：13、HT1311②：14）
4. 青瓷鸡首壶残片（T1311②：15）

（6）石器

石珥珰　1件（T1511②：3）。滑石，粉化，腰鼓形，中心穿孔，两端平面光滑平整，大小不一，直径分别为0.9、1厘米，高2.4厘米（图二〇：1；图版八：7）。

石黛板　1件（T1611②：4）。青灰色石灰岩，长条状，磨面略大于底面，底面及四边略粗糙，磨面打磨光滑。长9.9、宽5.4、厚1厘米（图二〇：2；图版八：8）。

石范　1件（T1612③：10）。红色砂岩，残，范外廓残存形状为圆弧柱体，浇筑口所在面光滑平整，残存浇筑口呈喇叭状，内廓残存凹状咬合面，咬合面平整光滑，铸造腔残存面亦打磨光滑平整。残长7.2、残宽5.7、残高4.7厘米（图二〇：3；图版九：1）。

石砚　1件（T1712②：2）。红色砂岩，残，不规则块状，正上面平整，有一圆形凹窝，深0.4厘米。底面及一侧面磨平，其余面残断。残长12.4、残宽6.9、厚2.5厘米（图二〇：4；图版九：2）。

石凿　2件。T1512②：4，青灰色石灰岩，基本完整，长条楔形，刃部扁平，为双面斜刃，通体打磨光滑。四边打磨光滑，截面呈不规则四边形。长12.2、宽2.2、厚1.4厘米（图二〇：5；图版九：3）。T1611②：9，青白色页岩，长条形，刃部残缺，刃端单面斜刃，尾部有段，通体打磨光滑。长11、宽2.5、厚2.9厘米（图版九：4）。

砺石　7件。T1611②：10，红色砂岩，残，正、背两个主面磨光，正面呈斜坡面，四周面有一面磨光，呈曲面，另有一侧面一段磨光，其他面残破。通长25.5、通宽21、厚4～10厘米（图二〇：6；图版九：5）。T1712②：1，红色砂岩，残，不规则片状，上下表面打磨光滑。长7.3、宽5、厚1.5厘米。T1712②：5，红色砂岩，残，不规则长方体，前后两端未打磨，其余四面打磨光滑。长11.8、宽7.4、高7.2厘米。T1712②：7，红色砂岩，残，不规则长方体，四个侧面均有磨制，两端残损不平整。残长9.6、残宽9.2、高8.6厘米（图二〇：7）。T1312③：3，石灰岩，残，长条状，两端残缺，上表面有阶梯状打磨痕，其余3个侧面均打磨光滑。残长6.9、宽3.1、厚2.3厘米。T1511③：1，石灰岩，不规则形状，底面磨平，其他面均为自然形成的光滑卵石面。底面长9.8、宽5、最厚处3厘米。T1612③：9，红色砂岩，残，不规则块状，上下表面打磨光滑平整，一边为直边。残长8、残宽6.2、厚3.5厘米。T1712③：4，青灰色石灰岩，残，不规则长方体，前后两端粗糙，其余四面打磨光滑。长9.1、宽4.3、厚3厘米。

柱状打磨石器　1件（T1311②：1）。石英砂岩，残，不规则斜棱柱体，每个面都有打磨痕迹。顶部直径7.3、底部直径8、高度5厘米（图二〇：8；图版九：6）。

球形打磨石器　2件。T1412②：4，暗红色火成岩，不规则椭球体，小半边残缺，上下表面打磨光滑。直径7.6、高5厘米（图二〇：9）。T1312③：4，青色石灰石，残，不规则半球形，上表面略凸起，凸面有光滑打磨面，下底面平面打磨光滑。直径5.8、高4厘米（图二〇：10；图版九：7）。

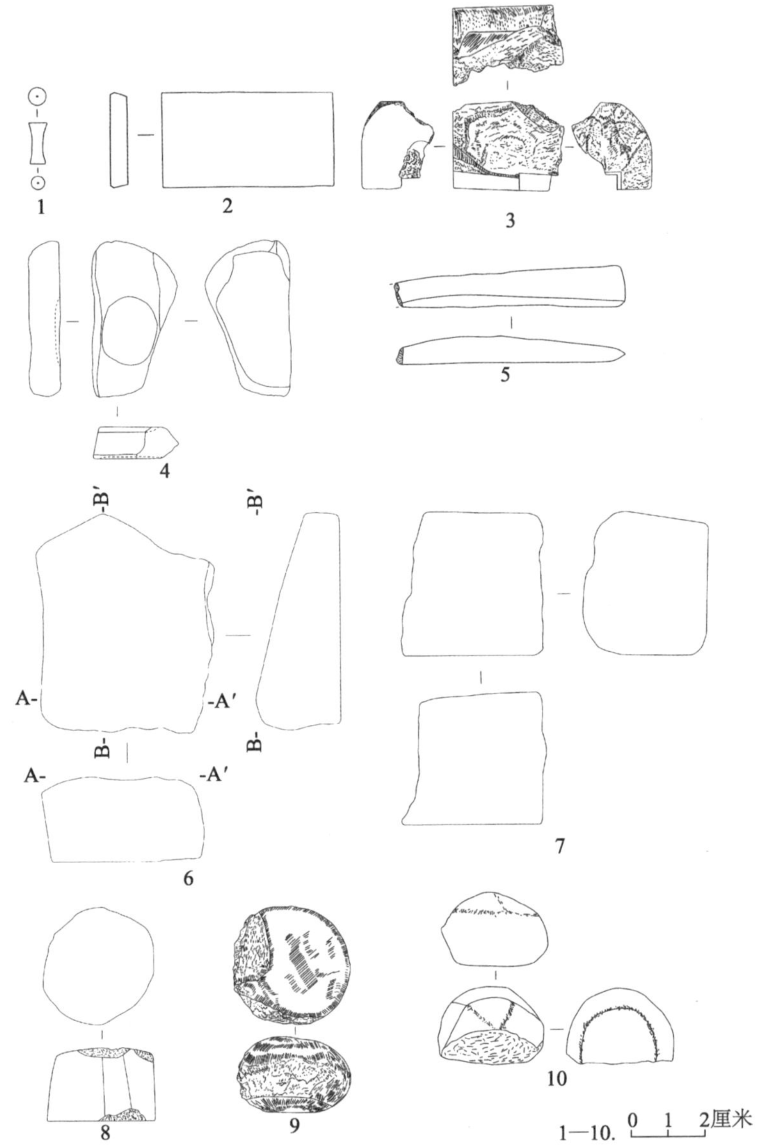

图二〇　六朝时期地层出土石器

1. 珥珰（T1511②：3）　2. 黛板（T1611②：4）　3. 石范（T1612③：10）
4. 石砚（T1712②：2）　5. 石凿（T1512②：4）　6、7. 砺石（T1611②：10、T1712②：7）
8. 柱状打磨石器（T1311②：1）　9、10. 球形打磨石器（T1412②：4、T1312③：4）

（7）骨器

鹿角　1件（T1512②：2）。残缺严重，仅剩连接鹿头骨骨节部分。残长8.3、残宽4.5、厚3.1厘米（图二一：1）。

骨珠　1件（T1611②：3）。骨质，圆球状中心直孔，表面打磨光滑。直径0.9、高0.8厘米（图二一：2；图版九：8）。

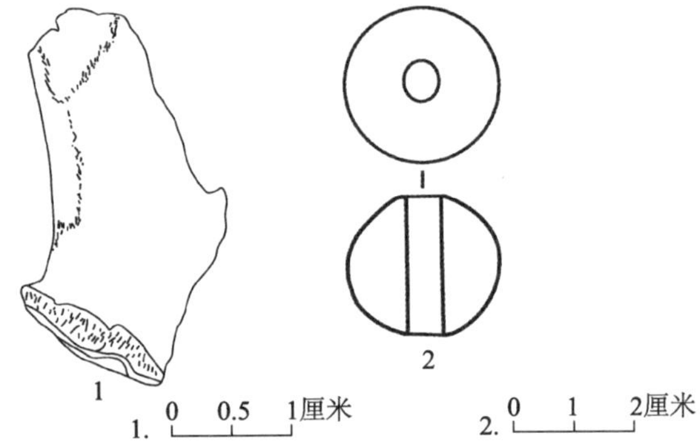

图二一　六朝时期地层出土骨器

1. 鹿角（T1512②：2）　2. 骨珠（T1611②：3）

（8）建筑构件

1）筒瓦　7件。半筒状，前端瓦舌内收，边缘圆唇，瓦身中部外侧饰直绳纹，内侧有织物网格状印痕。G1：1，灰陶，长37、宽14.6、厚8厘米。G1：2，灰陶，长40、宽16、高8厘米。G1：4，灰陶，长36.6、宽15.4、高8厘米（图二二：1；图版一〇：1）。G1：5，灰陶，长40、宽15.4、厚7.7厘米。G1：6，红陶，长40、宽15、高7.4厘米。T1611②：2，灰陶，长26、高8.2、高8厘米。T1611②：8，灰陶，长35.4、宽15、高7.5厘米。

2）板瓦　2件。泥质灰陶，弧形，瓦面一端有凹弦纹，另一端为斜绳纹，两种纹饰有交叠，瓦背有乳钉纹。M1：1，长44、宽33.8、厚0.8厘米。M1：2，长51、宽38、厚1.2厘米（图二二：2；图版一〇：2）。

3）瓦当　11件。均为灰陶，虽各有残损，但是基本都可以判定为圆当面，有界格将当面四等分，边轮突出。根据当面主要纹饰可分为以下5种类型。

卷云纹与网格纹瓦当　1件（G1：3）。残缺三分之一，瓦面中心为一圈凸弦纹内填网格纹，“田”字形界格，内填卷云纹，边轮内有一圈凸弦纹。直径13厘米（图二二：3；图版一〇：3）。

卷云纹与大乳钉纹瓦当　1件（H15：1）。边轮残，瓦面中心为大乳钉，外有两圈弦纹，弦纹之间有双线界格，内填卷云纹。直径15.1厘米（图二二：4；图版一〇：4）。

卷云纹与梅花状纹瓦当　3件。当面中心为梅花状纹，双线界格，内填卷云纹，外围有两道凸弦纹。T1412②：2，当面残存四分之一，残径8.4厘米。T1412②：5，直径15厘米（图二二：5；图版一〇：5）。T1412③：2，当面残存四分之一。残径7.6厘米。

卷云纹与斜线纹瓦当　3件。残缺较严重，当面主要纹饰仅剩卷云纹和外圈的两道凸弦纹之间填充的斜线纹。T1712②：3，残存四分之一，残径7.5厘米。T1712③：2，残存三分之一，残径6.4厘米。T1612③：3，当面两侧各一枚十字纹。残径5厘米（图二二：6；图版一〇：6）。

涡云纹与乳钉纹瓦当　3件。圆当面，残缺。当面中心为大乳钉，外有两圈凸弦纹，弦纹之间有单线界格，界格内填涡云纹和小乳钉纹。T1311②：10，残存四分之一当面，残径7厘米。T1611②：7，残存三分之一当面，残径7.2厘米。T1312③：6，残存约二分之一当面，残径17厘米（图二二：7；图版一〇：7）。

4）纹饰砖　10件。青砖，残损。根据纹饰不同可分为4种。

穿壁纹砖　2件。砖侧面有穿壁纹。窖1：1，残长18.4、残宽19.4、厚7.3厘米（图二二：8；图版一〇：8）。T1412③：4，残长15.6、残宽15.2、厚3厘米。

套叠三角纹砖　1件（窖1：2）。砖侧面套叠三角纹。残长14.8、残宽11、厚6.2厘米（图二二：9）。

叶脉纹砖　2件。T1712②：10，平面呈不规则形，饰叶脉纹和乳钉纹，残长14.3、残宽13.8、厚2.5厘米。T1612③：11，平面呈不规则形，饰叶脉纹和少量乳钉纹。残长13、残宽10.9、厚2.8厘米（图二二：10）。

组合型纹饰砖　5件。砖面由内而外有乳钉纹、网格纹、两圈凸弦纹、云纹及叶脉纹，边缘饰套方格四分三角形纹饰一组。T1512②：5，平面长方形，残长17.4、残宽11.5、厚2.4厘米（图二二：11）。T1712②：8，平面不规则形，残长9.6、残宽9.8、厚1.8厘米。T1712②：9，平面不规则形，残长12.4、残宽8.9、厚2.6厘米。T1712②：11，平面不规则形，残长15、残宽12.8、厚2.3厘米。T1612③：5，平面呈梯形，残长11.4、残宽6.3、厚2.6厘米。

5）空心砖　1件（T1412②：7）。红陶质地，残，平面近似长方形，平面和侧面有圆圈纹，其间饰斜线凹槽三角纹。残长15.7、宽4.7~7.2、厚2.4厘米（图二二：12）。

图二二　六朝时期地层出土建筑构件

1. 筒瓦（G1：4）　2. 板瓦（M1：2）　3—7. 瓦当（G1：3、H15：1、T1412②：5、T1612③：3、T1312③：6）　8. 穿壁纹花砖（窖1：1）　9. 套叠三角纹砖（窖1：2）　10. 叶脉纹砖（T1612③：11）　11. 组合型纹饰砖（T1512②：5）　12. 空心砖（T1412②：7）

三、对甘村甸遗址考古发掘的几点认识

由于发掘区内上层土已经被取1米深，上层文化堆积不可知。从发掘情况看，六朝时期地层及遗物较多。地层中出土的瓦当主体纹饰大部分为卷云纹，基本承袭汉代瓦当的特征。但是也有一些新特征，如高边轮，当面中心作大乳钉纹或梅花状纹，当缘内侧有斜向放射线圈，个别当面还饰有十字纹和小乳钉纹。这些特征在已发现的南京六朝瓦当中均有发现[1]。贺云翱教授认为这些云纹瓦当应属东吴—西晋时期的遗物[2]。地层中出土的青瓷器较少，发现的3件上腹部有网格纹圈带的青瓷钵，与

[1] 刘志高，等. 六朝瓦当的发现及初步研究［J］. 东南文化，2004（4）：63-73.
[2] 贺云翱. 南京出土六朝瓦当初探［J］. 东南文化，2003（1）：23-33.

江宁上坊孙吴墓[1]、南京大光路孙吴薛秋墓[2]、南京江宁上湖孙吴和西晋墓[3]等出土的青瓷钵极为相似。王志高教授认为肩腹部装饰网格纹的青瓷器是六朝早期青瓷器的时代特征[4]。此外，遗址内发现的套叠三角纹砖和三棱状箭镞在南京石头城遗址也有发现[5]。地层中汉代遗物较少，但是也有大泉五十、刀币等王莽时期铸造的钱币出土。此次发掘说明，甘村甸遗址的年代不早于汉代，遗址的主体年代应为六朝早期。

此次甘村甸遗址发掘工作仅是发掘了遗址分布区的北部边缘区域，该遗址主体位于台型土墩之上，周边地势平坦，高差约有3米。北部发现有一条疑似壕沟，大致围绕土墩分布在遗址北部。由于发掘区以外房屋密布和土地硬化，无法勘探疑似壕沟的宽度。壕沟之上发现的南北向道路横跨壕沟，由遗址分布区以外直通遗址中心区，道路宽阔，表层路面疑似草包泥结构。地层中发现有众多箭镞，这说明甘村甸遗址具有一定的军事防御性特征。

甘村甸遗址北部区域六朝地层中发现有众多的板瓦、筒瓦、瓦当和碎砖等建筑遗物，呈堆积状分布。地层中出土的砺石、陶器等遗物大多破碎比较严重，这也说明此处仅是遗址分布区的边缘地带，是当时人们生产生活所产垃圾的堆放区域，也反映出当时甘村甸遗址是一处人口较多的聚落。此外，发现了鎏金铜眉刷、车马器上的盖弓帽及铜印章等重要遗物，说明其时该处曾发生过重要的事件或曾有比较重要的人群生活过。

执笔：徐　勇　张　伟　马永强
发掘：徐　勇　张　伟　姬长飞　吕真理
　　　刘乃良　潘明月　魏胜云
绘图：张　伟　徐　勇
修复：魏胜云
拍照：潘明月　张　伟

[1] 王志高，等. 南京江宁上坊孙吴墓发掘简报［J］. 文物，2008（12）：4-34+1.
[2] 周保华，等. 南京大光路孙吴薛秋墓发掘简报［J］. 文物，2008（3）：4-15+2+1.
[3] 贾维勇，等. 南京江宁上湖孙吴、西晋墓［J］. 文物，2007（1）：35-49.
[4] 王志高，等. 南京江宁上坊大型孙吴墓考古发掘的主要收获［M］. 南京市博物馆编南京考古资料汇编（贰），2013年.
[5] 贺云翱，等. 南京石头城遗址1998~1999年勘探试掘简报［J］. 东南文化，2012（2）：37-44.

1. J4 平面图

2. L1 草包泥堆筑路面

3. L1 发掘后

4. L1 剖面

5. 铜印章（L1：1）

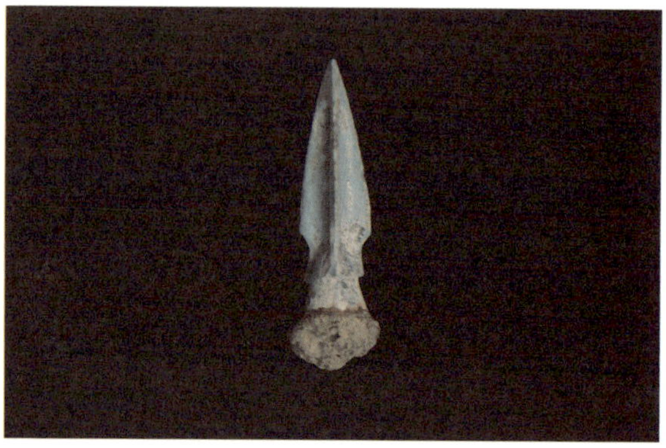

6. 铜箭镞（T1712④：1）

图版一　江苏江宁甘村甸遗址汉代遗存

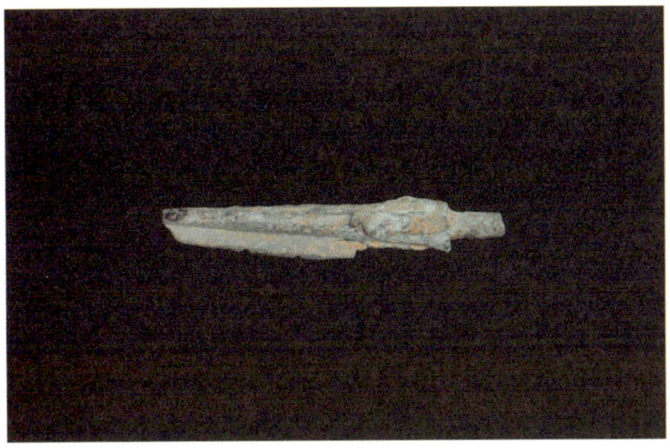

1. 箭镞（T1612④：3）

2. 陶豆（J4：1）

3. 陶网坠（T1612④：2）

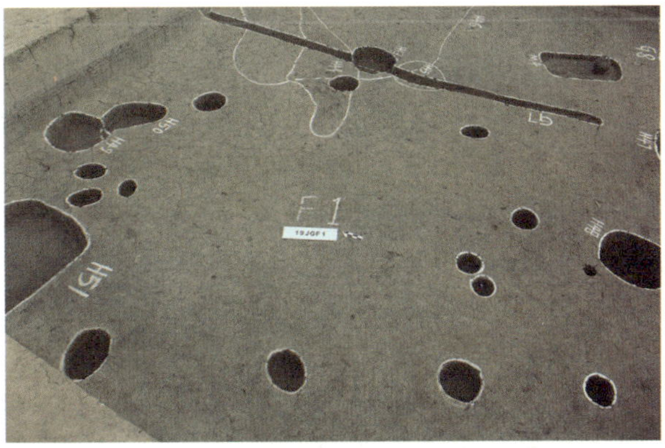

4. 六朝时期 F1 俯视图

5. 六朝时期 M3 发掘后

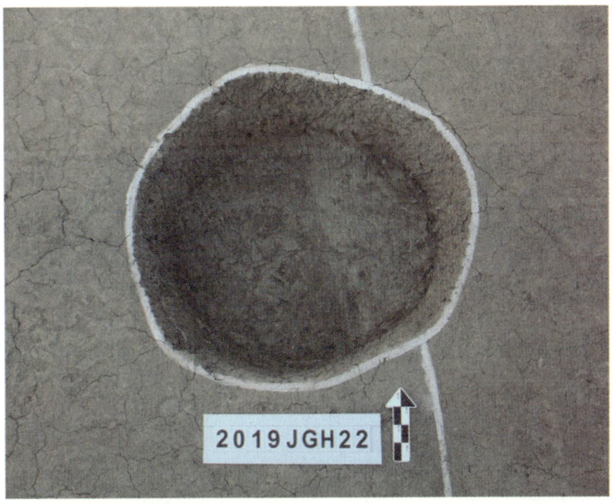

6. 六朝时期 H22 发掘后

图版二　江苏江宁甘村甸遗址汉代、六朝时期遗存

1. G1 发掘后

2. 窖 1 发掘后

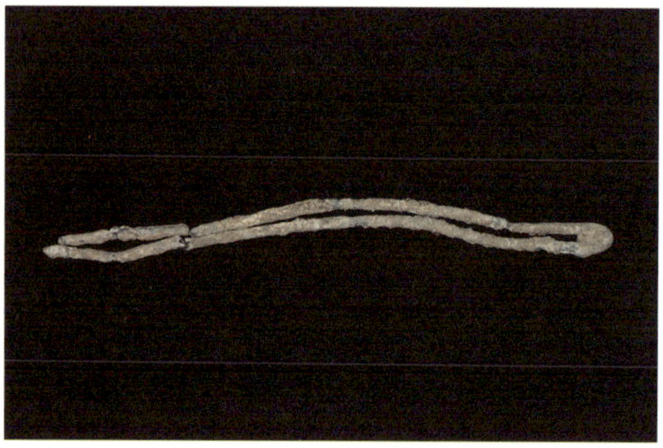

3. 银发钗（T1312②：8）

4. 铜箭镞（T1312②：9）

5. 铜箭镞（T1511②：2）

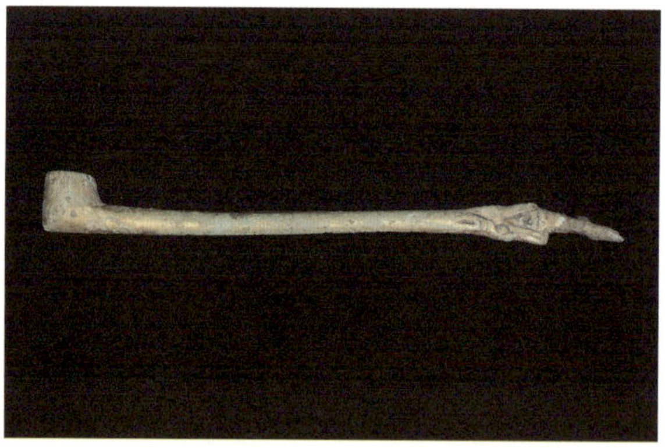

6. 铜眉刷（T1311②：11）

图版三　江苏江宁甘村甸遗址六朝时期遗存

1. 铜镜残片（T1612③：6）

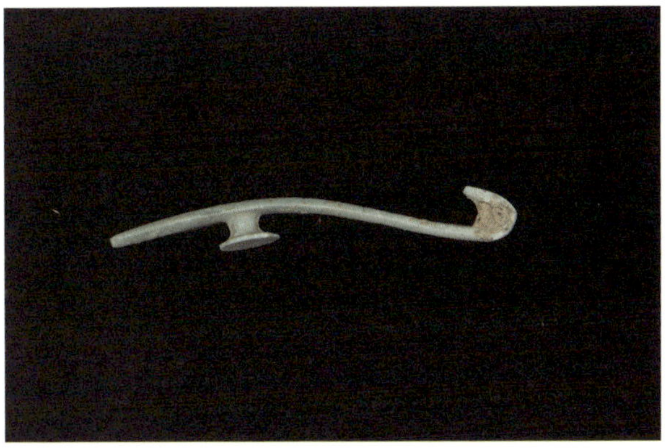

2. 铜带钩（T1611②：6）

3. 铜顶针（T1412③：1）

4. 铜盖弓帽（T1712③：6）

5. 铜刀（T1511②：1）

6. 铜泡钉（T1311②：7）

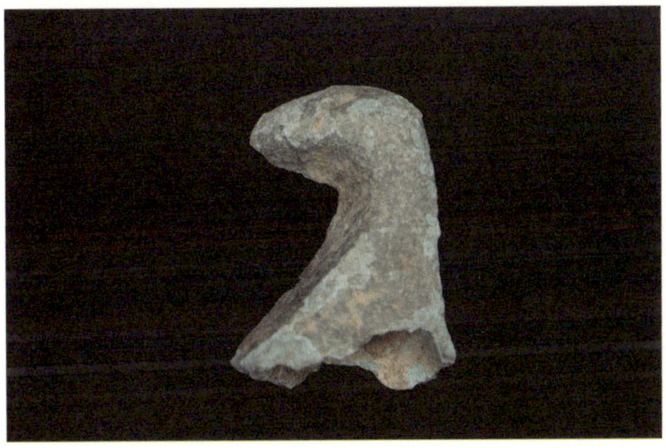

7. 铜饰件（T1511②：4）

8. 铜龙头饰件（T1712③：7）

图版四　江苏江宁甘村甸遗址出土六朝时期铜器

1. 铜刀币（T1712③：5）

2. 铜大泉五十（T1512②：3）

3. 蚁鼻钱（T1611③：2）

4. 五铢钱（T1411③：1）

5. 铁箭镞（T1312②：10）

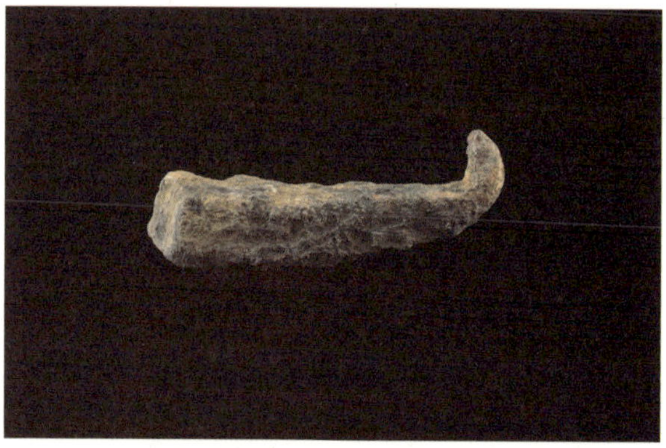

6. 铁钩（T1311②：2）

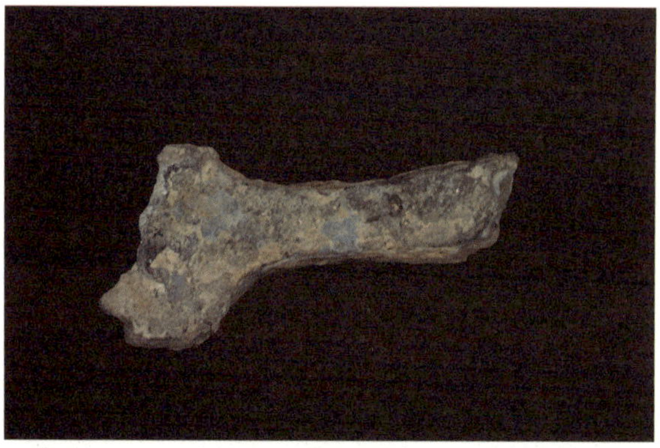

7. 铁铲（H1：3）

8. 铁锛（T1512③：5）

图版五　江苏江宁甘村甸遗址出土六朝时期铜器、铁器

1. 铁杈（T1312②：5）

2. 铁环（H1：2）

3. 铁棒（T1712②：6）

4. 楔形铁器（T1311②：3）

5. 方形穿孔铁器（T1611③：3）

6. 柱形铁器（T1612③：8）

7. 陶碗（T1512③：6）

8. 双系陶罐（H47：1）

图版六　江苏江宁甘村甸遗址出土六朝时期铁器、陶器

1. 双系陶罐（M4：1）

2. 陶罐（T1411②：1）

3. 陶罐（T1312③：7）

4. 陶罐（T1411③：5）

5. 陶盆口沿（T1611③：4）

6. 陶豆柄（T1412②：8）

7. 陶纺轮（T1611②：1）

8. 陶纺轮（T1611③：1）

图版七　江苏江宁甘村甸遗址出土六朝时期陶器

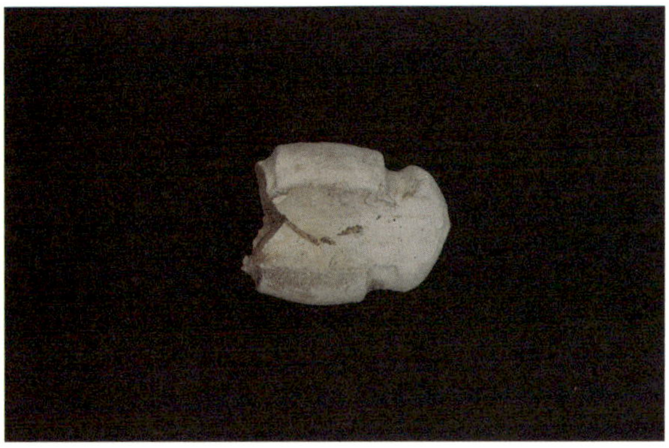

1. 陶网坠（T1412②：6）

2. 陶饼（T1412③：3）

3. 青瓷碗底（G6：1）

4. 青瓷钵（T1311②：13）

5. 青瓷钵（T1311②：14）

6. 青瓷鸡首壶残片（T1311②：15 ）

7. 石珥珰（T1511②：3）

8. 石黛板（T1611②：4）

图版八　江苏江宁甘村甸遗址出土六朝时期器物

1. 石范（T1612③：10）

2. 石砚（T1712②：2）

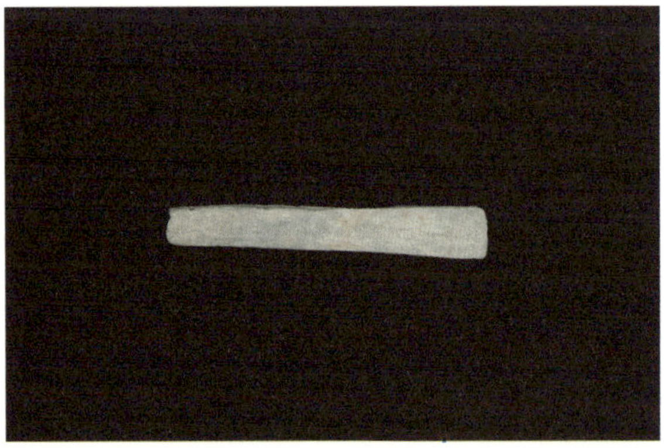

3. 石凿（T1512②：4）

4. 石凿（T1611②：9）

5. 砺石（T1611②：10）

6. 柱状打磨石器（T1311②：1）

7. 球状打磨石器（T1312③：4）

8. 骨珠（T1611②：3）

图版九　江苏江宁甘村甸遗址出土六朝时期骨石器

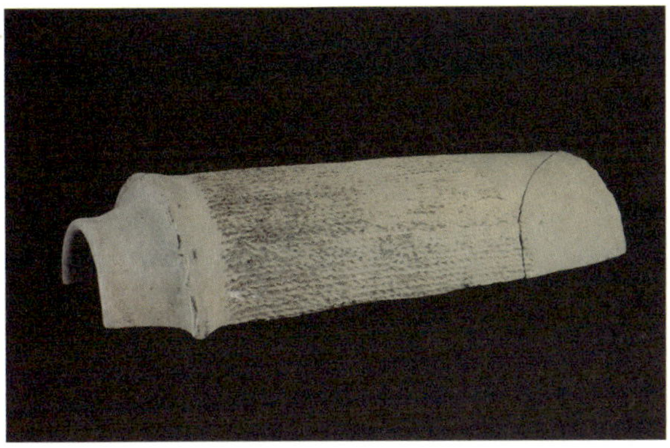

1. 筒瓦（G1：4）

2. 板瓦（M1：2）

3. 卷云纹与网格纹瓦当（G1：3）

4. 卷云纹与大乳钉纹瓦当（H15：1）

5. 卷云纹与梅花状纹瓦当（T1412②：5）

6. 卷云纹与斜线纹瓦当（T1612③：3）

7. 涡云纹与乳钉纹瓦当（T1312③：6）

8. 穿壁纹砖（窖1：1）

图版一〇　江苏江宁甘村甸遗址出土六朝时期陶建筑构件

江苏邳州煎药庙西晋墓地M6发掘与收获[1]

南京博物院　邳州市博物馆[2]

内容提要：2015年，南京博物院、徐州博物馆、邳州博物馆联合对煎药庙西晋家族墓地进行了调查勘探与抢救性考古发掘，共清理砖室墓葬9座。M6为该墓地中形制较为独特的一座带斜坡墓道的前室盝顶单后室券顶墓，出土银、铜、铁、铅、石、骨、漆、青瓷、釉陶、陶等各类器物148件。从M6墓葬形制、随葬品分析，其时代应该在西晋中晚期。结合该墓群其他墓葬出土的文字材料推断，煎药庙家族墓地应该是西晋中晚期下邳国的一处家族墓地。

关键词：煎药庙　西晋墓　砖室墓

煎药庙西晋墓地位于邳州市新河镇陈滩村煎药庙（图一），于还耕工程取土时发现。地理坐标：东经118.02313°、北纬34.20782°，高程23米。2015年7月至2016年9月，南京博物院、徐州博物馆、邳州博物馆组成联合考古队对其进行了调查、勘探与抢救性考古发掘。

经调查，墓地位于一块东西向椭圆形台地之上。台地原东西长约200、南北宽约100、高出地表约4.5米。发掘时，台地不存，已成平地，墓室高出周围地表，墓葬开口层位不清，打破下层春秋战国时期文化层。本次发掘共清理砖室墓葬9座，皆南北向，墓道居北，分南北两排，是一处家族墓地。M6位于北边一排西侧（图二；图版一），为带斜坡墓道前室盝顶单后室券顶墓，是该墓地中形制较为独特的一座墓，故独立简报如下。

一、墓葬形制

M6（图三）为一座带斜坡墓道前室盝顶单后室券顶土坑砖室合葬墓，方向23°。墓道南半部被H14打破、中东部被H15打破，墓坑打破下层春秋战国时期文化层堆积。墓坑平面呈长条形，中部向外略鼓，坑壁较直。中部西侧向内折收，南壁向下距发掘地表0.76米处内收，形成一个二层台。二层台下层为春秋战国时期文化层堆积，台面呈弧形。二层台东西长2.8、宽0.33、高1.76米。墓坑南北长16.24、北宽1.9、中宽3.27、南宽2.8、南深2.32米。该墓主要由墓道、门墙、封门、甬道、前室、耳室、后室七部分组成，墓底错缝斜铺一层青砖，砖室置于墓底铺砖之上（图四；图版二：1）。

---

［1］国家社会科学基金项目（19BKG018）阶段性成果。

［2］马永强，男，1976年3月生，南京博物院研究馆员，南京大学历史学院在读博士；徐勇，男，1989年9月生，南京博物院馆员；张宏伟，男，1973年生，江苏省邳州市博物馆馆员。

墓道　居北，为一条长斜坡墓道。平面近梯形，南端西侧内收，东壁较直，西壁向内斜收，底面较平，剖面呈倒梯形。填土灰褐色沙土，土质较疏松，未夯打。墓道南北长 9.56、北口宽 1.9、南口宽 1.9、南底宽 1.9、南端距发掘地表 2.54 米。填土包含少量红烧土颗粒、灰陶片、瓦片等。

门墙　长方形青砖单砖横向平铺砌筑，门墙高于发掘地表 0.13 米。门墙高 2.62、宽 1.75、厚 0.2 米；长方形青砖长 40、宽 20、厚 8 厘米（图版二：3）。

墓门　门墙下部为墓门，封门有外、内两层，皆位于墓门外侧。外层为长方形青砖封堵，上部两层横向平铺，下部纵向平铺，外侧参差不齐。外层的二次封门宽 1.13、高 1.44、厚 0.35 米（图五：1；图版二：4）。内层的一次封门上为长方形青砖纵向平铺封堵，下有青石板，石板两侧为长方形青砖横向平铺封堵。石板长方形，表面不光滑，东侧有宽 0.1 米的榫头。石板宽 0.96、高 0.82、厚 0.2 米。内层封门宽 1.13、高 1.44、厚 0.2 米（图五：2；图版二：2）。封门后即为墓门。墓门楔形砖砌筑券顶，长方形青砖筑直壁。墓门外壁涂有厚 1 厘米石灰层，券顶部分绘有半弧形黑色锯齿状装饰带（图五：3；图版二：5）。锯齿装饰宽 0.11 米，相邻锯齿之间距离 0.06 米。墓门高 1.36、宽 0.84 米。

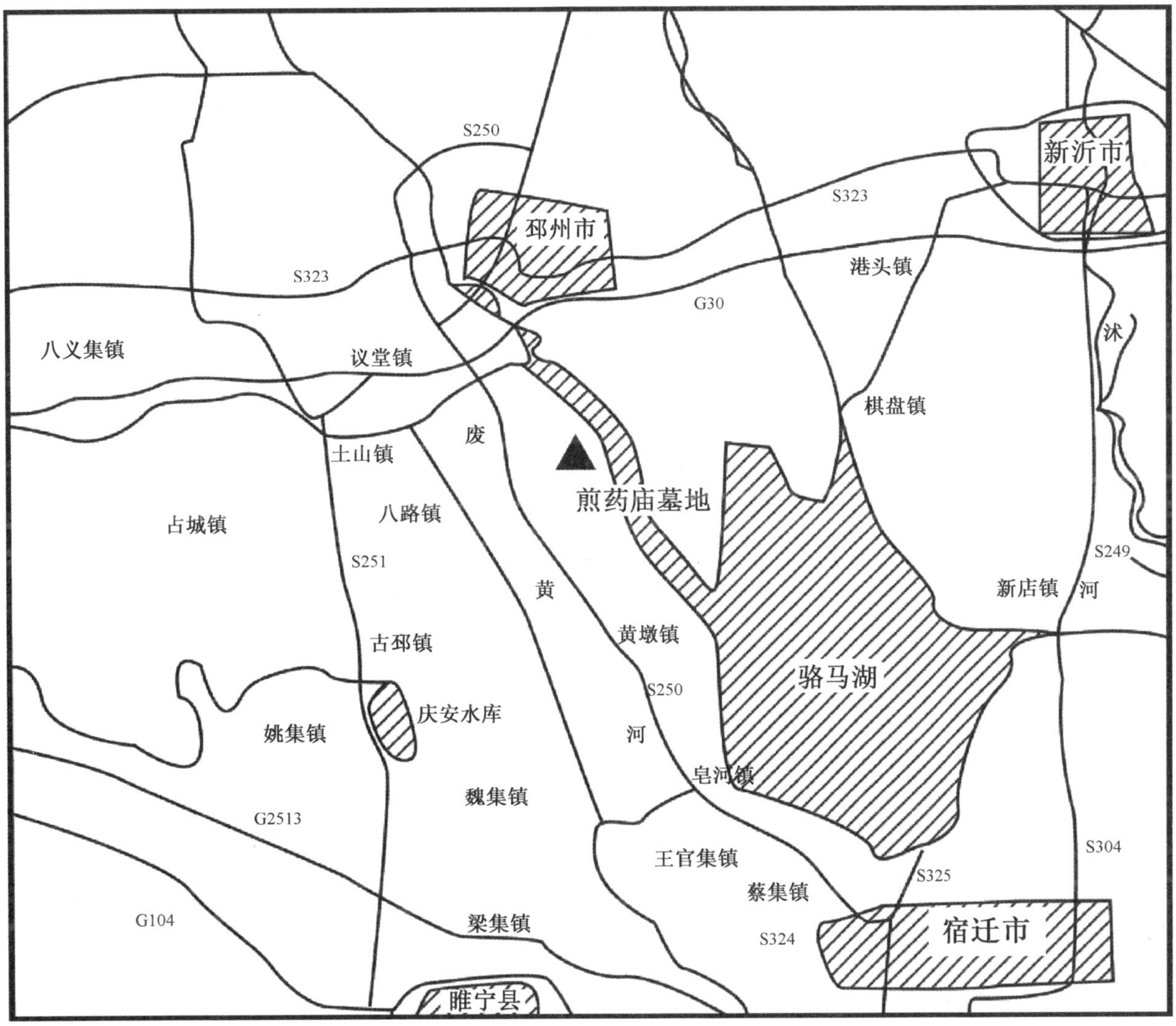

图一　煎药庙墓地位置示意图

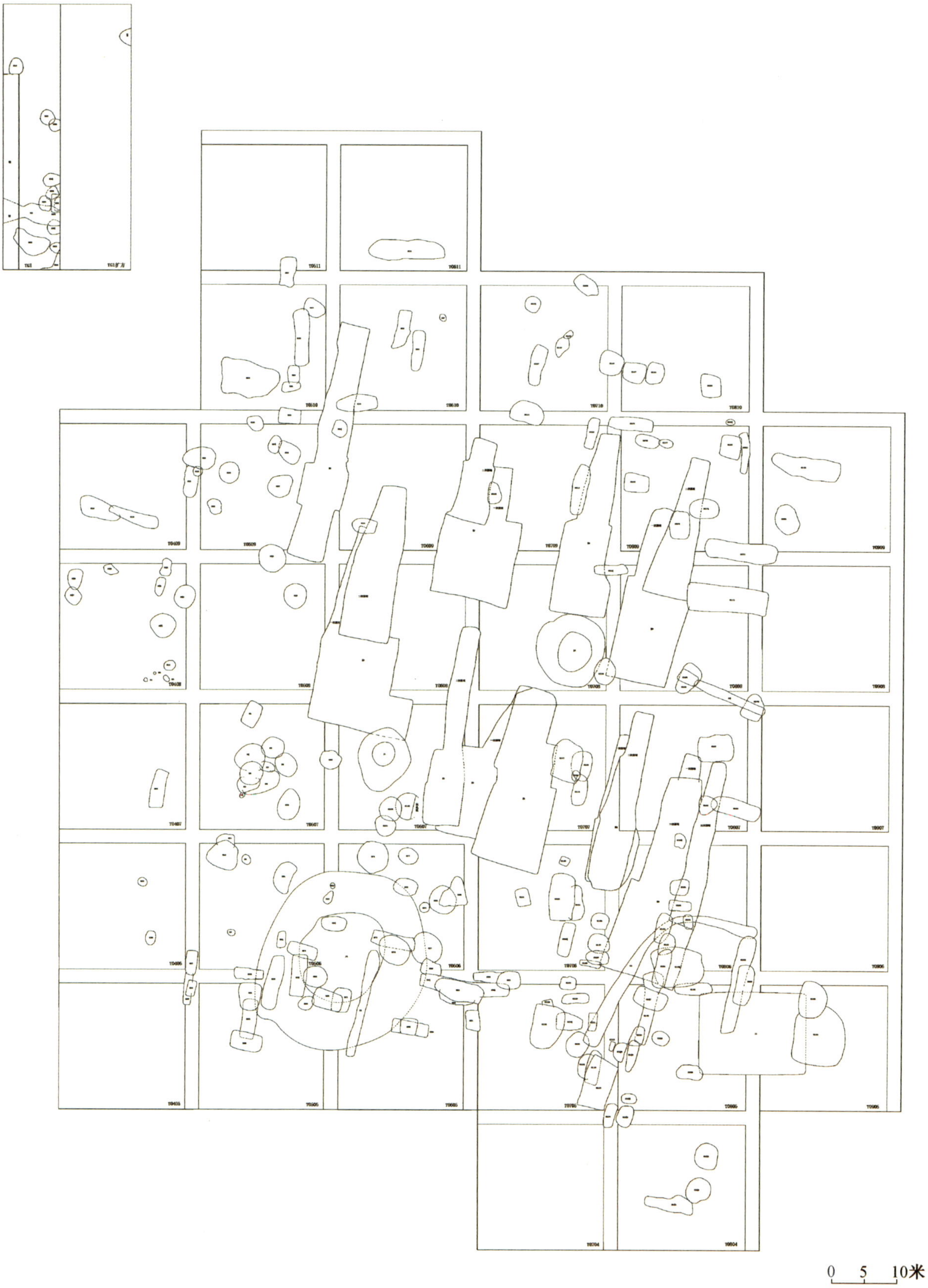

图二　煎药庙墓地遗迹分布图

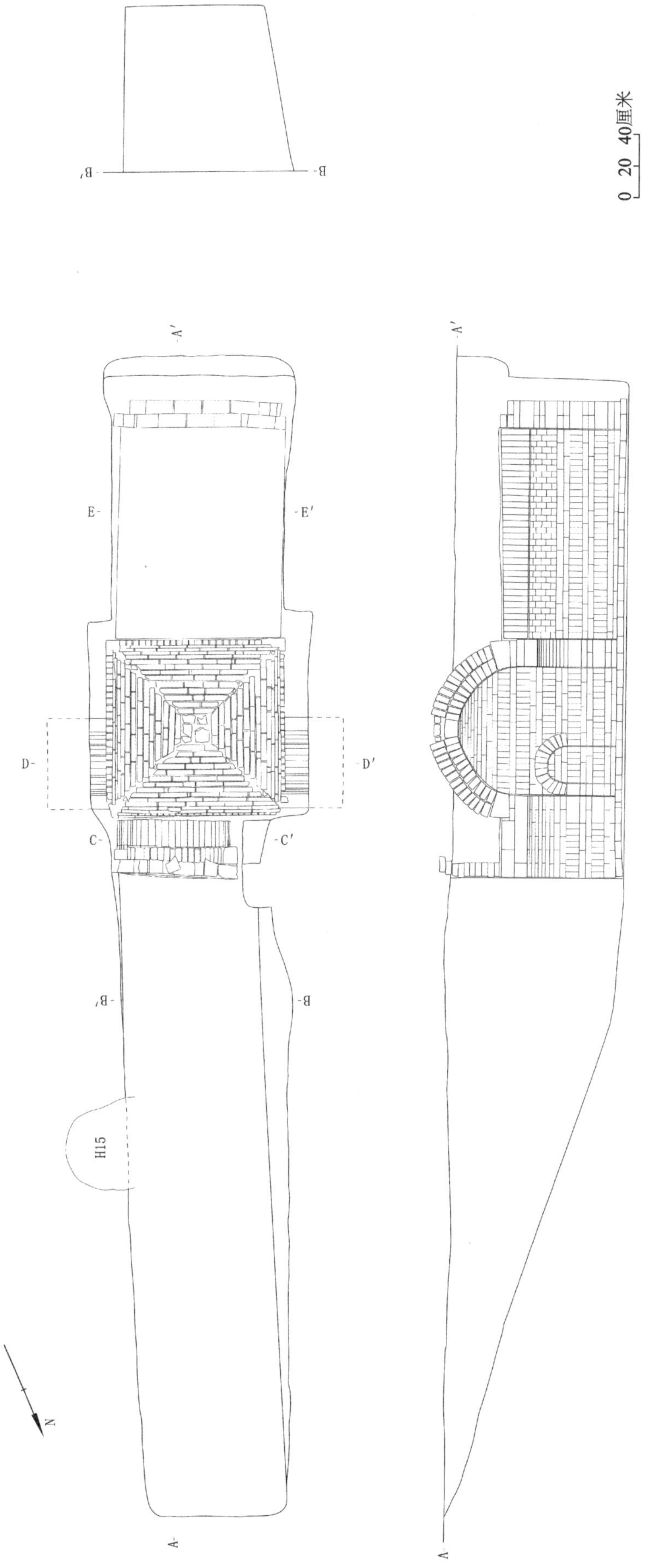

图三　M6 平、剖面图

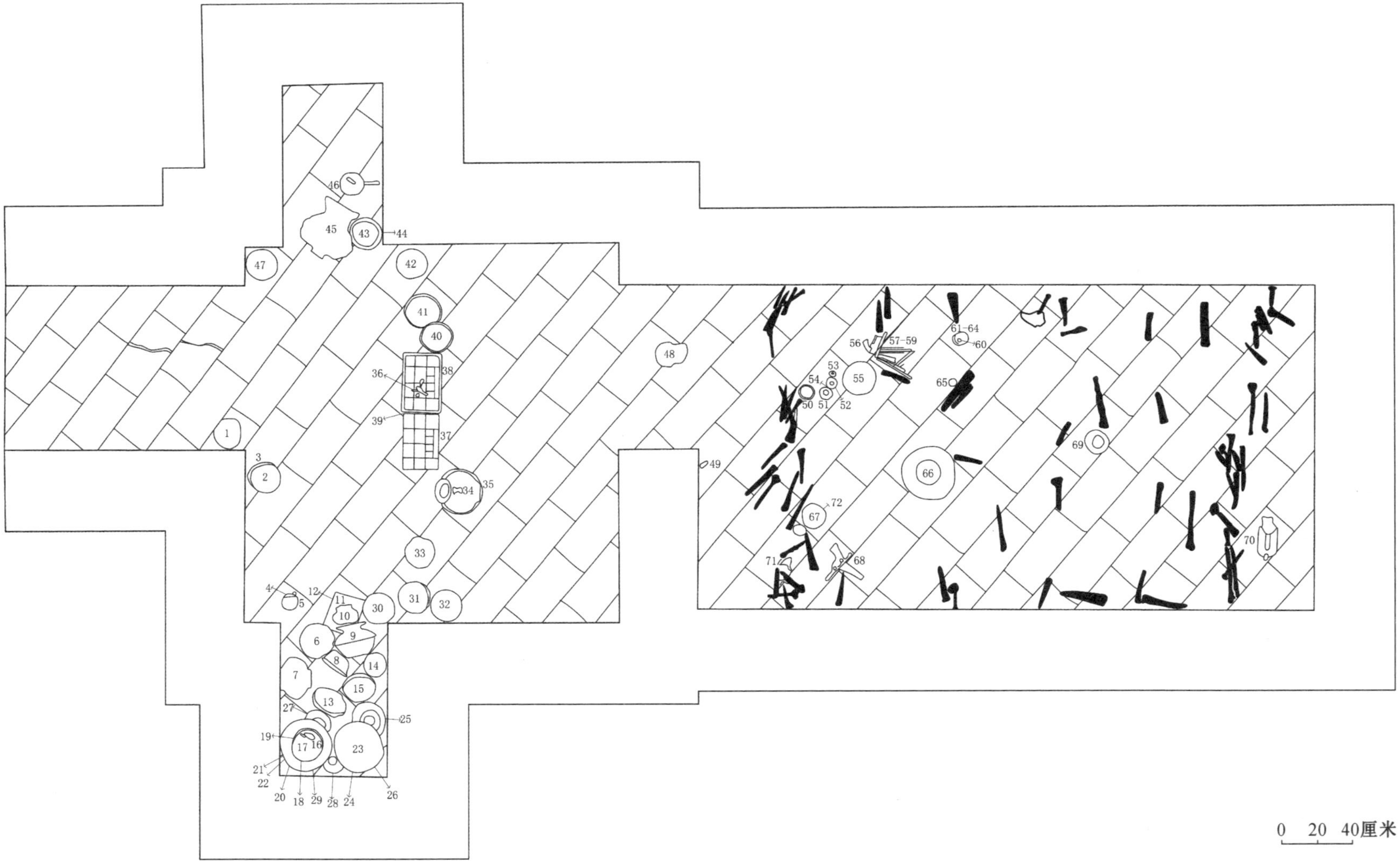

1—3、14—15、30—32、40、43、47. 青瓷钵 4. 骨簪 5. 铜灯盏 6、33、41、42、43. 青瓷盘 7. 黑釉罐 8、13、17、18、20、44. 陶钵 9、25—29. 陶罐 10. 酱褐釉罐 11. 石黛板 12. 铁构件 16. 酒凫 19、21—24. 陶盘 34. 青瓷盘口壶 35. 铜洗 36. 铁构件 37—38. 陶槅盘 39、48. 漆器 45. 青瓷扁壶 46. 陶灯 49. 筒状骨器 50. 青瓷盏 51—53、66、69. 酱釉罐 54. 铁镊子 55、67. 铁镜 56、68. 铜弩机 57—59. 银钗 60. 铅珠 61—64. 银手镯 65. 银铃铛 70. 铜虎子 71. 铜柿蒂形钮 72. 铜铺首衔环

图四 M6底平面图

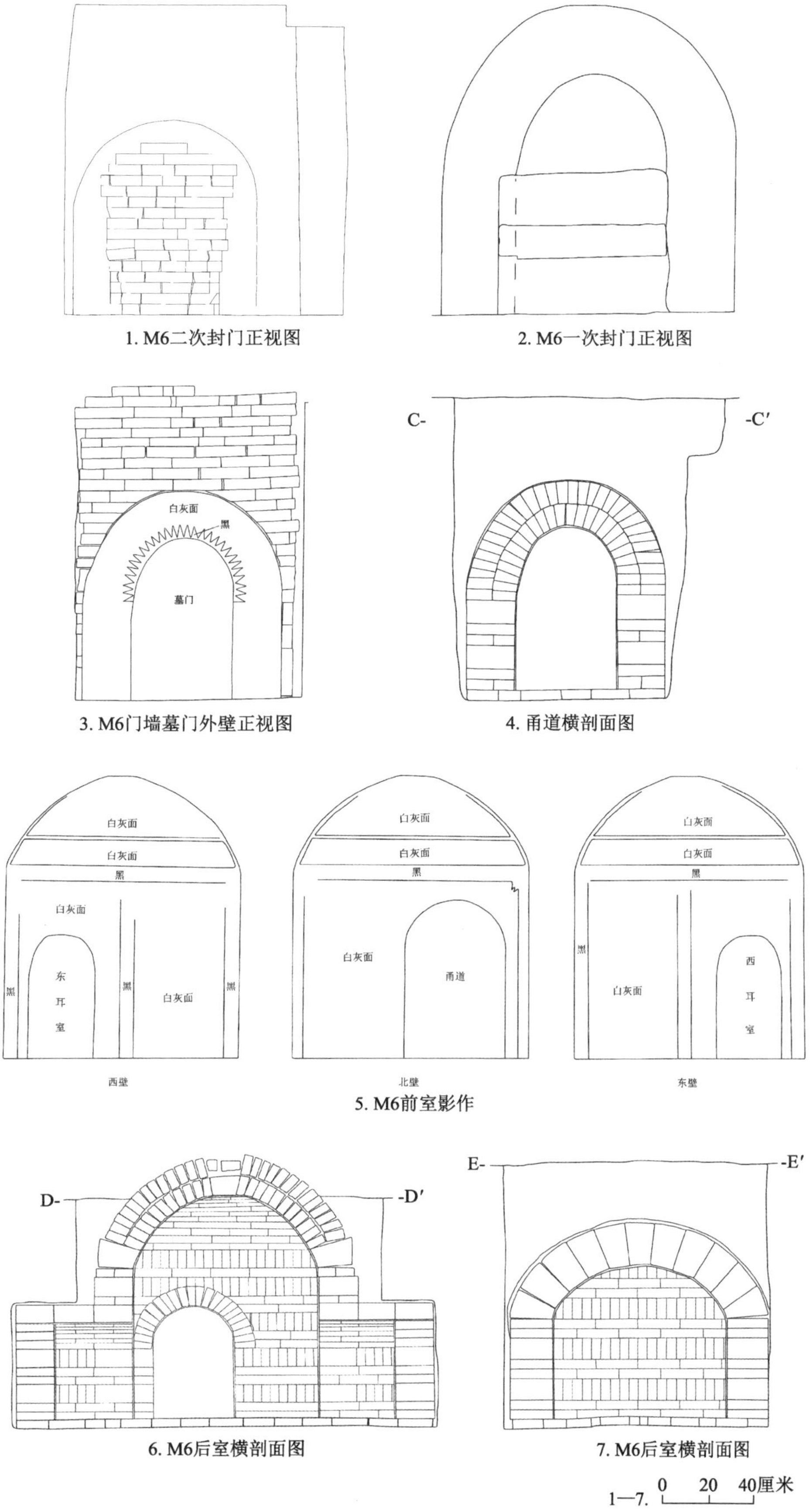

1. M6二次封门正视图　2. M6一次封门正视图

3. M6门墙墓门外壁正视图　4. 甬道横剖面图

5. M6前室影作

6. M6后室横剖面图　7. M6后室横剖面图

图五　M6 封门及前室、后室具体情况

甬道　门墙后为甬道，较短，券顶，楔形砖砌筑，有内外两层，顶表面有厚2厘米的石灰封护层。东西两壁较直，长方形青砖“两顺一丁”砌筑，地面长方形青砖错缝斜铺。外南北长0.62、东西宽1.78、高1.82米；内宽0.84、进深1.2、高1.36米（图五：4）。

前室　甬道后为前室，高出发掘地表0.34米，盝顶，四角弧形，顶部楔形砖砌筑，外有厚2厘米的石灰封护层。四壁较直，内壁涂抹有厚1厘米的石灰层，并绘有黑色影作装饰。前室四角及南、北两壁中间绘有立柱，盝顶四角用黑色粗线勾勒（图五：5；图版二：6）。四壁长方形青砖砌筑，东西两壁券顶部分平铺，下半部及南、北两壁皆“两顺一丁”砌筑，地面青砖斜铺（图五：6）。前室出土铜灯盏、铜洗、铁构件、青瓷钵、青瓷盘、青瓷盘口壶、漆器、陶槅盘、骨簪共19件（图版三：1、2）。前室外东西长2.65、南北宽2.6、高2.82米；内东西宽1.9、高2.32、进深1.88米。

耳室　有东、西两耳室，位于前室东、西两壁近墓门处，砌筑于墓圹下向外掏挖之土洞内，皆东西向，形制、大小相同，平面长方形，楔形砖筑券顶，室壁较直，“两顺一丁”砌筑，地面青砖斜铺。东耳室向东掏挖的土洞长0.62米，西耳室向西掏挖的土洞长0.52米。耳室外东西长0.84、南北宽1.34、高1.28米；内宽0.54、高1.02、进深0.8米。东耳室出土青瓷钵、青瓷扁壶、陶钵、陶灯共4件（图版三：3、5）；西耳室出土铁构件、青瓷盘、青瓷钵、酱黑瓷罐、酱褐瓷罐、石黛板、陶钵、陶罐、陶罐、酒凫、陶盘共26件（组）（图版三：4、6）。

后室　单后室，略偏西，后室门位于前室偏东，紧邻后室东壁。后室填土出土铜镞、铜器残片共2件。后室门楔形砖筑券顶，两壁长方形青砖“两顺一丁”砌筑。宽0.84、高1.18米。后室拱形券顶，顶部楔形砖砌筑，外有2厘米厚石灰封护层，东、西两壁皆长方形青砖“两顺一丁”砌筑，后壁券顶部分青砖平铺砌筑（图版四：1），下半部青砖“两顺一丁”砌筑。后室地面较平，青砖错缝斜铺。后室（图五：7）外南北长3.56、东西宽2.5、高1.88米；内长3.1、宽1.64、高1.32米。后室出土银钗、银手镯、银铃铛、铜弩机、铜虎子、铜柿蒂形纽、铜铺首衔环、铁镊子、铁镜、棺钉、铅珠、青瓷盏、酱瓷罐、漆器、筒状骨器共97件（图版四：2、3）。

二、出土器物

经发掘，M6共出土银、铜、铁、铅、石、骨、漆、青瓷、釉陶、陶等各类器物148件（组），其中后室出土铁棺钉2组72件，漆器（M6：39、M6：48）朽烂不存。

（一）后室出土器物

铜镞　1件（M6墓室填土：1）。锈残，铜质，平面桃叶形，弧边，中有脊，短圆柱形铤。残长5、宽1.8厘米（图六：1）。

铜器残片　1件（M6墓室填土：2）。残，平面钺形，一侧有刃。长3.5、宽2.1、厚0.2厘米（图六：2）。

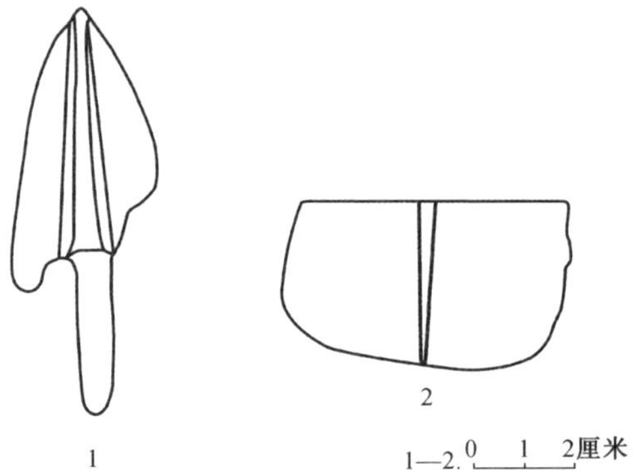

图六　后室出土铜器

1. 铜镞（M6墓室填土：1）

2. 铜器残片（M6墓室填土：2）

（二）前室出土器物

铜灯盏　1件（M6：5）。锈，铜质，敞口，圆唇，口沿一侧有半圆形耳，耳中间有圆孔，弧腹，平底内凹，内底有一道凸棱，盏内仍有块状朱砂残留。外底及下腹为锯齿、圆圈纹等组成的太阳纹。口径6.6、底径4.1、高2.3厘米（图七：1；图版四：4）。

铜洗　1件（M6：35）。侈口，斜沿，沿面微内凹，圆唇，腹较深，腹壁弧收，平底。腹部有三周凸弦纹，下腹有对称两半月形扁系，系上有穿孔，底部有一道凸棱。口径 24.6、底径 13.6、高 10 厘米（图七：2；图版四：5）。

铁构件　1 件（M6：36）。锈残，铁质，中为一圆环，有三根铁条呈三角形套于环上。残长 11.8、环径 4.5 厘米（图七：3）。

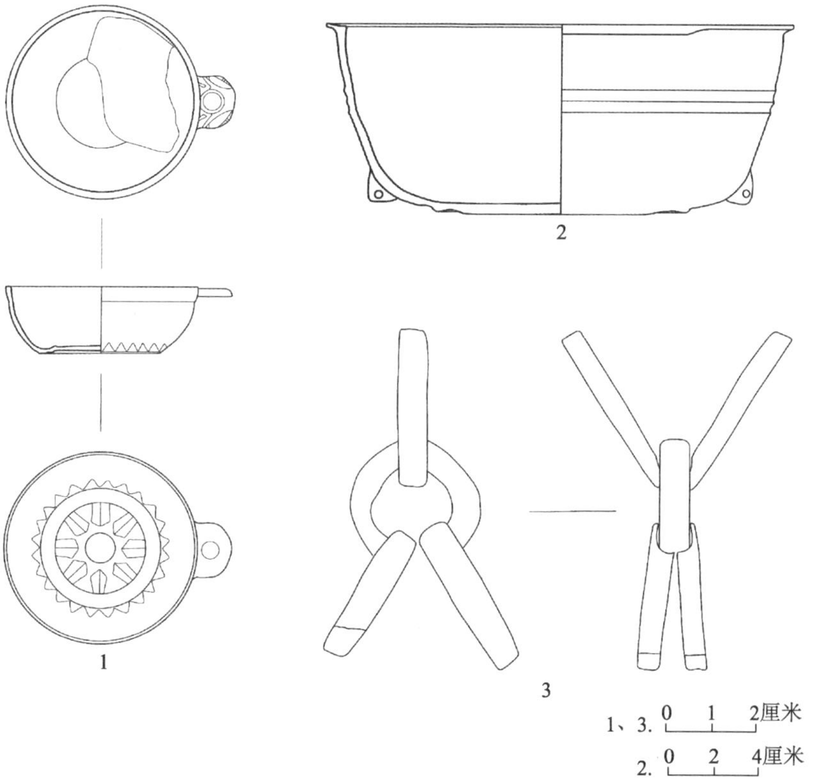

图七　前室出土铜、铁器

1. 铜灯盏（M6：5）　2. 铜洗（M6：35）　3. 铁构件（M6：36）

青瓷钵　8 件。形制相同。侈口，圆唇，弧腹，平底内凹。唇下三周凹弦纹，内底有 4 个支钉烧痕。器表施青釉，内满釉，外釉不及底，露紫红胎。M6：1，口径 15.2、底径 7.6、高 5.8 厘米（图八：1；图版四：6）。

青瓷盘　3 件。形制相同。敞口，圆唇，弧腹，平底内凹。内底有两周凸弦纹，底部有轮制弦痕。器表施青釉，内满釉，外釉不及底，露紫红胎。M6：42，口内有一周凹弦纹，内壁饰三周芝麻花联珠纹，腹下部近底有多道凹弦纹，内底饰如意、卷云纹等组合纹饰，底部有轮制弦纹痕和 7 个支钉烧痕。口径 16.4、底径 10.4、高 2.6 厘米（图八：2；图版五：1）。

青瓷盘口壶　1 件（M6：34）。盘口，圆唇，束颈，溜肩，肩部对称贴塑两牛鼻形系和铺首衔环，系上饰叶脉纹，鼓腹，平底内凹。外沿下两周凹弦纹，肩部饰四周凹弦纹，弦纹间饰斜网格纹带，下腹饰一周凹弦纹，颈部内壁和内腹饰凹弦纹。器表施青釉，腹部有流釉现象，釉不及底，露紫红胎。口径 13.6、底径 10.2、高 21.8 厘米（图八：3；图版五：2）。

陶槅盘　2 件。形制相同。泥质灰陶，母口，体呈长方形，分三大排共 15 小格，下两排八大格，上一排两侧各一大格，中间又分两小排，上排为一长条形格，下排为四小方格，底附倒“山”字形足。M6：38，长 31.2、宽 19.6、高 7 厘米（图八：4；图版五：3）。

骨簪　1 件（M6：4）。残，骨质，磨制光滑。呈圆锥形，圆柱形短挺。残长 5.55、直径 0.8 厘米（图八：5）。

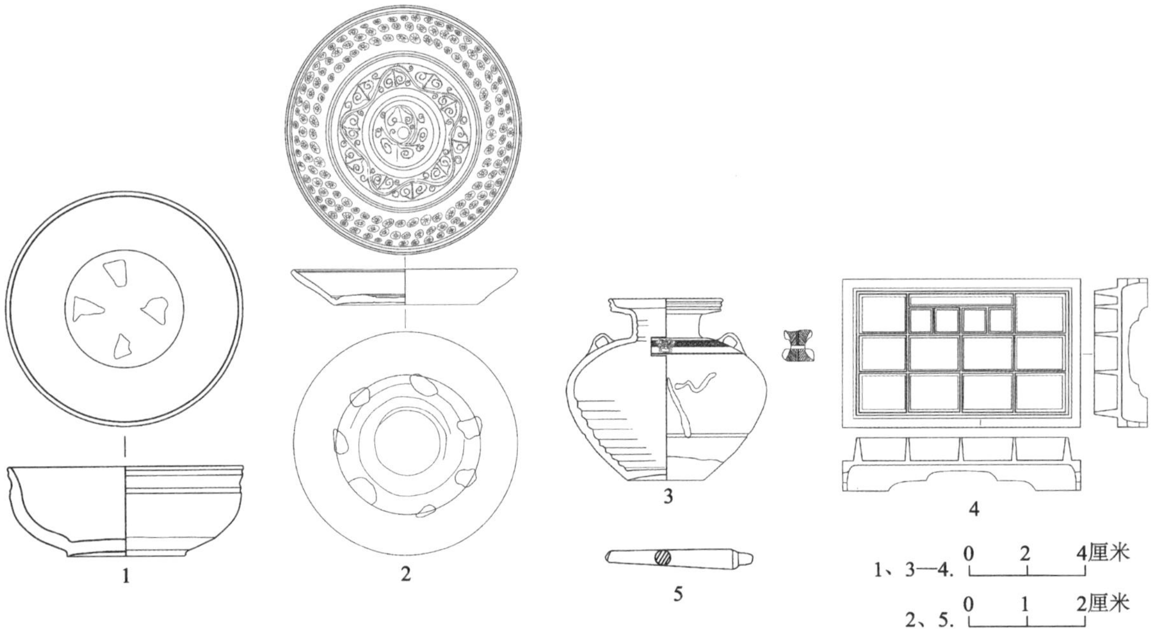

图八　前室出土器物

1. 青瓷钵（M6：1）　2. 青瓷盘（M6：42）　3. 盘口壶（M6：34）　4. 陶槅盘（M6：38）　5. 骨簪（M6：4）

（三）东耳室出土器物

青瓷钵　1件（M6：43）。侈口，圆唇，弧腹，平底内凹。沿下三周凹弦纹。器表施青釉，内满釉，外釉不及底，露灰白胎。口径15.6、底径9.8、高5.4厘米（图九：1；图版五：4）。

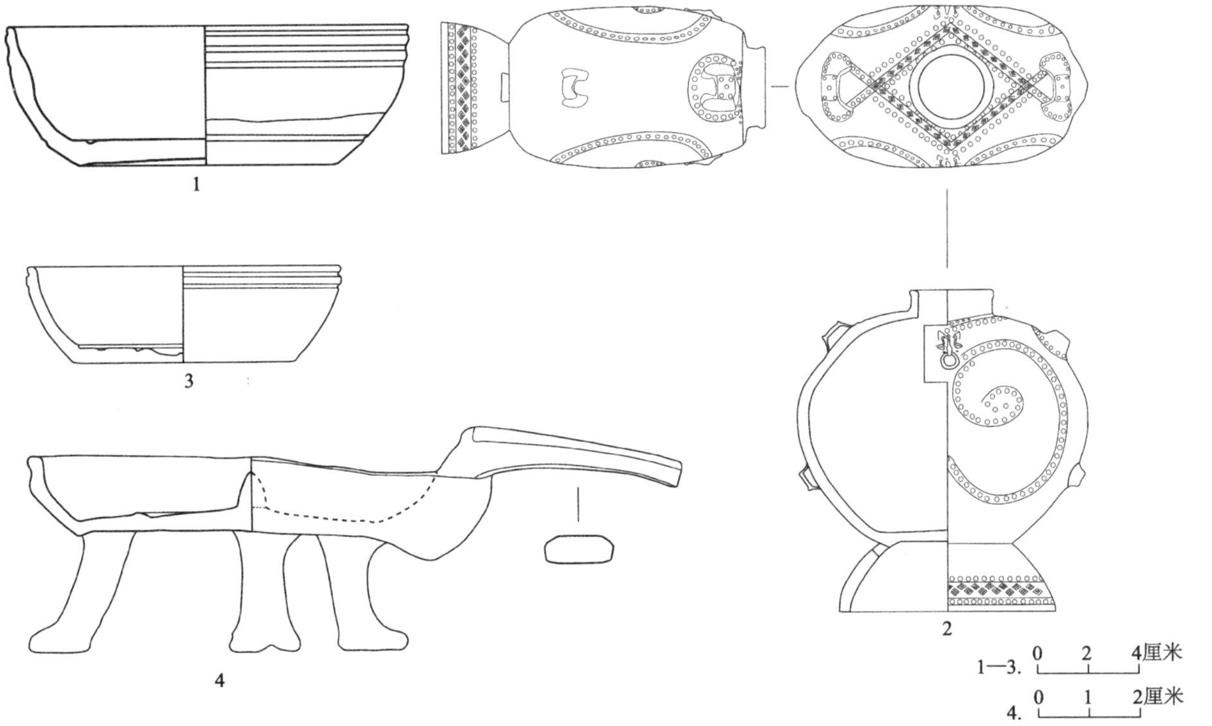

图九　东耳室出土陶瓷器

1. 青瓷钵（M6：43）　2. 青瓷扁壶（M6：45）　3. 陶钵（M6：44）　4. 陶灯（M6：46）

青瓷扁壶　1件（M6：45）。侈口，圆唇，束颈，扁弧腹，上腹中部前后各贴塑一铺首衔环，腹两侧上、下各有一对称桥形系，圈足外撇，肩部左右、下腹左右各有一系，圈足。肩、腹、圈足饰圈带纹和铺首衔环，通体施青釉。口径7.2、高28.6厘米（图九：2；图版五：5）。

陶钵　1件（M6：44）。泥质灰陶，侈口，圆唇，弧腹，平底。沿下两周凹弦纹，内底有凹弦纹。口径16.8、底径11.8、高5.2厘米（图九：3；图版五：6）。

陶灯　1件（M6：46）。泥质灰陶，灯盘侈口，圆唇，弧腹，盘内中有尖柱形芯，底附三个外撇形蹄足，素面，沿部一侧附一短柄，柄向下微曲。外沿下有一周凹弦纹，内底有一周凸弦纹。口径12.7、高5.7、连柄通高6.6厘米（图九：4；图版五：7）。

（四）西耳室出土器物

铁构件　3件。形制相同。锈残。铁质，半月钩状，截面近方形，表面残留腐朽木质痕迹。M6：12-1，残长17.9厘米（图一〇：1）。

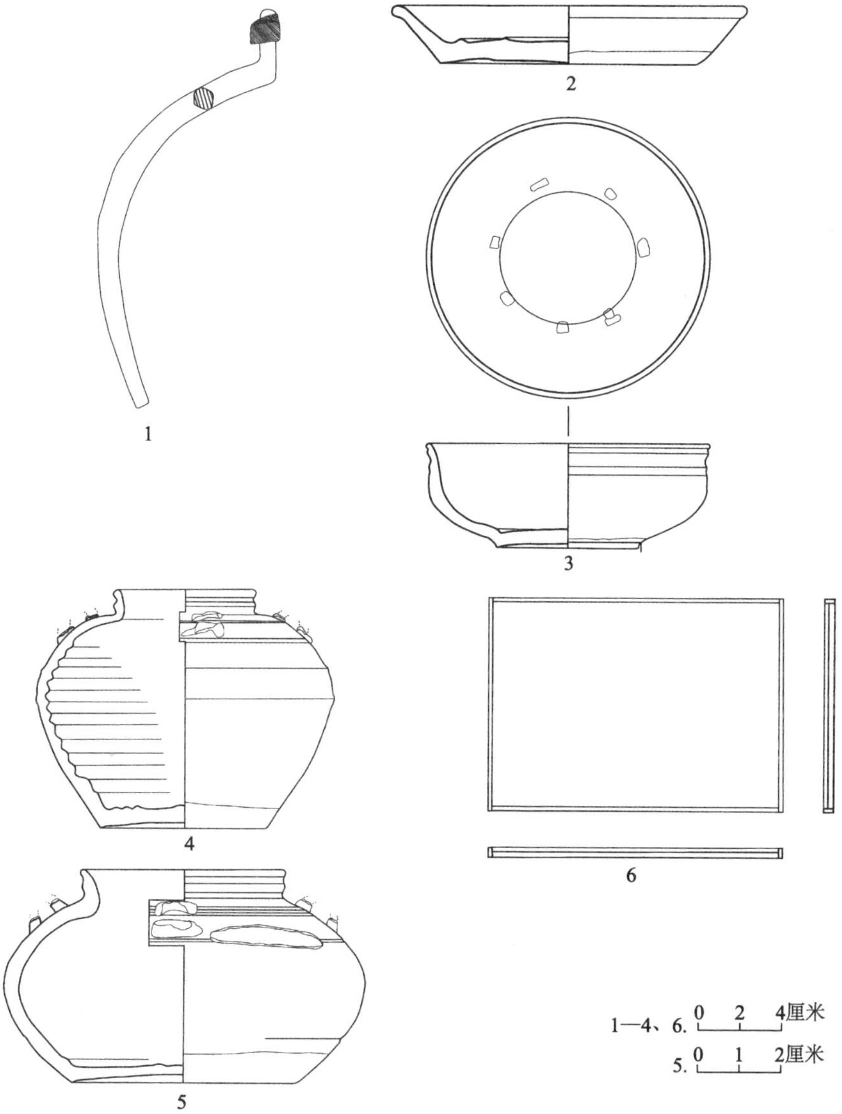

图一〇　西耳室出土器物

1. 铁构件（M6：12-1）　2. 青瓷盘（M6：6）　3. 青瓷钵（M6：14）
4. 酱黑釉罐（M6：7）　5. 酱褐釉罐（M6：10）　6. 石黛板（M6：11）

青瓷盘 1件（M6：6）。侈口，圆唇，斜直腹，平底内凹。内底有两周凸弦纹，外底有轮制痕。器表施青釉，内满釉，外釉不及底，露紫红胎。口径16.8、底径12.2、高2.8厘米（图一〇：2；图版五：8）。

青瓷钵 2件。形制相同。侈口，圆唇，弧腹，下腹内收，平底内凹。唇下三周凹弦纹，内底有7个支钉烧痕。器表施青釉，内满釉，外釉不及底，露青白胎。M6：14，口径15.2、底径7.6、高5.6厘米（图一〇：3；图版六：1）。

酱黑釉罐 1件（M6：7）。侈口，圆唇，束颈，溜肩，肩部对称贴塑四系，系残，鼓腹，平底内凹。沿下两周凹弦纹，肩饰两周凹弦纹，壁和内底有轮制弦纹痕，器表施黑釉，釉不及底，露红胎。口径9.8、底径11.6、高16.6厘米（图一〇：4；图版六：2）。

酱褐釉罐 1件（M6：10）。侈口，圆唇，溜肩，肩部对称贴塑四系，系残，鼓腹，下腹内收，平底内凹。肩饰三周弦纹，肩部有粘接痕迹。器表施酱褐釉，釉不均匀，局部露胎体，釉不及底，露红胎。口径7、底径7.6、高7.4厘米（图一〇：5；图版六：3）。

石黛板 1件（M6：11）。黑色，平面长方形，表面光滑，四边缘有骨条包边，部分残缺。长20.4、宽14.8、厚0.7厘米（图一〇：6；图版六：4）。

陶钵 5件。泥质灰陶，侈口，圆唇，平底。沿下有两周凹弦纹，内底有两周凹弦纹。M6：8，口径17.2、底径12、高6.2厘米（图一一：1；图版六：5）。

陶罐 6件。泥质灰陶，侈口，圆唇，卷沿上翻，沿面下凹，矮束颈，斜肩，鼓腹，平底内凹，腹部有一周附加堆纹，内壁有轮制形成的刮棱。M6：9，口径15.8、底径14.2、高16.2厘米（图一一：2；图版六：6）。

陶酒凫 1件（M6：16）。泥质灰陶，鸭形，腹空。器表有刮削痕迹。长10.4、腹宽5.2、高5.2厘米（图一一：3；图版六：7）。

陶盘 5件。泥质灰陶，敞口，圆唇，浅盘，弧腹，平底内凹。内底有十一周凹弦纹。M6：19，口径25、底径19、高2.2厘米（图一一：4）。

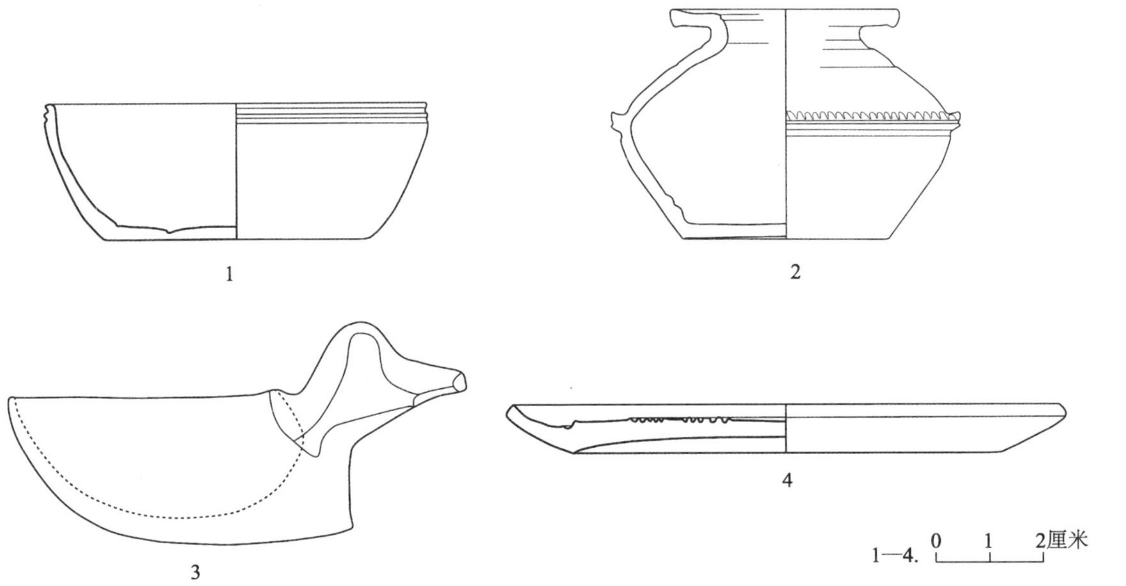

图一一 西耳室出土陶器

1. 陶钵（M6：8） 2. 陶罐（M6：9） 3. 酒凫（M6：16） 4. 陶盘（M6：19）

（五）后室出土器物

银钗　3件。银质，弯成U形，截面圆形。M6：57，长14.7、宽1.3厘米（图一二：1）。

银手镯　4件。银质，圆环状。M6：61，外径6.4、内径6厘米（图一二：2）。

银铃铛　1件（M6：65）。银质，圆球形，顶部有一扁圆形纽，底有线形音口，内置铃核。直径3.2、通高3.4厘米（图一二：3；图版六：8）。

铜弩机　2件。铜质，构件完整，制作精良。M6：56，郭长16.6、宽3.6、通高17.7厘米（图一二：4；图版七：1）。

铜虎子　1件（M6：70）。铜质，素面。圆口微上翘，扁平提梁，通体圆弧，前窄后宽，平底。口径5.4、长21.6、宽11.8、高13.9厘米（图一二：5；图版七：2）。

铜柿蒂形纽　1件（M6：71）。铜质，应为漆器附件。表面灰褐色，座上有环纽，纽中套一圆环。直径9.1厘米（图一二：6；图版七：3）。

铜铺首衔环　1件（M6：72）。铜质，残，表面锈蚀，上部铺首兽面形，下有圆环。高4.3、宽3.4、最厚0.8厘米（图一二：7）。

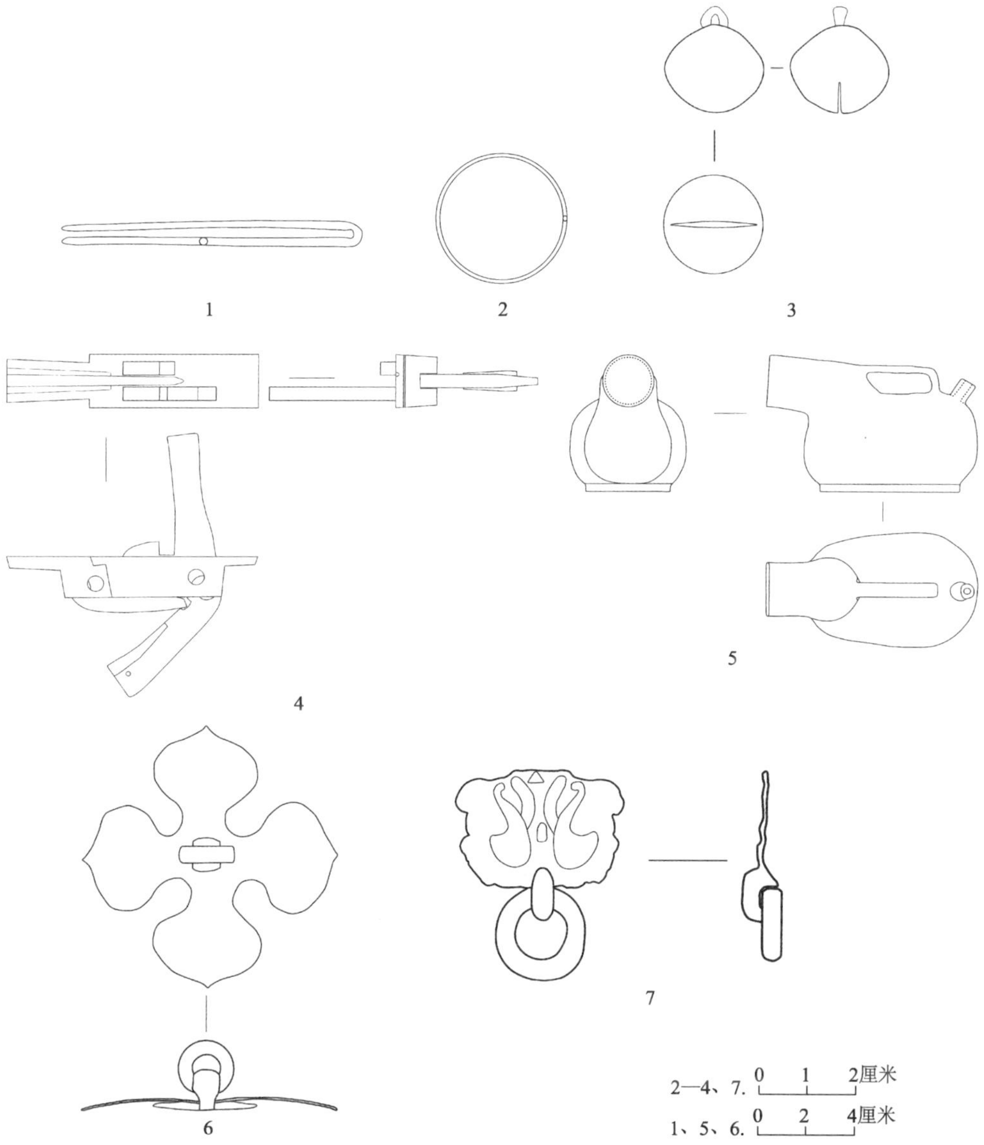

图一二　后室出土银器及铜器

1. 银钗（M6：57）　2. 银手镯（M6：61）　3. 银铃铛（M6：65）　4. 铜弩机（M6：56）　5. 铜虎子（M6：70）　6. 铜柿蒂形纽（M6：71）　7. 铜铺首衔环（M6：72）

铁镊子　1件（M6：54）。锈残，铁质，弯成U形，表面锈蚀，黏附漆皮。长8.7、宽2、厚0.3厘米（图一三：1）。

铁镜　2件。锈残。铁质，圆形，球形纽，表面锈蚀严重，残留有布匹包裹痕迹。M6：55，直径16.2、厚0.7、纽高1.8厘米（图一三：2）。

铅珠　1件（M6：60）。横截面呈扁圆形。直径1.4、厚1.2两厘米（图一三：3）。

青瓷盏　1件（M6：50）。侈口，圆唇，鼓腹，平底微凹。唇下和腹部各一周凹弦纹。器表施青釉，外釉不及底，露灰胎。口径7.6、底径3.4、高3厘米（图一三：4；图版七：4）。

酱红釉小罐　3件。侈口，圆唇，束颈，斜肩，鼓腹，平底内凹。肩部三个支钉烧痕，上腹饰一周凹弦纹。器表通体施酱红釉。M6：51，口径2.3、底径3、高4.6厘米（图一三：5；图版七：5）。

酱釉罐　2件。M6：66，侈口，圆唇，矮直颈，溜肩，肩部对称贴塑四残系，鼓腹，下腹内收，平底微凹。肩部有两周凹弦纹，内壁有凹弦纹。器表施酱褐釉，釉不及底，露红胎。口径12.6、底径12.8、高24.2厘米（图一三：6；图版七：6）。M6：69，侈口，圆唇，溜肩，肩部对称贴塑四残系，鼓腹，下腹内收，平底内凹。肩部饰两周凹弦纹，下腹饰两周凹弦纹，内壁有凹弦纹。器表施酱釉，釉不均匀，局部露胎，有流釉现象，釉不及底，露红胎。口径6.8、底径7.8、高8.6厘米（图一三：7；图版七：7）。

筒状骨器　1件（M6：49）。骨料，圆柱形，中空，截面圆环形，表面光滑，一端有圆形塞。外径2.6、内径1.8、高3.6厘米（图一三：8；图版七：8）。

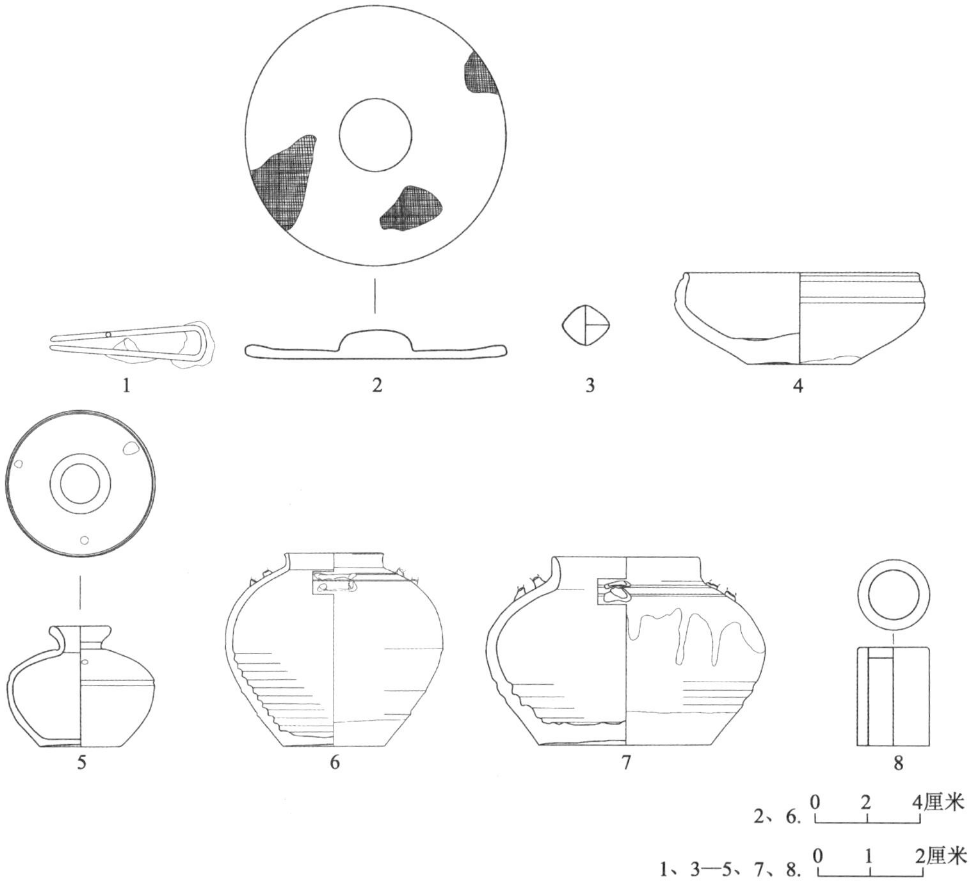

图一三　后室出土器物

1. 铁镊子（M6：54）　2. 铁镜（M6：55）　3. 铅珠（M6：60）　4. 青瓷盏（M6：50）　5. 酱红釉小罐（M6：51）　6、7. 酱釉罐（M6：66、M6：69）　8. 筒状骨器（M6：49）

三、结语

（一）墓葬时代

魏晋时期带斜坡墓道、前室呈方形、穹隆顶的双砖室墓这一墓葬形制是汉代墓葬形制转变的结果，是对东汉晚期横前堂的重要变革。该时期洛阳地区多室砖墓与东汉多室砖墓相比较，其前室平面由窄长向方形演变，曹休墓[1]就是较为典型的例子。该墓前室南北长4.25、东西宽3.5米，后室长方形。《洛阳地区曹魏时期墓葬及相关问题初探》[2]一文认为，曹休墓与东汉末年墓葬在形制方面的变化之一就是横前室变宽变方。

根据已发表的考古资料可知，煎药庙墓地中的M6形制最接近洛阳曹魏正始八年墓[3]，二者皆为前后室砖墓，前室穹隆顶，后室券顶。另外，M6与洛阳吉利区发掘的一座西晋中晚期墓M2490[4]略相近，不过M2490后室为土洞而非砖室，这应与其所处地域的土质不同有关，但二者时代应相差不远。与南京将军山西晋墓M12[5]相比较，二者前室形制相近，只是后室顶部不同，有券顶和穹窿顶的差异。M6的墓葬形制符合魏晋时期特别是西晋时期的墓葬形制特点。

魏晋时期青瓷器形主要以钵、洗、谷仓罐、扁壶、盘口壶、罐等为主，其肩腹等部位饰有带状纹饰，有连珠纹、斜网格纹、芝麻花纹、水波纹、菱形纹等，有的贴塑有衔环铺首，这类器物主要流行于孙吴、西晋时期，至东晋早期，其上装饰普遍简化或不见。这类器物多见于各地西晋墓葬，是西晋时期墓葬断代的标准器类与纹饰。而M6出土的青瓷器，其特点、器形、纹饰完全符合这一标准，且多与临沂洗砚池晋墓出土的器物相近。青瓷器上的铺首衔环贴饰（M6：72）与临沂洗砚池晋墓M1出土的铺首衔环（M1西：16）形制相同；柿蒂形装饰（M6：71）与临沂洗砚池晋墓出土的器物形制相同；其中一些随葬品也常见于河南、山东等地区。青瓷盘口壶（M6：34）与南京安德门西晋墓[6]M4出土的盘口壶形制相同，仅贴塑不同；M6出土的槅盘（M6：38）与洛阳吉利区西晋墓[7]出土的格盘（M2490：7）形制相同。同时，铜虎子（M6：70）与临沂洗砚池晋墓M2出土的铜虎子（M2：17）形制相同。从墓葬形制、随葬品分析，M6的时代应该在西晋中晚期。

（二）墓葬归属问题及墓主身份分析

在该家族墓地的发掘中，发现了较少的文字材料，其中最重要的就是M8门墙中部一块砌砖有“下邳国县建忠里谋显伯仲伯孝伯”的刻铭[8]。从该刻铭可知，M8墓主人应归属于下邳国，等级地位较高。从出土的文字材料可以判断，煎药庙墓地应该是西晋中晚期下邳国的一处家族墓地。

项目负责人：马永强
发掘人员：张宏伟　潘明月　刘乃良
吕真理　刘传明　王庆光
执笔：马永强　徐　勇　张宏伟
绘图、照相：潘明月　吕真理　刘传明

[1] 洛阳市第二文物工作队．洛阳孟津大汉冢曹魏贵族墓［J］．文物，2011（9）：32-47+1.
[2] 刘中伟．洛阳地区曹魏时期墓葬及相关问题初探［J］．殷都学刊，2016（1）：34-37.
[3] 洛阳市文物工作队．洛阳曹魏正始八年墓发掘报告［J］．考古，1989（4）：314-318+387-388+313.
[4] 洛阳市文物工作队．洛阳吉利区西晋墓发掘简报［J］．文物，2010（8）：29-47+1.
[5] 南京市博物馆，南京市江宁区博物馆．南京将军山西晋墓发掘简报［J］．文物，2008（3）：16-23+55.
[6] 南京市博物馆．南京雨花台区四座西晋墓［J］．东南文化，1989（2）：138-142+195.
[7] 洛阳市文物工作队．洛阳吉利区西晋墓发掘简报［J］．文物，2010（8）：29-47+1.
[8] 南京博物院、徐州博物馆、邳州市博物馆．江苏邳州煎药庙西晋墓地发掘［J］．考古学报，2019（2）：245-306.

1. M6 发掘前

2. 煎药庙墓地发掘后航拍

图版一　江苏邳州煎药庙墓地

1. M6 发掘后

2. M6 一次封门

3. M6 门墙

4. M6 二次封门

5. M6 墓门外壁锯齿状装饰

6. M6 前室影作

图版二　江苏邳州煎药庙西晋墓地 M6

1. M6 前室清理前

2. M6 前室清理后

3. M6 东耳室清理前

4. M6 西耳室清理前

5. M6 东耳室清理后

6. M6 西耳室清理后

图版三　江苏邳州煎药庙西晋墓地 M6 前室、耳室

1. M6 后室南壁

2. M6 后室清理前

3. M6 后室清理后

4. 铜灯盏（M6：5）

5. 铜洗（M6：35）

6. 青瓷钵（M6：1）

图版四　江苏邳州煎药庙西晋墓地 M6 清理及出土器物

1. 青瓷盘（M6：42）

2. 青瓷盘口壶（M6：34）

3. 陶槅盘（M6：38）

4. 青瓷钵（M6：43）

5. 青瓷扁壶（M6：45）

6. 陶钵（M6：44）

7. 陶灯（M6：46）

8. 青瓷盘（M6：6）

图版五　江苏邳州煎药庙西晋墓地 M6 出土陶瓷器

1. 青瓷钵（M6：14）

2. 酱黑釉罐（M6：7）

3. 酱褐釉罐（M6：10）

4. 石黛板（M6：11）

5. 陶钵（M6：8）

6. 陶罐（M6：9）

7. 陶酒皂（M6：16）

8. 银铃铛（M6：65）

图版六　江苏邳州煎药庙西晋墓地 **M6** 出土器物

1. 铜弩机（M6：56）

2. 铜虎子（M6：70）

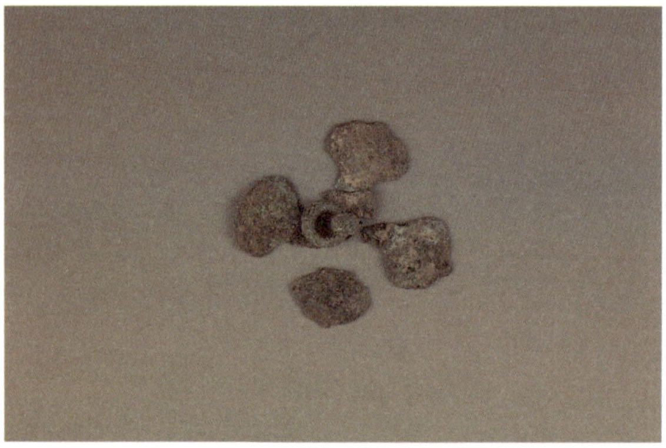

3. 铜柿蒂形纽（M6：71）

4. 青瓷盏（M6：50）

5. 酱红釉小罐（M6：51）

6. 酱釉罐（M6：66）

7. 酱釉罐（M6：69）

8. 筒状骨器（M6：49）

图版七　江苏邳州煎药庙西晋墓地 M6 出土器物

常州市新沟河疏浚拓宽工程 虞桥遗址考古发掘报告

常州市文化广播新闻出版局　常州博物馆

内容提要：为了配合新沟河疏浚拓宽工程的建设，常州博物馆于2015年5月10日—6月14日，对虞桥遗址进行了考古发掘，本次发掘清理出了一批清代墓葬，出土了酱釉瓷罐、青瓷罐等清代常见的器物，为研究清代常州洛阳镇地区的丧葬习俗等提供了实物材料。

关键词：常州洛阳　虞桥遗址　清代墓葬

一、遗址概况

虞桥遗址位于常州市武进区洛阳镇严公岸村，该村位于武南路与横洛路交会处西侧，万年桥北边，行政上属于虞桥村委。虞桥遗址紧贴新沟河虞桥段东岸，东北面有常州市文物保护单位骨成墩（图一）。

为配合新沟河疏浚拓宽工程的建设，常州博物馆于2012年6月对新沟河沿线进行了考古调查，在虞桥段的农田里发现了一些明清时期的青花瓷片，2015年3—5月，对发现青花瓷片的区域进行了考古钻探，明确其下可能有明清时期的建筑基址或墓葬，2015年5月10日至6月14日，对虞桥遗址进行了考古发掘。

本次发掘以正南北为方向，共布10米×10米探方两个，总面积200平方米，实际发掘面积162平方米，严格按照《田野考古规程》，逐层揭露，往下发掘。共清理晚清至近现代墓葬3座，现将发掘情况介绍如下。

二、地层情况

本次发掘地层情况并不是特别复杂，共分为5层，因为地形高低起伏，并不是每一层都在探方内分布，现以T2南壁为例说明（图二）：

①a层，深0~85厘米，灰黑土，土质疏松，含有大量植物根须，仅在T2南部分布。该层为现代层。

①b层，距地表0~85厘米，深0~255厘米，灰黄土，土质较软，含有大量植物根须和料姜石，在T1和T2分布。根据层位关系和包含物推测，该层为现代层。

②层，距地表0~340厘米，深0~55厘米，灰褐土，土质疏松，含有大量植物根须，主要分布在T1、T2东部。根据层位关系和包含物推测，该层为近代层。

③层，距地表0~395厘米，深15~55厘米，土色为棕褐色夹杂青灰色，土质较软，结构紧密，含有大量青砖、瓦片、瓷片、陶片和少量植物根须。其中青砖和瓦片较多，占所有

出土器物的 92%，其次为瓷片，占 8%，能看出器型的主要有韩瓶、碗、罐和缸等。该层在 T1、T2 皆有分布。根据层位关系和包含物，推测该层为清代地层。

④ 层，距地表 15~450 厘米，深 25~50 厘米，黑褐色土，结构紧密，包含有少量青砖、瓦片和瓷片，其中青砖和瓦片占所有出土器物的 86%，瓷片占 14%，瓷片器型主要为碗、罐等。T1、T2 皆有分布。根据层位关系和包含物，推测该层为清代地层。

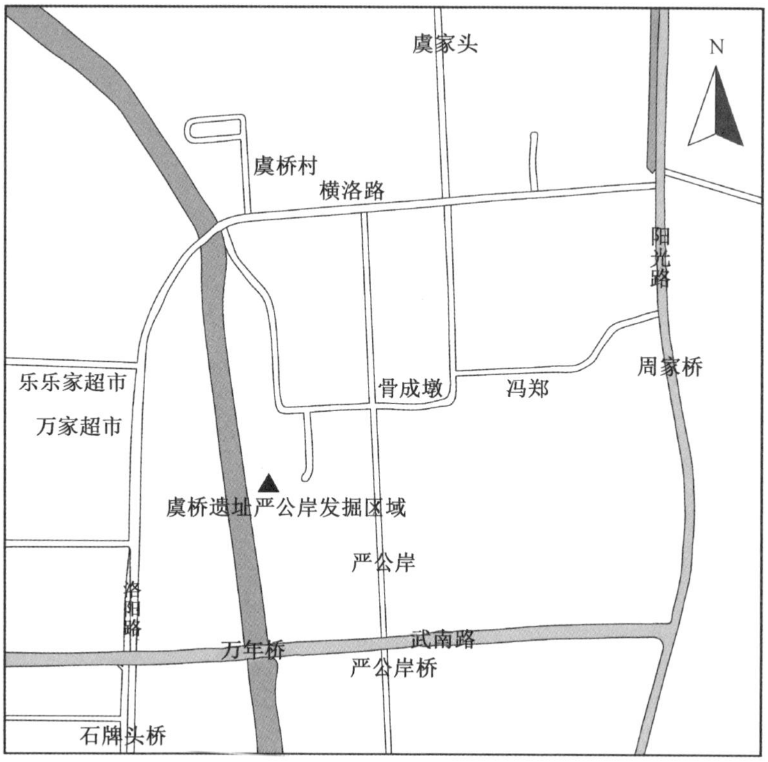

图一　虞桥遗址发掘区域位置图

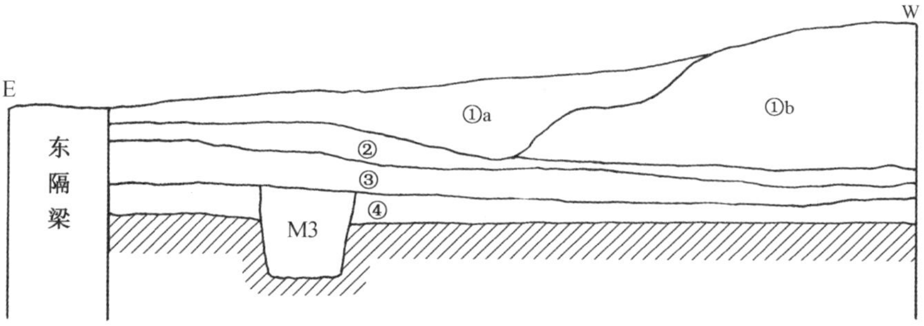

图二　T2 南壁剖面图

三、主要遗迹

本次发掘出的遗迹单位不多，主要为 3 座墓葬，都集中在 T2 内（图三），现将遗迹情况介绍如下：

M1（图四）位于 T2 西北角，开口于第①层下，打破第③层，长方形竖穴土坑墓，方向 42°。墓坑距地表 179 厘米，长 264 厘米，北端宽 130 厘米，南端宽 120 厘米，深 110 厘米，内有两口棺木，紧挨并排，长 195 厘米，北端宽 50 厘米，南端宽 40 厘米，保存情况较差。墓内残存瓷罐一件。推测 M1 为夫妻合葬墓，根据墓葬形制及出土器物推测为近现代墓葬。

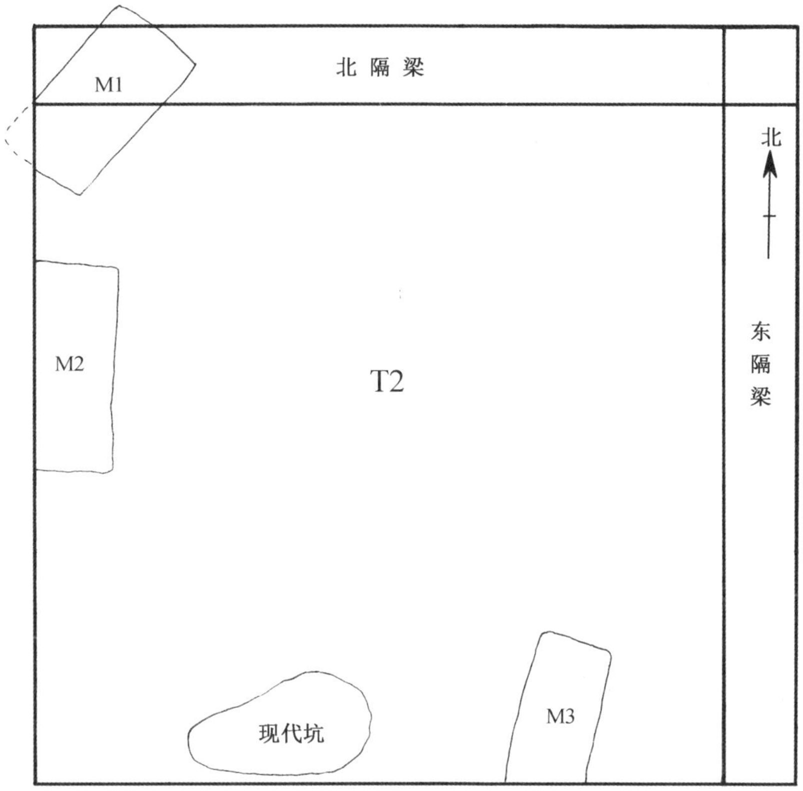

图三 **T2** 平面图

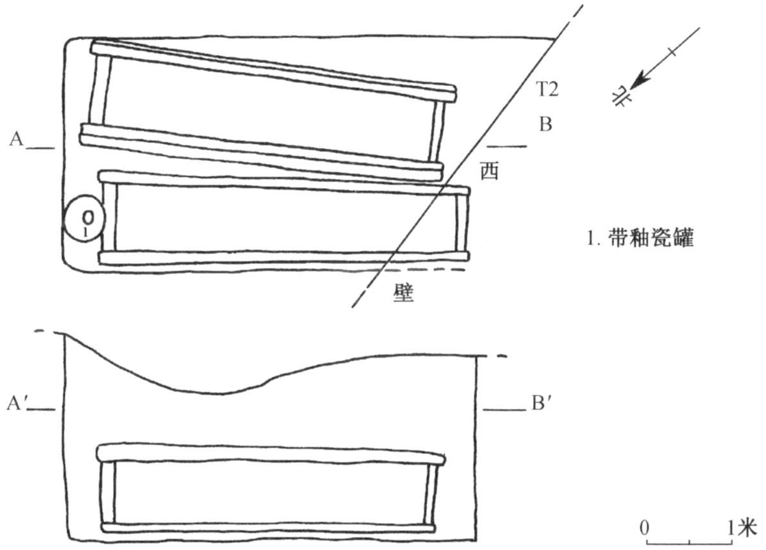

图四 **M1** 平、剖面图

M2（图五）位于T2西部，部分压在西壁下，M2东侧还有一大陶缸。开口于第①层下，打破第②层，长方形竖穴土坑墓，方向12°。墓坑距地表140厘米，长274厘米，北端宽110厘米，南端宽100厘米，墓深105厘米，内有棺木一口，棺长224厘米，北端宽70厘米，南端宽45厘米，保存一般。墓内出土瓷罐一件。根据墓葬形制和出土器物推测为近现代墓葬。

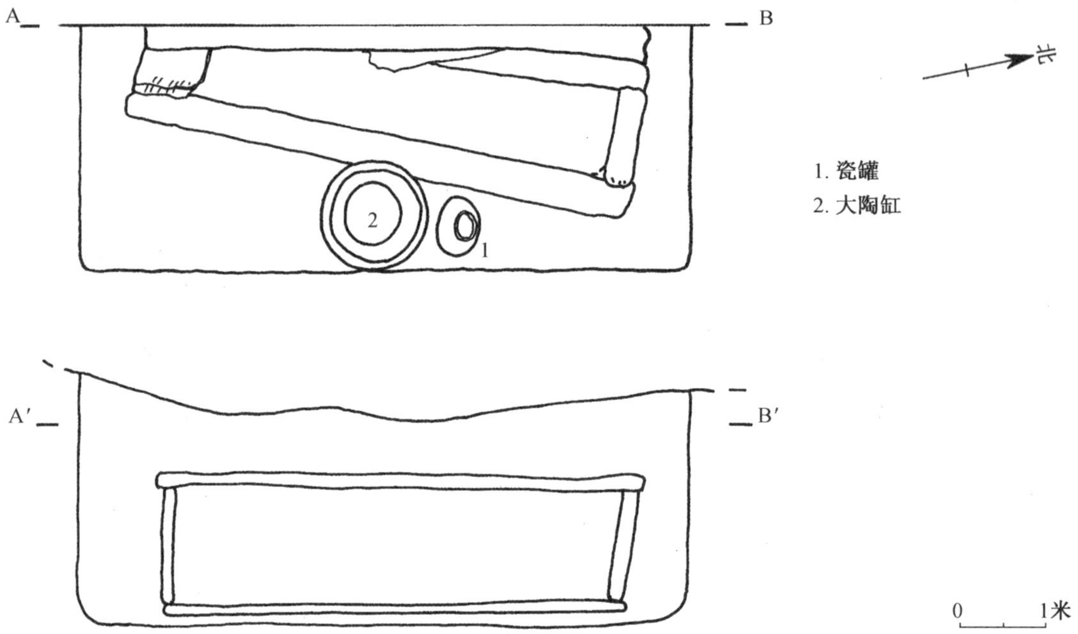

图五　M2 平、剖面图

M3（图六）位于 T2 南部，墓坑南部压在南壁下，开口于第③层下，打破第④层，长方形竖穴土坑墓，方向 12°。墓坑距地表 95 厘米，长 210 厘米，宽 100 厘米，墓深 105 厘米，内有棺木一口，长 180 厘米，宽 55 厘米，保存一般。出土陶罐一件。根据出土墓葬形制和出土器物推测为清代墓葬。

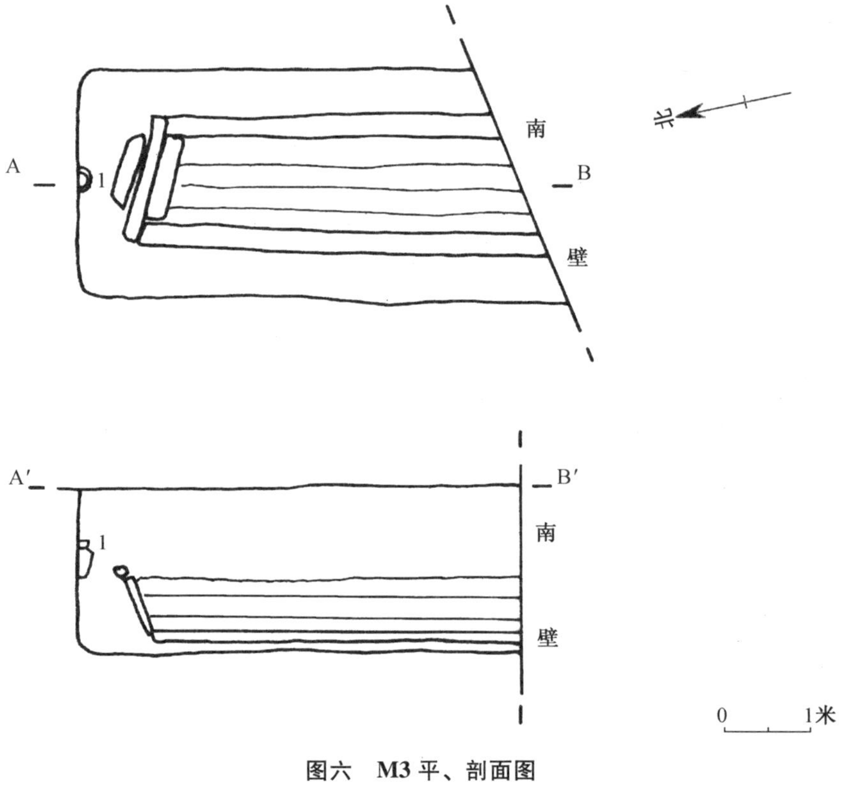

图六　M3 平、剖面图

四、遗物

本次发掘出土遗物较少，瓷罐两件，陶罐一件，现将器物情况介绍如下：

青瓷罐（M1：1），基本完整，侈口，圆唇，卷沿，溜肩，鼓腹，腹往下内收，平底。口径 11 厘米，腹径 24 厘米，底径 16 厘米，通高 18.4 厘米。器表施酱釉，制作较粗糙（图七，1）。

酱釉瓷罐（M2：1），基本完整，口微侈，尖唇，折沿，弧肩，鼓腹，腹部较直，往下略内收，平底。口径 11 厘米，腹径 19 厘米，底径 16 厘米，通高 17.6 厘米。制作较粗糙（图七，2）。

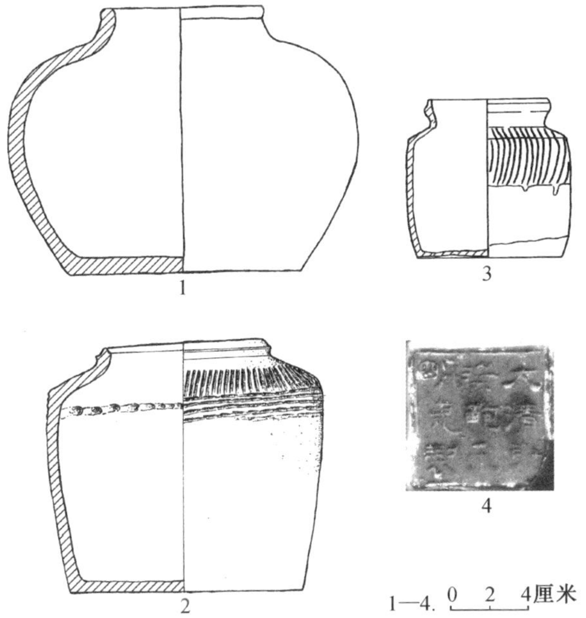

1. 青瓷罐（M1：1） 2. 酱釉瓷罐（M2：1）
3. 酱釉瓷罐（M3：1） 4. 陶片底款拓片（T2③：1）

图七 出土器物图

酱釉瓷罐（M3：1），基本完整，口微侈，圆唇，折沿，弧肩，鼓腹，腹部较直，往下略内收，平底。口径 8.2 厘米，底径 10.2 厘米，通高 11 厘米。器表半施酱釉（图七，3）。

陶片底款（T2③：1），灰陶器底，发现于 T2 第③层中部，已残，仅余底部，上有款识“大清褒奖鲍氏明亮制”字样（图七，4）。

五、结语

本次发掘在 T1 和 T2 的第③、④层都发现有大量的青砖、瓦片和瓷片，虽然尚不清楚是否为村民口中所述的观音堂，但表明该区域可能曾经有建筑遗迹。从发掘情况来看，该建筑遗迹经过后期的开河等活动，已经破坏殆尽，根据层位关系和所包含遗物判断该建筑遗迹属于晚晴到近现代时期。

发掘出土的三座墓葬，墓葬形制基本相同，墓向也基本一致，M1 和 M2 时代相同，都属近现代，可能是家族墓地；M3 时代虽然更早，但在墓葬习俗上和 M1、M2 也基本相同。从墓葬规模和随葬器物来看，三座墓均为平民墓葬。

领队：黄建康
参加发掘人员：彭　辉　王偈人　于成龙
霍永路
执笔：王偈人
绘图：彭　辉　于成龙　霍永路
摄影：彭　辉　于成龙　王偈人
拓片：于成龙

1. 虞桥遗址严公岸区域

2. 省文物局领导检查工作

图版一　虞桥遗址及领导视察

1. 探方全景（由南向北）

2. 探方全景（由北向南）

图版二　探方全景

1. 青瓷罐（M1：1）

2. 酱釉瓷罐（M2：1）

3. 酱釉瓷罐（M3：1）

图版三　出土器物

镇江大市口古井出土的宋元陶瓷器及相关问题

蓝旻虹[1]

内容提要：1994 年，镇江古城考古所在大市口工地对一口古井进行了抢救性发掘，井内出土的宋元陶瓷等遗物丰富。本文择取其中相对完整和具有代表性的器物加以介绍，并重点对其中出土的景德镇窑蓝釉白龙纹罐进行研究。结合出土地点的考古、文献等资料，推测出土物为元代官员宅院之日用物品。

关键词：蓝釉白龙纹罐　古井　宋元陶瓷器

镇江在宋时为边防重地，在元代为财赋之区，便捷的水陆交通使之成为当时重要的港口城市。大市口古井中出土的宋元瓷器来自南北不同的窑口，龙泉窑、磁州窑、景德镇窑占多数，其中有相当一部分制作精美，尤以一件元景德镇窑蓝釉白龙纹罐为佳。

一、大市口古井出土的宋元陶瓷器

井中出土的宋元陶瓷器根据用途可分为三类：生活日用类、祭祀类、玩具类。

（一）生活日用类

宋龙泉窑青釉莲瓣纹瓷碗（图一），口径17、高 7、足径 4.5 厘米。其为灰胎，釉色滋润，青绿光亮，器型沉稳秀丽，莲瓣棱线微微凸起。

图一　宋龙泉窑青釉莲瓣纹瓷碗

宋定窑白釉碗（图二），口径 9.1、高 4、足径 3.7 厘米。其造型小巧、精致，胎质细腻，釉面莹润。碗外壁一圈圈细腻的修坯痕迹，纤细密集，在圈足上垫有几处细小的支钉痕。

[1] 蓝旻虹，男，1984 年生，镇江博物馆副研究馆员。考古学及博物馆学硕士，研究方向为陶瓷考古与文物研究。

图二　宋定窑白釉碗

宋青白釉执壶水滴（图三），底径 4、高 7.5 厘米。仿执壶型小水滴，施釉不及底，条形把手边上设圆形出水口。

图三　宋青白釉执壶水滴

宋酱黄釉套菱纹执壶（图四），口径 4.4、高 9、足径 5.8 厘米。盘口，双系、弧腹、平底，把手缺。通体装饰复古，腹中部拍印菱形纹，底部为叶脉纹，应为宜兴窑产品。

图四　宋酱黄釉套菱纹执壶

元龙泉窑青釉印花碗（图五），口径 16.7、足径 4.4、高 7.4 厘米。碗内模印花卉纹，圈足。敦式碗为元代典型造型，在景德镇窑及其他窑口同期亦可见。

图五　元龙泉窑青釉印花碗

元龙泉窑青釉花口盘（图六），口径 19、高 4、底径 8.8 厘米。盘腹外刻菊瓣纹，瓣尖形成花口盘沿，釉色青绿光亮。

图六　元龙泉窑青釉花口盘

元景德镇窑卵白釉龙纹碗（图七），口径 19.2、高 19.2、足径 5.9 厘米。口外侈，弧腹，圈足，内壁模印龙纹。

图七　元景德镇窑卵白釉龙纹碗

元景德镇窑蓝釉白龙纹罐（图八），口径16.3、腹径28.3、残高22.5厘米。直口，圆唇，底残缺。依据口径和已出土的元代同类形制瓷罐估计，器物的底径为20厘米左右。

图八　元景德镇窑蓝釉白龙纹罐

（二）祭祀类

元长治窑白釉褐彩供养人像（图九），通高14.4厘米。头戴僧帽，圆领长衫，直立于圆形座上，双手捧香炉，炉中有孔，可以插香。胎灰白色，白釉，像身用黑褐彩描绘，间以红彩。

图九　元长治窑白釉褐彩供养人像

元景德镇窑青白瓷观音俑（图一〇），高11、底径长8、宽4.5厘米。类似的元影青瓷观音龛像在北京后英坊元代居住遗址也有发现。

图一〇　元景德镇窑青白瓷观音俑

元青白釉铺首瓶（图一一），口径8、底径8.5、高21.5厘米。口微呈喇叭形，长颈，颈中部有一突棱，鼓腹、圈足。

图一一　元青白釉铺首瓶

（三）玩具类

宋磁州窑白釉褐彩鸟形哨子（图一二），残高6、底径3厘米。作站立状，两眼圆瞪，长尾。鸟尾为哨口，可吹响。器身施褐彩。

图一二　宋磁州窑白釉褐彩鸟形哨子

宋磁州窑白底黑彩鸟形哨子（图一三），高3.5、底径1.5厘米。器身施白釉，并以黑彩描绘，所绘羽翼灵动自然。

图一三　宋磁州窑白底黑彩鸟形哨子

元磁州窑白釉褐彩孩儿卧羊（图一四），羊首残缺，残高 7、底径长 10.8、宽 4 厘米。羊趴卧在地，儿童则匍匐于羊背之上，表情可爱至极，营造出活泼生动的氛围。

图一四　元磁州窑白釉褐彩孩儿卧羊

二、对元景德镇窑蓝釉白龙纹罐的再认识

通过对上述陶瓷器的介绍，我们可以窥视宋元时期的市井生活。古井中的元代文化层颇为丰富，在近 6 米的元代地层中，出土器物多为陶瓷器，有碗、钵、洗、盘、碟、高足杯、罐、瓶等。其中，青白瓷、卵白釉瓷器占多数，而元景德镇窑蓝釉白龙纹罐（图一五）更是陶瓷名品[1]。但由于该罐底部残缺，一直未能修复，故并不为世人所详知。

图一五　元景德镇窑蓝釉白龙纹罐内腹

蓝釉瓷器是元代景德镇窑的创新品种，是利用青花钴料发色高温烧制而成的。从实物上来看，元代高温蓝釉在烧制技术上已达到较高的水平，为明代永乐、宣德时期霁蓝釉的发展奠定了基础。元代钴料来源于遥远的中东地区，纯蓝釉瓷器的钴料在使用量上要远远大于同时期的青花瓷器，但因其表现形式单一，所以只能通过金彩、白花的装饰手法来丰富。因工序、原材料成本增加，以及受审美等因素影响，目前传世、墓葬、窖藏和窑址的出土情况都表明元代的蓝釉瓷器产量甚少。在新的考古资料和研究成果不断涌现的背景下，笔者认为，重新认识景德镇窑蓝釉白龙纹罐，有助于进一步了解元代蓝釉瓷器的消费阶层和使用状况。

罐内腹部有两处明显的接胎泥痕，应为分段印坯后接所致。该器通体以蓝釉为装饰，留白锥刻三爪龙及祥云，龙纹锥刻细致，龙眼、须、角、鳞等均刻画而成，颇具立体感。龙眼点青花，为画龙点睛之笔，而后施白釉。施釉由内及外，内部荡釉，故器内肩部无釉，外部为浇釉。

蓝釉发色深沉，似蓝宝石。从断面来看，釉面呈现良好的玻璃质结晶状态，与胎体紧密结合。蓝釉罐的形制在元代瓷器中并不多见，和传统的元青花大罐相比，略显秀气。目前出

［1］镇江古城考古所. 镇江市大市口宋代水井清理简报［J］. 南方文物，1996（1）：27.

土和传世的元代蓝釉瓷器只见蓝釉、蓝釉金彩、蓝釉白花三种装饰手法，器型有罐、梅瓶、盘、爵杯、匜、盖盒等。大市口出土的蓝釉罐与景德镇御窑厂附近出土的元青花龙纹罐相似，而纹饰与装饰手法则与同出的带盖蓝釉白花龙纹罐相同[1]。

根据目前景德镇考古资料可知，元代只有两处窑址曾生产蓝釉瓷。20 世纪 90 年代，景德镇陶瓷考古研究所在明代御窑厂故址附近发现元代蓝地白龙纹盖盒、蓝地金龙纹盖盒、蓝地白花龙纹罐，其龙纹均为五爪[2]；2012—2013 年在景德镇落马桥窑址考古发掘中出土了元代蓝釉匜、劝盘，该窑址也被证实为元代浮梁瓷局管辖的重要窑场之一[3]。笔者推测，大市口出土的蓝釉三爪龙纹罐，产地为落马桥窑址的可能性更大。

那出土地点和消费阶层又有着什么样的关联呢？古井位于大市，根据井内当时的出土情况可知，此处并非一般的窖藏，井中器物有打碎后扔弃的，亦有许多完整的。为何有如此之多的器物遗落在井内？应该与其所处的位置有密切的关系。镇江大市最早形成于唐代，如今沿袭古时的称呼，称为大市口。文献记载镇江当时有五市：大市、小市、马市、米市、菜市[4]。从以往大市口周围的考古发现中可知，唐代以来，该地区就有着丰富的文化遗存。其中，唐代地层有呈现“十”字形走向的木构下水道遗迹，沟的一侧紧贴着街路，大致勾勒出了唐、宋、元以来大市的街巷格局[5]。在大市口出土的两方北宋碑刻记载了百姓和乡绅为大市捐资修筑砖路的情况，表明大市是重要的市井繁华之地[6]。大市周围应该是住户、商铺林立，其中或许有瓷器铺子，经营着来自各地的货品。

我们还发现，井中元代地层出土的 20 余件卵白釉残片都较精致，部分还印有“枢府”二字。印有“枢府”字样的卵白釉瓷器应为官府公用瓷[7]。考察元代镇江地方行政机构的设置，并未发现大市附近有官府机构，但《至顺镇江志》中记载有元代官员的住处在大市附近：

行户部尚书辛仲实宅，在大市西[8]。

已知的元代蓝釉瓷器都品质上乘，做工精良，如扬州博物馆、法国吉美博物馆藏蓝釉白龙梅瓶，日本出光美术馆、大阪立东洋陶瓷美术馆藏蓝釉白龙盘等。国内如安徽歙县人民银行建筑工地窖藏出土蓝釉爵杯[9]，河北保定窖藏出土蓝釉金彩匜、金彩杯、盘各一种[10]，杭州元代窖藏出土蓝釉金彩爵杯[11]。据学者考证，这些窖藏的主人大都是当地的官宦之家。那枢府瓷器及元蓝釉罐是否同样为官员居宅所用？

与大市口古井一路之隔有一口名为“紫金泉”的古井。泉栏为等边六角形，泉栏东北面阴刻双勾线，内纵刻两行各八字的楷书“至正十年岁次庚寅（1350）春良日里巷里正立”。据元《至顺镇江志》载：“紫金泉，在城中市心民居。”《嘉定志》：“紫金山，正当市心，四旁民居。旧来尤隐隐见山脚，今不复存。而其泉固在，即严氏家井，形制甚古”。[12] 据此，大市口古井在元代也很有可能是口家井。

综上，我们推测蓝釉白龙纹罐的出土地点

[1] 刘新园．元文宗——图帖睦尔时代之官窑瓷器考［J］．文物，2001（11）：46-65+1.
[2] 景德镇发现一批元代官窑瓷器［N］．光明日报，1990-09-14.
[3] 翁彦俊，江小民．景德镇落马桥窑址部分新出土元瓷［N］．中国文物报，2014-04-09（5）.
[4] 俞希鲁．至顺镇江志：卷二［M］．南京：江苏古籍出版社，1990：15.
[5] 刘建国．北宋润州大市碑刻考略［J］．镇江高专学报，2014（3）：1-4+10.
[6] 刘建国．北宋润州大市碑刻考略［J］．镇江高专学报，2014（3）：1-4+10.
[7] 尚刚．元代卵白釉瓷器的分类［J］．故宫博物院院刊，2015（5）：131-137+161.
[8] 俞希鲁．至顺镇江志：卷十二［M］．南京：江苏古籍出版社，1990：485.
[9] 歙县博物馆．歙县出土两批窖藏元瓷珍品［J］．文物，1988（5）：85-88+105.
[10] 河北省博物馆．保定市发现一批元代瓷器［J］．文物，1965（2）：17-18+22+58-60.
[11] 桑坚信．杭州市发现的元代瓷器窖藏［J］．文物，1989（11）：22-27+21+103.
[12] 俞希鲁．至顺镇江志：卷七［M］．南京：江苏古籍出版社，1990：305.

为大市大户人家的一口家井，元蓝釉罐及部分枢府瓷、青白釉瓷器在日常使用过程中破损后被弃入井中，而更多的完整器物如供养瓷像、青白瓷观音佣、卵白釉碗等则是有意为之。叠压在出土卵白釉和蓝釉白龙罐之上的龙凤二年（1356）的铁权表明，可能在至正十六年（1356）前后，随着元末起义，大市的元朝官吏弃宅而逃，宅院的使用者也随之发生改变。大市口古井出土的陶瓷遗珍，生动地再现了宋元时期的市井生活。元景德镇窑蓝釉白龙纹罐的出土，丰富了元代蓝釉瓷器的品种，为我们研究元代蓝釉瓷器提供了宝贵的实物资料。

“普仁堂”石碑考释

连小刚[1]

内容提要：镇江博物馆藏有“普仁堂”石碑一方。该碑是镇江慈善事业的重要历史见证。普仁堂创于道光初年，设于镇江城内的中街。施棺埋尸是普仁堂的日常事务。根据碑文判断，此碑应为标识地块范围四至的地界碑。

关键词：普仁堂　石碑　考释

“普仁堂”石碑为青石，上部为长方形，下部略圆，长 52.5 厘米，宽 14.5 厘米，厚 8 厘米。石碑正面上部自右至左阴刻楷书“普仁堂”3 字，其下右部竖行阴刻楷书“光绪二十年立”6 字，左部竖行阴刻楷书“第四十一號”5 字（字体稍大于其他 9 字）。此碑现藏于镇江博物馆。

一、普仁堂为镇江民间设立的慈善机构

关于普仁堂的情况，《光绪丹徒县志》卷 36 有载[2]。普仁堂设在镇江城内的中街，有堂屋 20 间，创于道光初年。创办人为邑绅茅元辂、张负图、杨煦、郭淞等，经费来自众人的募捐。

普仁堂设立的初衷是“收埋路毙浮尸”，以及将因急重病情发作而来不及送回家的辛伙、仆妇等劳苦百姓送至堂内医治。施棺埋尸是普仁堂的日常事务。对于路边发现的尸体或堂内的尸体，如果需要报官，则由当地的地保请官府派人查验，然后由普仁堂负责收殓。有主的尸体由其家人领回埋葬，无主的尸体则由地保责令土工（旧时专司殡葬的人）将尸体抬至义冢掩埋，并竖立标签作为记号。普仁堂的堂董负责查明各具尸体的来历，并登记造册，填写联单，地保与送尸来堂的人均要签字画押，交存官府备案。路边尸体也由地保查明后报告普仁堂，普仁堂提供薄棺及抬埋的费用，所需费用依照苏州、常州两府的惯例。丹徒县令谢肇瀛将普仁堂的这些做法向上级汇报，得到了批准。普仁堂遂将官府的规定刊刻在木榜上悬挂于堂内，作为其开展慈善活动的制度和依据。

普仁堂最初的运行经费多来自居民、商户的零散捐赠，并无固定的产业可以依赖。道光十五年（1835），金山寺僧呈请官府将其名下坐落于城外银山坊的 284 亩公庄基地拨给普仁堂，让普仁堂收取公庄租金以充作慈善经费。

[1] 连小刚，男，1977 年生，镇江博物馆副研究馆员。

[2] 何绍章，冯寿镜修，吕耀斗，等纂．光绪丹徒县志（一）：卷 36［M］．南京：江苏古籍出版社，1991：716-717.

这片土地毗邻西津、大围、大云、小云、牌湾等坊，坊内住家均为民户，他们在此租地建屋。原本每年金山寺僧会向民户们收租，但难度往往很大，“钱粮无出”，因此金山寺便将这片地拨给了普仁堂。自此，普仁堂有了较固定的产业。经过核对、统计土地账册，普仁堂发现此片土地的租户共有600多户。由于田赋征收惯例是将公庄山田2亩折为1亩纳税，因此每年应向普仁堂纳赋的田亩共计142亩，但这些土地所收的租金往往不敷所用。

咸丰年间，普仁堂在太平军占领镇江期间遭受兵燹，堂屋全毁，仅存基地，公庄各地亦成瓦砾。同治四年（1865），有人提议再建普仁堂。董事罗志讓经得官府同意，将忠祐坊网儿桥下的6间官房暂时用作普仁堂的处所，并添造数间小屋兼办留养所。随后，鲍上宗继任董事。面对战后镇江城的残破景象，罗、鲍二位董事先后查看了城内的无主棺柩，以及笪家山、月华山、城隍山、寿丘山、太平桥下的射圃（习射之场），将空地上及屋基上的无主骸骨、埋藏棺木都迁埋于义冢，所迁葬的尸骸不下2000具。

光绪年间，普仁堂的发展历经曲折。光绪初年，普仁堂尚存的地块有：北门外义冢六方；南门外都天庙后包家湾义冢二方；南门外十五贯桥市房基地四间；徐东邨、苏由邨公庄山田若干亩（兵燹后未垦）；金山所拨完粮公庄基地（此处公庄地块多靠近市屋，为多方所争占，清理难度大，仅清理出70余亩）。另据《民国续丹徒县志》卷14所载[1]，光绪十六年（1890），鲍上宗辞去董事一职，由茅同晋、鲍上传先后董理。光绪二十年（1894），为节省经费，镇江知府王仁堪将普仁堂并入育婴堂，同时并入的还有留养所。自合并后，育婴堂因经费不足，多次借用普仁堂、留养所的款项，由此导致普仁堂、留养所仅存其名。

据《江苏省会辑要》第十章“社会”所载[2]，普仁堂后来改名为普仁施诊所。民国初年，曾一度改名为京江医院，院址位于大市口旧粮捕署；民国十九年（1930），移设于育婴所（由育婴堂易名）内。据该所报告，就诊者每日平均约50人。民国十九年的此次合并应为第二次合并，系普仁施诊所、育婴所与养老所三所合并，并由冷御秋、陆小波等组成董事会，总管三所慈善事宜。经费来源除地方人士捐赠外，主要靠房地产、滩田租金收入。民国十九年时，普仁堂名下产业有：公庄基地计2000余间；市房7所；基地14处。凭借这些产业，普仁堂每年可收租2500千文。

二、此碑应为标识地块范围四至的地界碑

根据碑文判断，此碑应为地界碑。从前文所述可知，普仁堂的经费来源有官府划拨的公庄基地、山田等地块的租金收入。普仁堂将名下地块编号立碑，可能有两方面原因：一是宣示产权，确定归属，避免不必要的土地纠纷；二是便于管理，方便出租经营。

需要注意的是，此碑立于光绪二十年，亦即王仁堪将普仁堂、育婴堂与留养所三家慈善机构合并的那一年。据前所述，合并之后，三家慈善机构的原有产业均由育婴堂主导。因此，“第四十一號”名义上虽属普仁堂，但实际上其租金可能由育婴堂支配。

此外，镇江博物馆还藏有一方“京口救生会”石碑。此碑为白石，顶部为圆首，中部呈长方形，下部呈锥形，长53.5厘米，上部宽16、厚8.5厘米。上部自右至左阴刻楷书“京口救生会”5字，其下竖行阴刻楷书“济字第玖號”5字，镌刻年代未载。据字面意思推断，该碑亦可能为地界碑。查阅史籍得知，救生会名下亦拥有田地、市房等产业，其中田产有乾隆初年的“辛丰田十二亩”“芹菜田十亩”、乾隆五十三年（1788）邑绅李英捐送的“登云寺田六十亩”、乾隆五十九年（1794）常镇道查

[1] 张玉藻，翁有成修，高觐昌，等纂. 民国续丹徒县志：卷十四［M］. 南京：江苏古籍出版社，1991：673.
[2] 贾子彝编. 江苏省会辑要［M］. 镇江：江南印书馆，1936：302.

滴拨送的“育婴堂田地二百三十八亩”等。可见，“济字第玖號”应为京口救生会某处田产的标记。

由于“普仁堂”地界碑最初的发现地点尚不得知，因而无法明确此“第四十一號”地究竟所指何处。翻检史籍发现一条线索，《光绪丹徒县志》卷36“救生会”条目下提及救生会在京口昭关建有会所，“奉水府晏公”。然太平天国战争期间，房屋全毁，船只无存，昭关会所仅存空地。太平军退走后，英国人将此处占作领事馆。常镇道许道身令董事蒋宝领取英国人给的租金，但蒋宝加以拒绝。蒋宝的理由是，英国人以后在别处建了新领事馆后，仍需将这块地交还给救生会，因而不方便收租。同治三年（1864），蒋宝在昭关西面择地建起两间楼屋作为新会所。同治十三年（1874），常镇道李常华将杨携山充公公庄、银山门市地一亩四分拨给救生会，“仍赴普仁堂认租”，可知此次拨给的土地原为普仁堂所有。后来，英国领事“移馆对山，旧馆并地给会”，意即英国领事将领事馆迁至救生会对面的山上，将此前占用的馆舍连同地皮一起给了救生会。“会新旧址俱普仁堂公庄”一语，则表明救生会昭关晏公庙旧址及昭关以西新址均为普仁堂的公庄土地（可能为前述金山寺僧所给之地的一部分）。据此推测，“普仁堂”地界碑最初可能竖立在西津渡昭关附近。

三、结语

镇江是“大爱之城”，慈善文化源远流长。一方面，这得益于中国传统儒家文化的滋养，孔子的“仁者爱人”、孟子的“老吾老，以及人之老；幼吾幼，以及人之幼”等“劝善”思想是慈善之风盛行的思想条件，历代统治者的提倡与支持则引导了更多的慈善行为。另一方面，镇江历史上较为富庶的经济生活为慈善活动提供了物质基础。

目前，镇江地区保存有“育婴堂”“同善堂”“救生会”等慈善机构的诸多历史遗迹，它们同“普仁堂”地界碑一同见证了镇江慈善事业的悠久历史。

浅谈宁镇地区台型遗址的保护

——以句容城上村遗址为例

刘 敏[1]

内容提要：台型遗址是宁镇地区新石器到商周时期的一种重要文化载体，在保护方面一直没有受到相应的重视。考古遗址公园概念的出现，为台型遗址的保护提供了一个重要方式。建设考古遗址公园，以考古为主线、展示方式为手段，从而达到保护的目的。将遗址保护与城市发展相结合，深挖遗址内涵，扩大遗址文化影响力。

关键词：台型遗址　考古　遗址公园　保护与发展

台型遗址是指具有文化堆积的高出地面的土台地。长江下游地区由于地势低下，水系发达，古人借用一些地势较高的土台作为日常生活地，长期的生活形成较厚的文化堆积，继而形成一个个独立的小单元遗址。台型遗址是研究江南地区新石器时代至青铜时代的重要文化遗存。宁镇地区分布有大量此类型遗址。

根据其文化类型，已发现的台型遗址可大致分为两大类：一类为叠压在新石器时代文化之上，根据分布不同，多为马家浜文化、崧泽文化、良渚文化等；另一类为叠压生土，如湖熟文化下层直接为生土层。叠压在新石器时代文化之上的台型遗址文化内涵更为丰富，能为研究湖熟文化从何而来提供线索。而单纯的湖熟文化台型遗址的文化内涵更为纯粹，能为研究湖熟文化内涵提供重要证据。两种类型在台型遗址的研究中都处于重要的地位。

近年来，随着经济的发展，台型遗址的数量在不断减少，其遗址面积一般较小且分布较散，因此保护成为一大难题，加之其文化内涵等的影响力有限，我们对其保护的力度更为不足。

随着国家对文化重视程度的不断加深，各地对各类遗址的保护力度也不断提升，“大遗址保护”概念的发展也越来越丰满。经济发展、城市和农村建设与遗址保护之间的矛盾日益突出，旧的遗址保护模式和措施渐渐失去了有效性和可行性。在此情况下，学界提出了“考古遗址公园”这样的新概念，是消减经济发展与文物保护之间矛盾的重要举措。

[1] 刘敏，男，1985年生，镇江博物馆馆员，研究方向为商周考古。

近年来，宁镇地区的学者在大量工作的基础上针对台型遗址的保护方式提出了新的设想，如镇江博物馆提出的“大港吴国遗址群”的概念，就是针对台型遗址的一种新的保护思路，旨在将一定区域内文化面貌相似的台型遗址纳入整个遗址群范围，从点向面形成联合。这一设想如果能够继续推进，对于台型遗址的保护将起到一定的促进作用。

宁镇地区有许多重要的台型遗址因较早被列为保护单位而被保存下来，而其他周边面积较小的同类型遗址则消失殆尽，无法在一定区域范围内形成有机整合。在此大环境下，需要引入新的保护理念，如建设考古遗址公园，利用考古遗址公园的影响力来推动周边同类型遗址的保护工作。

根据“良渚共识”中关于建设考古遗址公园的条件，宁镇地区的台型遗址符合考古遗址公园建设的地方有很多，如丹阳葛城遗址、大港断山墩遗址、镇江丁家村遗址等。在此以句容城上村遗址为例，简要说明考古遗址公园建设的相关问题。

一、建设考古遗址公园的优势

（一）文化内涵优势

文化内涵的重要程度和丰富程度决定了考古遗址公园建设的基础。台型遗址作为宁镇地区典型的遗址类型，是新石器时代到商周时期主要的人类活动区域，更是湖熟文化代表的聚落形式，仅镇江地区的分布数量就超过上百座。作为一种宁镇地区特有的文化类型，其重要程度不言而喻。但现阶段仅有几处是国保单位，绝大多数无名无分。

句容城上村遗址位于江苏省句容市大卓乡（现已并入黄梅镇）城上村南部，东距句卓路约 100 米，南距句容市城区约 5000 米，2013 年 5 月被国务院核定公布为第七批全国重点文物保护单位。根据南京博物院 2009 年对其勘探的结果，城上村遗址为一处新石器时代松泽文化至良渚文化时期、商周时期沿用的环壕聚落遗址。2014 年，南京博物院对其再次进行勘探及试掘，勘探发现整个遗址分为南北两区，两区间隔不足 20 米，遗址总面积约 19.3 万平方米。早前勘探区域为北区，文化面貌以新石器时代文化及商周时期文化为主。南区为新发现区域，文化面貌主要以西周时期为主，并发现唐宋时期文化堆积。

通过两次勘探及试掘，我们发现，城上村遗址面积大，保存好，地层堆积厚，遗迹遗物丰富，是目前苏南地区同类遗址中保存较好的一处，拥有丰富的文化内涵，其在揭示宁镇地区文化发展序列中应有重要的地位。作为一处全国重点文物保护单位，同时作为一处典型的台型遗址，本身具有翔实的保护规划，未来若能将其建设成考古遗址公园，对遗址本身文化内涵的深入研究，以及对于台型遗址的保护将具有深远影响。

（二）区位优势

大遗址保护在宁镇地区开展多年，现阶段成为省级大遗址及国家级大遗址的有南京明故宫遗址公园、南京龙江宝船厂遗址公园、常州圩墩遗址公园等，明确成为国家级考古遗址公园的仅有无锡鸿山遗址。大遗址或考古遗址公园独缺商周时期台型遗址。作为台型遗址集中分布区，建设一处有关台型遗址保护的考古遗址公园，是该区域考古工作者努力的方向。

城上村遗址位于宁镇地区中北部，周边分布有数座台型遗址。其位于 S122 以北，S266 以南，句蜀路以西，距离沪蓉高速句容出口约 6000 米。周边拥有两条省道，且均为新修成不久，交通便利。该遗址距离句容城区约 5000 米，结合城市发展趋势，未来此处与城区间的距离将进一步缩短，若建成考古遗址公园，对于城市绿地及城市公共活动区域的增加均会起到明显的促进作用。与城上村遗址相隔一条大路之处是恒大旅游城，其为一个旅游项目，如果周边再增加一处文化旅游景点，两者便可以更好地带动周边发展，对于扩大句容地区影响力也有重要影响。

城上村遗址作为一处典型的台型遗址，既

有国保单位的身份护航和丰富的文化内涵作保，又地处宁镇地区中心位置，加之距离城市较近，交通便利，若与周边规划旅游项目结合并建设考古遗址公园，城上村的优势不言而喻。

二、建设考古遗址公园的意义

（一）考古学意义

《建设考古遗址公园的良渚共识》指出，考古遗址公园的建设是为遗址的保护与研究提供必要空间，促进考古研究、遗址保护的可持续发展。其意在言明考古遗址公园的建设必须要以考古工作为支撑，同时要为后续考古工作的展开提供空间和时间上的便利。

台型遗址与土墩墓作为宁镇地区两种典型的商周时期遗存，在宁镇地区商周考古中具有重要的地位。土墩墓的发掘数量较多，其文化内涵已形成较为深刻的认识。台型遗址虽然发掘数量较多，但均未形成系统的成果，究其原因大多在于发掘面积小、发掘过程不系统等。作为台型遗址的主要文化类型，湖熟文化概念的提出是在20世纪80年代。自该概念提出之后，学界对其的认识、内涵解读等均未有大的进展。近几年，以镇江博物馆为代表的宁镇地区考古工作者在前人基础之上对湖熟文化遗址进行了大面积揭露，对单个遗址的认识深度有了较大提升，典型代表为大港孙家村遗址。孙家村遗址单体面积较小，发掘面积基本覆盖遗址全部，且发掘时间较长，取得了丰硕的成果。

相对于孙家村遗址而言，城上村遗址面积更大，根据勘探可知，其文化内涵更为丰富。如果城上村遗址能建成考古遗址公园并配合长期的考古工作，人们对它的认识深度定会有极大提升，对湖熟文化也会有更加深刻的认识，也能够提升台型遗址这一特殊的遗址类型在中国考古学界的影响力。另外，对于研究商周时期中原文化与南方文化之间的区别、联系等方面都会有重大突破。

考古遗址公园的建设对于公众考古也有重要作用。近年来，公众考古作为一种新型的考古学内容，以密切联系大众为根基，将原本低下头干考古转变为抬起头向大众讲述考古，让大众去体验考古。在考古遗址公园的建设中，可以适当地加入公众考古的体验内容，不仅能增加对大众的吸引力，而且能扩大考古工作的影响力。

（二）社会意义

城上村考古遗址公园的建设，能够丰富句容市社会文化教育场所。考古遗址公园本身是建立在其深厚的历史文化内涵之上的。城上村拥有丰富的历史文化内涵，遗址公园规划中的展陈部分，肯定是重中之重，其对教育民众、提升民众素养有着重要意义。

考古遗址公园的建设是在整体规划之下进行的。大面积的展示并不现实，对部分考古研究进行个别展示和大部分的绿化保护，才是整个规划的完整体现。大面积的绿化保护，可增加城市绿地，同时也可增加城市人口的活动空间。城上村遗址的面积约19.3万平方米，如果与相邻恒大旅游城项目配合，组成旅游休闲文化教育聚集区，对周边的经济和文化发展可以起到极大的促进作用。

三、考古遗址公园的建设

（一）制订翔实的考古计划

不同于以往的遗址公园建设，考古遗址公园更侧重于考古学科的覆盖。其中，包含并实施的有长期的考古发掘计划，结合多种展示手段，如通过考古发掘成果进行文物展示、发掘现场展示等，突出考古在遗址内涵方面的作用。

根据之前颁布的《城上村遗址保护规划》可知，其侧重点在于保护，更具体地说是保护遗址本体，虽然有一个阶段性的考古计划，但其相对简单且持续时间较短。

若建设城上村考古遗址公园，首先需要在保护规划的基础上深化考古规划内容，做一个中长期的翔实的考古规划，确定考古工作的预期目标，明确考古工作推进流程、发掘区域。要充分发挥城上村遗址的文化内涵，运用多学科合作的方式解读城上村遗址的文化组成。

其次需要发挥城上村遗址的辐射性，制订

区域性的调查考古计划，增加对周边遗址的了解，详细认识城上村遗址文化与周边遗址文化的关系。在充足的基础资料之上，编写具有代表性的报告文章，增加城上村遗址在学术界的影响力。

最后需要增加公众考古的宣传力度及民众参与度，在考古工作中提升城上村遗址在民众中的影响力，推广“城上村考古遗址公园”，增加民众对考古遗址公园的认同感。

（二）制订周全的展示计划

考古遗址公园的建设落到最后还是需要展示。通过展示的方式让大众了解遗址本身所代表的文化，通过展示让大众了解遗址背后的故事。

首先是考古展示。作为考古遗址公园，突出展示考古工作的各个方面，从发掘到整理再到文物修复、报告编制等各个环节。通过将城上村遗址打造成一处公众考古的基地，增加考古学科的展示，扩大考古学的影响。

其次是遗址原生状态展示。此类展示在全国其他遗址中均有出现，既有复原等方式，也有原生发掘状态的展示。如汉阳陵遗址博物馆中的展示形式，就是发掘部分陪葬坑，将剩余部分做成展示。此种展示方式可以让大众更好地了解遗址未发掘的状态，促进大众对文物保护的理解，让大众了解遗址本身所代表的文化及其在历史长河中的价值。

最后是出土遗物展示。此种展示方式与博物馆展示方式相同，是指通过实物加图片文字等方式展示遗址的发展序列和文化形态，让大众了解文物背后的故事。

公园的建设方式有许多。作为国家级文物保护单位，典型的台型遗址具有丰富的文化内涵，如若单纯地将其建设成公园，可以对遗址起到保护的作用；充分引入考古，将其建设成为考古遗址公园，则能够更好地推进遗址内容的开发和利用，同时起到保护遗址的作用。

宁镇地区的台型遗址受面积影响，可建设为遗址公园的资源有限。利用城上村遗址本身的优势，打造台型遗址保护的考古遗址公园，可逐渐探索出一个适合台型遗址保护的规范，推而广之使宁镇地区这一典型的遗址类型得到更好的保护。

参考文献：

［1］肖梦龙．对“湖熟文化”几个问题的再认识［J］．东南文化，1990（5）：165-173.

［2］杜金鹏．大遗址保护与考古遗址公园建设［J］．东南文化，2010（1）：9-12.

［3］朱晓汀，文茂秀，胡颖芳，等．江苏句容城上村遗址考古调查、勘探报告［J］．南方文物，2013（2）：31-34.

［4］王新文．考古遗址公园三论［J］．东南文化，2013（3）：19-25.

［5］张忠培．关于建设国家考古遗址公园的一些意见——在“2009 大遗址保护·良渚论坛”上的发言［J］．东南文化，2010（1）：6-8.

全色接笔方法初探

——以《恽寿平菊花图》为例

杜沁蕾　薛宏涛　李万鹏[1]

内容提要： 本文以“以终为始”的思维模式、以书画保护修复的最终目的为基础，阐述了传统书画修复中“全色接笔”这一工序对书画作品的重要价值，说明了在“全色接笔”的过程中为何要兼顾科学性、历史性及艺术性；以《恽寿平菊花图》为例，根据画跋中所提示的信息，将恽寿平的画法和徐熙的画法进行比较，探究“小变其法”在何处，以采用与作者相似的技法让书画作品整体的画意和谐统一；详细介绍了该画“全色接笔”的过程，以及使用的工具、材料，并提出了“全色接笔”在古书画保护修复中的一些注意事项。

关键词：《恽寿平菊花图》　全色　接笔　画法

一、接笔在传统书画修复中的价值

一般而言，传统字画的保护修复大致可分为洗、揭、补、全等四大工序。这里的“全”，主要包括全色和接笔两个步骤。全色是指将古旧书画残缺处补为与画面底色相同的颜色，使整个画面呈现完整性。接笔是指补全古旧书画中的画意部分，尽量还原画家创作书画时的本来面貌，使书画的艺术美得以恢复。这些技艺早在明代周嘉胄所著的《装潢志》中就有明确记载。

但是，随着国外文物修复“最小干预原则”等修复理念的引入，中国传统书画修复理念受到了不小的冲击，出现的争议主要就围绕在“全”这个步骤上。总的来看，受到的质疑主要有以下几个问题：

1. 破损处接笔的部分掺杂了修复者主观臆想的成分，是否能做到与原来画意互相吻合？

2. 经过修复者的接笔，古旧书画变成了古人与今人合作的作品，是否会使书画研究者混淆？

3. 修复后的书画几乎看不出残损的痕迹，是否会影响其历史价值？

因此，又出现了“不接笔则全色”的观点。但这一观点的出现意味着即使全色也必须做到与原件颜色完全不一样，使人一眼就能看出修补的痕迹。这其中也存在一些问题：

[1] 杜沁蕾，女，1993 年生，南京博物院助理馆员；薛宏涛，男，1975 年生，南京博物院馆员；李万鹏，男，1994 年生，南京博物院助理馆员。

1. 古旧书画一般以纸、绢为载体，常常出现虫咬、霉变、老化、变脆等现象，因而造成画面的缺失较多，如果只是经过洗、揭、补，却没有全色的步骤（或是全的颜色明显比原件浅），画面就会出现一大片空白，呈现的效果极差，会给人一种未修复的感觉，这在很大程度上会影响画作的艺术效果。

2. 因为书画文物（包括其他文物在内）的老化过程是必然的，我们文物保护工作者只能减缓而不能阻止其老化过程，画心的破洞处比其他位置更容易出现老化、变脆、掉色等现象。如果不及时对画意缺失部分进行接笔修复，随着时间流逝，画意缺失部分只会更多，这就会丢失一些必要信息，或是完全缺少可借鉴的信息，就使得接笔工作不能尽善尽美，甚至不能够接笔，书画文物也就永远地失去了恢复其原有艺术美的可能[1]。

在如此两难的情况下，如何做到两全其美？我们要考虑书画保护修复所要达到的目的。

首先，“博物馆是为社会及其发展服务的非营利的永久机构，并向大众开放。它为研究、教育、欣赏之目的征集、保护、研究、传播并展示人类及人类环境的见证物”[2]。藏品是博物馆全部活动的物质基础。没有藏品，就不称其为博物馆。科学研究（首先是藏品研究）是博物馆一切活动的工作基础，研究的目的是揭示藏品所具有的科学、历史及艺术价值。只有博物馆最广泛、最全面地保藏着人类活动和自然发展的真实物证，并把它永久地流传给后人[3]，才能实现这一目标。书画文物是藏品的一种门类，因此我们既需要保存其科学、历史价值，也需要保存其艺术价值。

其次，“政治、法律、哲学、宗教、文学、艺术等各种形式的社会意识形态都是经济基础的反映，都决定于经济基础；”“它们反过来又对经济基础发生影响，即反作用于经济基础；”“各种形式的社会意识形态之间又是相互影响、相互作用的”[4]。艺术是当时社会生活的反映，我们无法全部复原当时的经济基础和其他各种社会意识形态，所以我们也无法复原当时的艺术。即使是同一位画家，在不同的时间创造同一题材的艺术作品也不可能完全相同。但这并不代表我们要任由画心停留在画面缺失的状态。艺术需要以美为原则，“失去了审美价值，艺术品就不再是艺术品了”[5]。“艺术不仅可以反映现实美，而且可以创造艺术美，并且还可以通过主体的意识作用把现实中原本不美的或丑的事物转化为艺术美”[6]。对丑的深刻剖析和否定，就是对美的肯定。捷克国宝级艺术家穆夏说，艺术的功能，在于照亮人类。

综合以上，笔者认为，在对待传统书画接笔与全色的问题上应该具体问题具体分析，即要根据每一张书画作品所具有的科学、历史、艺术价值做出综合的判断，再确定修复技术路线。传统书画装裱技艺具有一个重要特征，即修复过程具有可逆性。糨糊遇到水后自然溶化，覆被、托纸、含有后人全色接笔的补洞处均可以非破坏性揭除，不会对原画心造成不可恢复的改变。因此，在小范围内能够找到依据判断并且不影响整体画意的情况下，是可以进行接笔的，目前已有很多效果显著的修复实例。另外，现在的数字复制技术非常发达，对于珍贵的书画文物，博物馆也可以复制一幅高清作品，经过全色接笔后，与未经过此道修复工序的原作一起展出，最大限度地保留书画文物的历史原貌和艺术价值，也更能够凸显书画文物所经

[1] 郭文林. 中国古书画修复如何借鉴“最小干预原则”——以传统书画修复中的接笔为例［J］. 故宫博物院院刊，2011（4）：152-159+163.

[2] 王宏钧. 中国博物馆学基础［M］. 上海：上海古籍出版社，2001：38.

[3] 王宏钧. 中国博物馆学基础［M］. 上海：上海古籍出版社，2001：47.

[4] 王宏建. 艺术概论［M］. 北京：文化艺术出版社，2010：20.

[5] 王宏建. 艺术概论［M］. 北京：文化艺术出版社，2010：41.

[6] 王宏建. 艺术概论［M］. 北京：文化艺术出版社，2010：62.

历的沧桑历史。以下，笔者将以《恽寿平菊花图》为例，浅谈书画修复过程中全色接笔这道工序。

二、《恽寿平菊花图》简介

《恽寿平菊花图》为山东大学博物馆馆藏文物，于2016年年底委托南京博物院文保所修复，2017年3月中旬文保所开始修复工作。山东大学博物馆希望文保所不仅能完成修复工作，更能让这幅画的画意有所恢复。在此基础上，笔者也希望通过此次修复工作能突破传统书画保护修复过程中遗留的问题，因此开始了这幅画全色接笔的探索工作。

图一是未经修复的立轴原貌，如图所示，该画作天地杆断裂，天头部分空浆，多处断裂，画心中部两处因局部受潮而滋生霉斑，且因长期收在柜中未得到晾干而出现破洞乃至腐朽，很大程度上影响了画面的艺术价值。

图一 《清恽寿平菊花图》原貌

《恽寿平菊花图》题跋、钤印信息见图二、图三、表一。

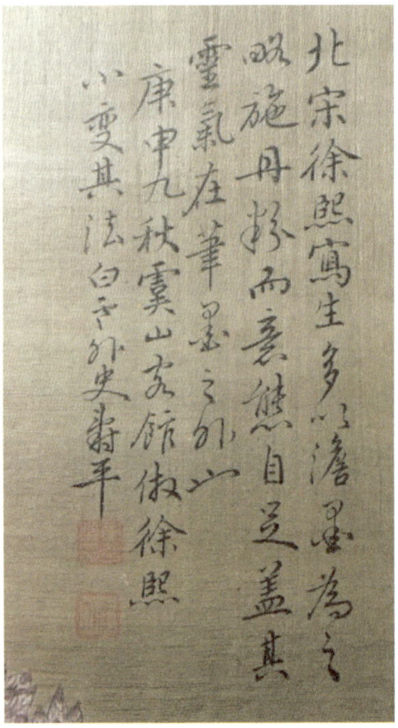

图二 题跋

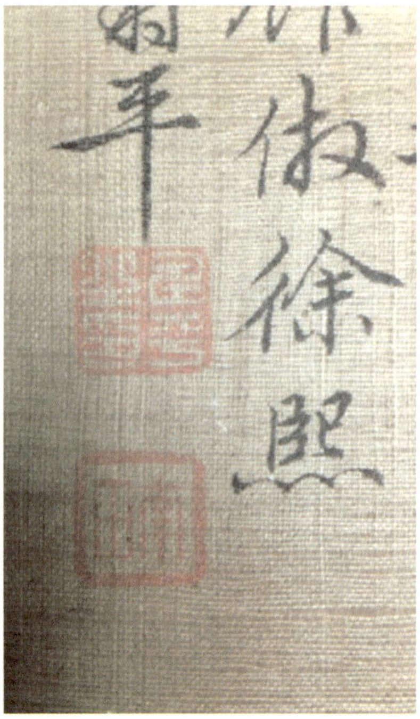

图三 钤印

表一　菊花图信息表

题材	款识	钤印	鉴藏印	源流
花鸟	北宋徐熙写生，多以淡墨为主，略施丹粉而意态自是，盖其灵气在笔墨之外也。庚申九秋，虞山客馆仿徐熙，小变其法，白云外史寿平。	右上角：寿平之印　南田 右下角：西山印信 左下角：吟诗月满楼	右边腰部：宜庵珍藏金石法帖书画印 左边腰部：渔订藏书画印	五代徐熙

三、作者及画法介绍

该幅画作的作者是恽寿平（1633—1690），清代画家、诗人。初名格，字寿平，后以字行，改字正叔，号南田、云溪外史、白云外史、东园客、草衣生、横山樵者、瓯香散人等。其绘画理论主要体现在他的画跋中，这些画跋虽多为随手题写的只语片言，却往往说理透彻、文采斐然，包含了作者艺术创作的真知灼见，是作者长期艺术实践的思想结晶。

画跋中提到的徐熙为五代时期南唐的著名画家，金陵人，徐温之孙，徐崇嗣之父。徐熙擅长的“落墨法”就是先用笔勾出形象的轮廓，再用短促的墨迹笔触表现出形象体面的明暗凹凸，再用色彩染出形象体面。这种表现形象体面凹凸明暗的短促笔触，在山水画中被称作皴法，在徐熙的花鸟画中便被称作落墨法。

所谓皴法，就是一些短促的墨迹笔触，既有用笔的约略顿挫，又有墨色的约略浓淡，它介于笔线与墨韵之间，把笔虚化了，又把墨实化了，非笔非墨，亦笔亦墨，用以表现山石体面中的肌理、阴阳、起伏、凹凸。实的笔、介于虚实之间的皴、虚的墨三者的综合运用，才使得山水画的技法在形象真实性的描绘方面得到最大的完善。

在北宋之前，远至晋唐，“笔墨”并不是合称的，笔用以勾勒形象轮廓的线条，有抑扬顿挫。墨用以表现形象体面的明暗，有枯湿浓淡。由于人物画的体面主要由色彩来体现，所以晋唐的人物画只有笔的概念，没有墨的概念。墨的概念正式出现是在晚唐五代。伴随着山水画的兴起，加之中国的诗人、画家大多喜欢在夜色下观赏山水风景，形象的体面，显得黑沉沉的一片，所以出现了用墨的浓淡来代替五彩表现山水体面的技法。“具体而论，像吴道子画山水，只用线条勾出轮廓，便被称作‘有笔无墨’，而项荣画山水，仅用泼墨表现山水的体面印象，便被称作‘有墨无笔’。”[1] 那么如何表现既有明确轮廓又有氤氲体面的山水形象呢？荆浩认为应该先用抑扬顿挫的笔线勾出山水的轮廓，再用强调浓淡明暗的水墨涂染出山水的体面，做到“有笔有墨”。“而为了使勾的笔线与染的水墨之间有一个过渡的衔接，契合成一个实体，便是皴法的创造。”[2]

苏东坡的《王进叔所藏画跋尾五首之徐熙杏花》诗云：“江左风流王谢家，尽携书画到天涯。却因梅雨丹青暗，洗出徐熙落墨花。”宋太宗见到徐熙的画，曾“嗟异久之”，说：“花果之妙，吾独知有熙矣，其余不足观也。”并且“遍示群臣，俾为标准”。苏东坡后两句诗的含义是：梅雨季节，缺少明亮的光线，因而以颜色为主的画会显得昏暗（看不出其神妙处）。相比之下，徐熙的落墨花显得特别突出。因为水墨画“殊草草”，不靠微妙的色彩显其长，故也不因天暗而失色[3]。那么徐熙的画究竟是怎么做到如此突出、令人惊叹的呢？“所谓‘落墨’，是把对象的枝、叶、蕊、萼的正反凹凸，先用墨笔连勾带染地全部描绘出来，

[1] 徐建融．徐熙考［J］．上海大学学报，2008（4）：103-104.

[2] 徐建融．徐熙考［J］．上海大学学报，2008（4）：104.

[3] 陈传席．洗出徐熙落墨花——兼谈徐熙的画法［J］．东南大学学报，2003（6）：82.

然后在某些局部，略略施加一些色彩”[1]，与山水画的皴法异曲同工。“（徐熙）先用短促的笔触即‘落墨’来表现体面的凹凸立体效果，然后再上色；而即使不上色，它也已经具有了体面的立体感。”“同时它与西方的素描也是一样的道理，对于体面的脉理、阴阳、明暗、凹凸，素描同样是用不同的小笔触，有长有短、有粗有细、有浓有淡、有直有斜，有疏有密地组织而成的”[2]。其他的作品不过是一幅平面的白描，而徐熙的作品则是一件立体的“素描”。徐熙深厚的笔墨功力和超然的雅逸胸襟，创作出了惊俗的艺术作品。

《雪竹图》（图四）是经谢稚柳鉴定的徐熙唯一的传世作品。

图四　徐熙《雪竹图》

参照这幅图，再综合《宣和画谱》、米芾《画史》、李廌《画品》与沈括《梦溪笔谈》中有关徐熙作品的记载，可以分析出徐熙的画法：“有勾线条的地方，有不勾线条只用粗笔的地方，有用浓墨的地方，有用淡墨的地方，有工细的地方，有粗放的地方，有着色的地方，有不着色的地方，一切是配合真实的加工，所以宋诗人梅尧臣题他画的诗‘徐熙下笔能逼真。’又：‘年深粉剥见墨踪，描写功夫始惊俗。’可见他对真实的体验，大部分的描绘，都表现在‘落墨’，不但在‘形’方面，而且在‘神态’方面，也都是以墨来奠定的，而‘傅色’，却只处于辅助地位。”[3]

《恽寿平菊花图》与徐熙画法的相似之处在于都是运用各种笔墨设色方法以达到写实的目的，一切都是配合真实生活的艺术加工。恽寿平认为，“唯有极似，才能传神”。《瓯香馆集》有记：“每画一花，必折是花插之瓶中，极力描摹，必得其生香活色而后已。”恽寿平在极力摹写的过程中一定是耐心斟酌、仔细处理物形，并非简单地写精微，一味求细，而是取写所需之形，取写所需之物，取写所需之态，取写所需之韵，删繁就简。[4] 画面中淡雅明丽的设色都展现了作者宁静淡泊的胸襟。不似之处在于徐熙作品先“落墨”，而《恽寿平菊花图》则用颜色表现花朵明暗凹凸的变化，这就是画跋中“小变其法”的含义。

四、修复过程

1. 准备修复材料

先准备与画心相似的一小块网纹绢，用来试色；两支羊毫笔，一支中号，一支小号；姜思序堂颜料：藤黄、赭石、花青、蛤白膏；明胶和水；画心破损局部打印稿数张。

2. 观察画心，在打印稿上用铅笔打稿子

观察是绘画中很重要的一步，有时候所需要的时间甚至比之后的步骤都要长。因为恽寿平重视写生，所画之物均可能源自生活，笔者搜集了一些类似的菊花照片，并运用了相关软件，最后发现并没有花朵、叶子完全一致的菊花。由此推测，恽寿平所画的这几株菊花并不是完全照着现实中的实物而画，很有可能是画

[1] 葛琳. 中国文人花鸟画的先驱者——徐熙——兼论传世名画《雪竹图》[J]. 周口师范学院学报，2005（6）：120.
[2] 徐建融. 徐熙考［J］. 上海大学学报，2008（4）：104.
[3] 谢稚柳. 水墨画［M］. 上海：上海古籍出版社，2022：49.
[4] 梁雨. 写生求形则神在焉——南田写生法之研究［J］. 书画世界，2016（2）：83-84.

家凭借自己的经验，并加入了主观成分“创造”出的菊花。此外，这些小菊花跟作者在其他作品（图五、图六）中的画法也没有完全一致的形态。因此，笔者也只能凭借留存的花瓣尖端和花托部分，并结合整张画的情况将画面补完整。

在补全过程中，先在打印稿上判断出花萼有几瓣，画出花萼。恽寿平所画菊花的花萼瓣数也不固定，有四瓣、五瓣等。结合同一幅画面上的其他菊花来看，应在需要补全的地方画上五瓣花萼，因为整个画幅上的菊花，无论大小，花萼都没有超过五瓣的。花萼完成后，根据花瓣尖端和花萼位置，沿着残留的花瓣线条痕迹，连接出柔美的花瓣形态。

图五　恽寿平菊花图扇面

图六　恽寿平《写生花卉竹石图册》之一中的小菊花

随后绘制草图，此过程一定要确定好树叶、枝条、花瓣、花萼的具体位置，尽量保证与原画画意一致。最好将破损处图片放大，图片越大，像素越高，对细节的把握处理就会更好。经过对花瓣与花瓣间位置的判断后，花朵与花朵之间的位置处理也要仔细斟酌。多画几遍之后，笔者发现，残缺的五朵花的花形，至少有八成能根据画心的残留部分判断出来。根据传统中国画的原则，位于下方的花朵的位置一般都在前面，进而确定了画面左半部分四朵花的全部位置。草图最终确定后，再在蝉衣云母纸上画出小样（图七），并在原画上进行比对。

图七　菊花图底稿

3. 全色与接笔

首先，先做底色，底色为画心的背景大地色，这一部分由南京博物院于书大师傅完成。底色做完之后，用藤黄和花青调出绿色汁渲染花托，先用淡色铺，再用重色（接近重叶的颜色）层层渲染、复勾。因为画心的质地为网纹绢，画意部分在该材料上具有特殊性，加之画心底色比较深，因此所用的颜料颜色需稍微重些，并要进行层层渲染，使颜料透过绢渗透到补纸上。

其次，花萼与叶茎的线条要一致，需要使用小号的羊毫笔。因为羊毫笔的吸水性强，适宜多次晕染。花托画好后，根据花瓣尖端与花托的位置关系，沿着依稀可见的原线条痕迹与方向，完成花瓣的绘制。要注意花瓣的线条叠加，以体现花朵的立体感，花瓣的尖端颜色较深，需要用略深于花瓣的颜色晕染几遍（图八）。花心部分是用蛤白膏、藤黄、赭石三种颜料加上少许水混合成厚厚的膏状，并按照一定的排布规律进行点缀。这与保存相对完好的两朵花的花心画法相同，也与画家的风格一致，恽寿平喜欢用这样的方式来突出花朵的立体感，从画心侧面看，花蕊部分是一个个突起的小点，而不是一个平面。花心周围用淡淡的三绿烘晕，花瓣周围用淡淡的赭色烘晕，增加了花朵的立体感和美感。花叶部分按照原来的线条补齐即可，因为其大部分保存完好。在全色接笔过程中，一定要观察仔细，区分清楚，切不可将花瓣位置与花叶位置混淆，这也突出了全色过程中“眼力”的重要性。修复过程及接笔前后对比图见图九、图十。

五、结语

《恽寿平菊花图》的接笔绝大部分忠于原画作，通过放大镜还可观察到网纹绢上依稀可见的墨迹。经过修复后，画心中心位置得以补全，画面的完整性得以恢复，整体的美感得到了很大的提升。由此可见，传统书画修复工序中，“全”这个步骤是不可或缺的，但是一定要仔细观察，审慎对待，并且必须尊重书画创作者的本意，才能全面、完整地恢复书画作品的艺术性。

图八 晕染修复花瓣

图九　菊花图修复前后局部对比图（1、3 为修复前，2、4 为修复后）

图十　菊花图修复后局部

镇江博物馆库房空间整合的对策研究

张　剑[1]

内容提要：文物库房是博物馆的重要组成部分，需要足够的容量和完善的设备。镇江博物馆文物库房建于1989年，急需整合与改造。镇江博物馆适时开展了文物预防性保护工程申报，同时结合馆藏文物保存环境现状，提出了文物库房大环境改造的方案，并于2020年进行了实施。本文通过对库房标准化改造需要采取的预防性保护措施、标准化库房改造的具体实施情况等的分析，对改造过程进行思考与经验分享。

关键词：库房　空间整合　预防性保护

文物承载着灿烂文明，传承着历史文化，维系着民族精神，是博物馆可持续发展的依托性资源储备。决定一个博物馆发展的基础是"物"和"人"。"物"指的是文物资源的数量和质量，"人"指的是围绕文物资源所产生的各类人才。文物是国家之宝，是历史见证。相对于文物资源配套存在的核心之"物"是库房。

镇江博物馆文物库房建于1989年，使用已30多年，急需整合与改造。近年来，国家文物主管部门极为重视文物的预防性保护，不断加大政策和财政支持力度，镇江博物馆适时开展了文物预防性保护工程申报。在国家文物局保护专项补助资金的支持下，结合馆藏文物保存环境现状，镇江博物馆提出了文物库房大环境改造的方案，并于2020年进行了库房改造，现将改造过程中的思考与经验进行分享，以求教于方家。

一、镇江博物馆库房空间整合的项目背景

（一）国际国内背景

国际上将博物馆环境监测和控制、为文物创造的各种保存设备和材料的研究及应用技术，以及其他不涉及文物本体的保护工作统称为预防性文物保护（preventive conservation），旨在采取不干涉文物本体、不改变文物现状的措施，创造适宜的博物馆保存和展出环境，以延长文物寿命。这就要求通过积极干预的方式，将博物馆内所有不利于文物保藏和展出的影响因素降到最低，尤其是文物资源配套存在的核心"物"库房的改造，吸引了众多文物工作者的目光。

（二）镇江博物馆馆藏文物保存基本情况

镇江是江南著名的国家级历史文化名城，

[1] 张剑：女，1971年生，镇江博物馆馆员。

有着3000多年文字记载的历史。镇江博物馆是以教育、研究、欣赏为目的，收藏、保护并向公众展示人类活动和自然环境的见证物，经登记机关依法登记的非营利组织。镇江博物馆创建于1958年，经过60余载的发展，已成为镇江的地标性建筑，成为一座独具特色的地方综合艺术博物馆。

镇江博物馆目前珍藏着22152件（套）文物，86269册古籍图书，总藏品达108421件（套）。在这些文化遗存中，珍贵文物6709件（3564套），其中一级文物222件（103套），二级文物559件（340套），三级文物5828件（3121套）。这些珍贵藏品的保存都离不开一个标准化的库房。

镇江博物馆现有的库房为一座依山而建的四层独栋建筑，1989年开始建设，1994年投入使用，按照类别分别存放文物，设有画、字、碑帖、集品、陶瓷、货币、镜、砖瓦、骨类、竹木、丝棉毛、金属、杂件、玉石、革命文物、精品文物库等16个专库。

20世纪90年代至21世纪初，国内博物馆界普遍认为博物馆库房位于地下比较好，原因很简单，就是安全。为了安全，镇江博物馆把库房建在了山上。实践证明，建在山上的文物库房问题颇多。该楼经过30余年的运转，很多设备已陈旧落后，柜架储藏量也达不到要求。比如，库房空间面积狭小，存放文物藏品的空间不足；摆放文物的柜架不足，部分文物需挤放，甚至在地上垫泡沫垫存放；保管设施不先进，一般库房缺乏调温调湿设备；已有的库房柜架通常为对开门木质柜体、敞开式木质板架或铝合金柜架，所使用的工作台为板式简易工作台，文物直接存放于木质柜或架内，没有形成稳定的小环境；大部分柜子已开裂，柜门无法锁闭；有的柜架板材已朽，濒临坍塌；更有部分库房各类材质文物混合存放，环境条件控制难度大，尤其在梅雨季节，湿度太大，对湿度很难稳定有效地控制；库房因山而建，户型不规整，使用面积小，房屋使用率低。这些都是急待解决的实际问题。

二、库房标准化改造需要采取的预防性保护措施

预防性保护措施首先应从源头控制文物保存空间的污染物、光度、温湿度、有害生物、震动等，加强环境监测与风险评估，以有效、适度的原则对不同材质文物采取相应的措施。馆藏文物保存环境调控以温湿度为先，设置文物本身长期已经适应的良好的温湿环境，防止相对湿度等因素出现较大幅度的波动，确保文物保存环境在适宜指标下的平稳性。其次是控制不同材质文物收藏环境“特征污染物浓度”等因素处于安全阈值以内。我们结合全国各地博物馆库房建设改造的经验，提出本次库房改造原则和标准，制定改造方案。

（一）库房改造原则

第一，安全第一，保护优先。所有规划、措施都将着眼于文物安全保护这一根本目的，在确保安全的原则下制定和实施。

第二，科学论证，慎重决策。依据本馆安全方面的实际情况和突出困难，科学合理地确定项目内容、规模和标准，深入论证，严格履行各项工作程序。

第三，统筹规划，分步实施。处理好各个具体项目区域的轻重缓急事项，突出重点，分阶段逐步实施。

第四，软硬并举，创新管理。在硬件建设的同时，狠抓管理，进一步加强制度建设，提升管理水平。

（二）库房改造标准

库房建设是保护文物的重要条件之一，库房对文物的保护应当是全方位的，绝不是单一的安全问题。库房管理工作是一项管理型与研究型相结合的工作，是融自然科学、物理学、化学、社会科学、对抗自然力破坏的科学为一体的综合性工作。所以，不论是环境、设备还是人员，都是库房工作的核心要素。库房被视为博物馆文物保护的心脏，一座博物馆要想发展与扩大馆藏规模，库房的建设与管理工作都是重要前提。博物馆工作的重中之重是对文物的保护与管理，只有在文物保护得当的前提下，学术研究、布展陈列及宣传教育等工作方能正常开展。

文物库房不同于其他行业的仓库，文物库房对文物起着保护管理的作用，这是由博物馆自身的特殊性决定的。库房内的每一件文物都可能会被提取、陈列、拍照及学术研究，因此，必须要避免其遭受自然因素与人为因素造成的破坏。自然因素损坏是文物损坏的主要因素，防止各类自然因素对文物的损坏必须要依据各类文物的实际特征来进行。

针对我馆情况，库房改造标准应注意以下八方面的问题：

第一，温湿度控制。文物分为有机质与无机质两种，不同的文物适应不同的温湿度，应将不同类型的文物放置于不同温湿度的库房，进一步加强库房的密封性，根据实际情况调整温湿度，保持各库房因地制宜前提下的恒温、恒湿，避免温湿度不均导致文物霉烂。在通风问题上，避免一刀切的做法，采取具体文物具体对待的方法。

第二，防光辐射。光辐射会使纺织品、纸张等有机物发生能量转换，致使其分子链被破坏，引发褪色、破裂等，因此，文物库房应做到减少紫外线与红外线对文物的照射。但库房工作需要照明，管理人员应尽量使用冷光源，可使用不含红外线的 LED 灯照明，以保障文物不被光辐射且库房工作可以正常运行。

第三，防生物危害。老鼠对纸质文物的危害极大，在库房角落可使用鼠夹、鼠药。在防虫害上，库房应随时保持恒温与恒湿，以防止库房过于潮湿而引发虫蛀，并使用樟脑、旱烟叶、无酸纸或杀虫剂。同时，在防微生物危害上也应控制好各类文物存放环境的温湿度，并使用杀菌剂。

第四，防空气污染。防尘是库房管理人员每日进入库房的第一件工作，基础而重要。灰尘无处不在，如若飘落在文物上，会对文物造成不同程度的影响。同时，不及时清理会使库房产生微生物病害。所以，库房管理人员应随时保持库房内空气清新，必要的条件下可设置空气过滤器，同时应远离污染源，密封藏品库。

第五，防火。必须建立一个完备的防火系统。库房管理人员应遵守安全操作，人走断电，库房内严禁烟火，不乱接电源，并且在库房内放置适量的灭火器。管理人员应配合电工定期检查库房电路。

第六，防盗。库房管理人员应与安保人员合作，建立岗位责任制，运行好钥匙和人员的管理机制。

第七，防水。库房如若渗水，墙壁会生霉，引发生物病害，严重威胁文物安全。同时，纸质、丝织品等文物一旦被水污染会造成褪色、断裂、腐烂。因此，文物库房应远离水源。

第八，防震、防碰摔。在突发地震或日常提取、搬运文物的过程中，避免文物发生碰撞尤为重要。应使用囊匣盛装文物，以避免文物在此期间发生碰撞或倾倒。

（三）库房装修材料

库房装修应采用无毒、无污染、无有害气体释放并具备 A 级防火要求的材料，要符合《文物保护装备标准》的相关要求。

（四）库房柜架设计

库房柜架设计应遵从博物馆库房设计的结构特点，并符合安防、消防相应的标准。金属柜架的应用应满足《文物保护装备标准》的相关要求，并预留将来馆藏品增加而需要的存储空间。

（五）定制密闭式的文物囊匣

密闭式的文物囊匣可以给文物提供一个良好的微环境，减缓外部环境对文物藏品造成损坏的程度和速度。即使大环境里的温度和湿度发生了变化，存放于文物囊匣中的文物及其周围小环境的变化也会很小。

（六）库房空气质量和环境

空气中甲醛、二氧化硫、硫化氢、氮氧化物等污染气体含量要符合标准，在保证文物安全的前提下，尽量做到库房干净整洁，通风、防尘、防震，安全可靠。

三、标准化库房改造的具体实施

镇江博物馆库房建设于20世纪80年代末，设置标准较低，库房温湿度、光照等控制方面设施设备配套均不齐全。《镇江博物馆馆藏文物预防性保护方案》的获批，促成了此次改造。根据方案，本次改造主要按照预防性保护标准尽力补齐短板，延长库房使用寿命，做到易于将文物分区，保持整洁的库房内环境；将部分原木质柜架改为金属柜架。金属柜架具有防腐、防虫蛀的优点，无挥发物，密闭性更好，承载能力更强。改造后柜架高度增高，隔板可按50mm随意调整高度；增加隔板数量，文物容纳数量至少增加30%等。预防性保护标准化库房改造作为一个系统工程，在改造过程中严格按照馆藏文物预防性标准及库房实际情况制定改造方案，并在设施过程中不走样，力求馆藏文物处于一个稳定、洁净的安全环境中。

（一）库房小环境调控

镇江博物馆文物库房已使用多年，墙面剥落，地面为水泥地，凹凸不平，水泥地面返砂起尘。一般库房内无湿度调节设备、空气净化设备，根据监测数据，库房内湿度普遍偏高且波动较大，库房内污染物浓度也较高，因此加强库房内的湿度调节和空气净化是急需解决的问题。

1. 配备加湿除湿一体机

本次改造在镇江博物馆文物库房配备了高效的加湿除湿一体机调控设备，用于改善博物馆库房内小环境的基本湿度控制条件。

方案选用博物馆专用物联网远程控制文物专用恒湿系统，采用先进的物联网自动化控制技术，对文物库房的湿度进行控制。由专业生产厂家根据博物馆实际情况设计制造的环境调控智能控制系统，以及标配传感精确的漏水报警系统，具有远程监控功能。全新的设计使设备结构更为合理，实现了多功能设备的小型化。超大容量的内置水箱使用更为方便，设备在水箱低于警戒水位的时候停止加湿，在水箱高于警戒水位时自动除湿，有效地保证了文物库房湿度安全。

2. 配置空气净化机

镇江博物馆库房内污染物浓度较高，因为库房木质柜架、普通塑料包装袋等所挥发的污染气体或粉末状尘埃等有害物质严重影响了空气质量，也影响着文物管理及修复人员的身心健康。针对文物库房存在的问题及实际需求，根据国家有关博物馆文物保存的相关标准规定等，必须加强库房空气净化。

空气净化机广泛应用于博物馆、档案馆、实验室等室内环境需净化的场所。恒湿净化设备内部配备无线智能环境传感器模块，可实时检测库房或展厅内空气质量状态，能有效、快速地净化空气，保证文物所在环境空气洁净，真正使库房内部空气质量管理自动化、平衡化。空气净化机成为该项目的标配。

（二）配置库房文物储存硬件

1. 配置文物储藏柜

文物存储是预防性保护工作中的重要部分，存储设施的选择对于文物的预防性保护起着决定性的作用。

原有柜架容量已明显不足，部分文物裸放于柜架之外的地面上，因此针对柜架不足和材质缺陷问题，配置安全性和稳定性条件俱佳、体积更大的专用金属防震柜架；针对敏感材质文物和珍贵文物配置具备主动的温湿度调节功能的恒湿柜及恒温恒湿柜。此次改造配置了防震多功能文物储藏柜、重型文物柜架、防震字画文物储藏柜、隔板式恒湿储藏柜、恒温恒湿储藏柜，增加了库容。

2. 配置专用文物囊匣

密闭式的囊匣能够给文物提供一个良好的微环境，可以阻止空气中的有害气体对文物造成直接危害，也可避免紫外线对文物的照射，防止尘埃落在文物之上，减少霉菌及微生物的滋长，对于保存文物藏品、缓解外部环境的影响、延长文物藏品的寿命、提高博物馆的文物保护水平等方面都能起到很好的作用，因此，本次库房改造为珍贵文物配置了部分专用文物囊匣。

（三）库房内部改造及库房改造材料的选择

镇江博物馆一楼库房使用年限长，湿度大，墙面墙皮脱落严重，在梅雨季节地面受潮返水，针对此情况，对一楼库房墙面、地面进行了翻新处理。在库房改造具体实施过程中，材料尤为关键，每一种材料的合理规范使用，对文物来说都至关重要。以调湿剂的选用为例，复合硅胶调湿剂作为调节文物保存微环境湿度的高效环保型产品，具有以下优点：吸放湿功能，有平稳相对密闭微环境湿度的作用；优质介孔硅胶为调湿基材，对人体和文物安全无害；适用文物柜架、储藏柜、囊匣等相对密闭的微环境。该调湿剂有多种调湿规格，适合在RH30%~RH70%分段控湿，如25g小袋包装以透气无纺布封装，便于组合应用；400g无酸纸盒封装，方便在可视场所的使用和更换；1000g铝塑袋散装，剪口倒于容器，更能发挥其效能；储存运输，以铝塑袋密封包装，可储存12个月；正确回烘处理后，可多次重复使用，节约调控成本。本次库房改造选用了25g小袋包装的无纺布封装调湿剂。

（四）库房门改造

虽然镇江博物馆库房的建筑和门窗都具有防盗性能，但为确保文物安全，仍要认真检查并清除文物库房周边的不安全因素。库房设施通常设有两个大门，而且门的开口方向应不同，以备不时之需。镇江博物馆库房后门从未使用过，也没有发挥过任何作用，造成消防门实际功能缺失。利用这次库房改造之机，我们改造了后门，让其发挥了该有的作用。当前，在博物馆库房管理工作中加大了对各学科先进技术的引进，如应用门磁开关、密码技术、指纹识别技术及人脸识别技术等，努力提高博物馆安全保管工作的技术水平，将博物馆安全技术防范提升到一个新的高度。

四、库房改造的收获

文物库房的环境是一个多方位、综合性的整体。在经费总额有限的情况下，博物馆通过实施馆藏文物预防性保护项目，改造库房、改造文物柜架气密性、加装恒温恒湿柜等，实现了对库房和文物柜架微环境的调控；更换了一批不合格的文物柜架，配置了多种文物专用囊匣，初步健全了馆藏文物预防性保护体系，使镇江博物馆预防性保护能力和水平得到显著提升，减小了环境因素对文物安全保存的影响，提高了博物馆从业人员对文物预防性保护重要性的认识水平，从而有效配合和推进了文物预防性保护工作。

馆藏文物预防性保护是一项既要考虑资金筹措，又要管控风险、确保文物安全，以及促进博物馆可持续发展的系统工程。未来在博物馆建设、管理及预防性保护中，还有很多工作要做，在不断加强文保设备和装备研发、持续推动技术进步的同时，应贯彻绿色环保和可持续发展的理念，减能耗，降成本，提出环境和经济成本最低的最优化解决方案，走“绿色博物馆”发展之路。

要在确保文物安全的前提下，准确把握当今时代对文化遗产保护、弘扬中华文化的新要求，逐步提高镇江博物馆藏品的保存和修复条件，提升镇江博物馆的文化遗产保护能力，实现文化遗产完整保护，环境质量稳步提升，文物库房功能改善，文物藏品保护修复。文博路道阻且长，文博人一直在路上。

试析考古成果公众化的途径

——以镇江博物馆为例

孙 研 佘沛章[1]

内容提要： 考古发掘机构出土并收藏了数量可观的文物，但较少为公众所熟悉，这亟须文物工作者探索和推进考古成果如何公众化，从而使文物工作成果更好地惠及人民群众。镇江博物馆既是一家地区综合性博物馆，又是考古发掘单位，肩负推进考古成果公众化的责任，同时也开创了很多较为成熟的、固定的和有影响力的考古成果公众化途径。

关键词： 文物工作 考古成果 公众化

党的十八大以来，习近平总书记多次对文物工作做出重要指示，他说："我们要加强考古工作和历史研究，让收藏在博物馆里的文物、陈列在广阔大地上的遗产、书写在古籍里的文字都活起来，丰富全社会历史文化滋养。""推进文物合理适度利用，使文物保护成果更多惠及人民群众。"习近平总书记的讲话既对文物工作提出了具体的要求，也为文物工作者以后的工作重心指明了方向，讲出了每个文物工作者的心声。

使文物工作成果惠及群众，从某种程度上说就是让群众了解什么是文物工作，以及文物工作的内容和意义。目前，作为文物典藏、陈列和教育于一体的博物馆较好地发挥了文物工作成果惠及群众的最主要作用。然而，考古发掘单位作为文物发掘出土的主要单位，同样收藏有数量可观的文物，只是这些文物未能及时、广泛地向公众宣传、展示，这导致考古文物无法被公众所了解，关于其背景知识和发现的重要意义，公众更是知之甚少，即考古成果公众化程度不够。

究其原因有二：一方面，目前博物馆文物陈列展览的方式已经进入比较成熟的阶段，博物馆的展览固定、讲解词规范、开放时间明确，公众随时可以参观并了解文物知识及其背后蕴藏的意义；另一方面，考古发掘机构的业务主要以考古调查、勘探和发掘为主，虽保管有大量文物，但没有足够重视考古成果的宣传、展示等，考古成果公众化工作的动能不足，公众化途径相对滞后。因此，在倡导文物成果惠及群众的今天，探索和推动考古成果公众化已然成为考古发掘单位的一项使命，也成为促进考

[1] 孙研，男，1981 年生，镇江博物馆副研究馆员，现主要从事考古及博物馆研究；佘沛章，男，1990 年生，南京博物院馆员，现主要从事文物与博物馆研究。

古发掘单位全方面发展的重要一环。

镇江博物馆是一座地方历史综合类博物馆，也是独具魅力的文化旅游景点，每年都吸引了数十万游客前来参观，同时它还是镇江地区唯一拥有国家考古发掘资质的考古发掘单位，其内设机构考古部负责镇江及周边地区的考古发掘工作，保管有大批出土文物。因此，在探索和推进考古成果公众化方面，镇江博物馆具有得天独厚的优势，便于充分利用现有条件，有效整合人力物力资源，及时推进考古成果公众化。故而，近年来镇江博物馆考古成果公众化成效显著，考古成果公众化经验丰富，具体如下。

一、召开考古成果汇报会

考古成果汇报会是考古成果公众化最基本的途径。每次考古工作结束后，考古发掘单位均应召开考古成果汇报会，同时邀请考古工作的建设方和社会公众共同参加；在考古成果汇报会上介绍考古工作的内容、方法和收获，同时说明此次工作的重要意义，并根据实际情况提出未来的工作计划和保护措施。这不仅可以使建设方认同、支持考古工作，而且可以使参会的公众了解考古成果，从而提升考古工作的社会影响力。

镇江博物馆每年都会召开考古成果汇报会。如：2018 年，在镇江市高速公路建设指挥部，镇江市文物局和镇江博物馆召开镇丹高速公路考古工作结项汇报会；2019 年，在丹阳市政府，镇江市文物局和镇江博物馆召开 2018 年丹阳考古工作汇报会。在每次汇报会上，文物和考古部门都会宣传文物法规政策和相应的考古成果，建设单位和公众媒体由此可以进一步了解考古工作流程，认识考古工作的重要性，增强文物保护意识。

二、举办考古成果展

举办考古成果展是考古成果公众化最常用的途径。考古发掘出土文物的器形、时代、功用等信息，以及考古工作取得的成果和意义，都是考古成果展的重要内容，将这些信息通过考古成果展介绍给公众，既是考古工作的价值所在，也是社会公众的需要。

考古成果展可以分为大型的考古成果专题展和中小型的考古工地周边的成果介绍说明展。大型的考古成果专题展可以借助博物馆的场馆，将一系列有关的文物和背景知识介绍给社会公众；中小型的考古工地周边的成果介绍说明展可以使考古工地周边的公众了解考古工作的内容。这两种途径都有利于考古成果的公众化，从而达到扩大考古工作的影响、增强公众文物保护意识的目的。

镇江博物馆经常举办考古成果展，如：2012 年，镇江博物馆举办的“古国古城古墓——镇江近年考古新发现成果展”；2017 年，镇江博物馆举办的“通古达今 文明之道——镇江近年交通考古成果展”；2018 年，镇江博物馆、南京市博物总馆、扬州博物馆、南京市考古研究院和扬州市文物考古研究所联合打造和举办的“铲释三城——宁镇扬三地考古成果展”；2018 年，镇江博物馆、徐州博物馆、张家港博物馆等 13 个省内重点文博机构联合打造和举办的“流韵——江苏大运河文化带出土文物精粹展”；等等。此外，镇江博物馆每一个考古工地均在周边设立介绍说明展板，通过循序渐进的方式使文物保护意识深入公众心中。

三、出版考古成果书刊

考古成果书刊是能够长期流传的考古成果介绍资料，内容比较丰富，除了常规的文字介绍、线图外，往往还附带有照片，可为公众更深入了解文物知识提供准确的资料。

考古成果书刊可以分为系列考古书籍和刊物。系列考古书籍可以围绕不同考古工作取得的成果进行编写，可以普及文物知识，围绕文物种类进行介绍；定期出版的系列考古刊物可以将文物收藏与鉴赏、文物法规政策、文物景点介绍、文物工作者精神面貌等各类信息汇聚在一起。刊物可以使考古成果乃至文物工作的内容更具体、更直观。

镇江博物馆出版的考古成果图书，如“印

记与重塑”系列考古报告集，现包括《镇江博物馆考古报告集》《句容鹅毛岗土墩墓发掘报告》《镇江京口闸遗址》《镇江台形遗址》和《镇江丁家村遗址》等。同时，镇江博物馆还出版了《镇江出土吴国青铜器》《镇江出土陶瓷器》《镇江出土金银器》等图书。

四、开设考古成果讲座

开设考古成果讲座是考古成果公众化的有效途径。考古成果讲座一般可以分为针对具体考古工作进行的专题性讲座和以文物工作基本理论为基础的系统性讲座。前者多以具体的考古成果为主题，介绍考古成果发现、发掘和研究的过程，对其重要意义进行深入讲解，力求公众由此认识到成果的重要性，增强公众的文物保护意识；后者则以考古基本理论为主要内容，对公众进行普及性的文物知识宣传介绍，从而使公众系统性地掌握考古和文物工作的基本常识，扩大文物工作影响。

镇江博物馆会不定期地举办考古成果讲座。邀请的主讲人除了镇江本地的文物工作者外，还有其他城市的文物工作者。如：2018 年，时任镇江博物馆考古部主任、孙家村遗址发掘领队何汉生研究员做了题为“宜候封地 吴韵犹存——镇江吴文化考古新发现”的讲座；同年，镇江博物馆邀请南京市考古研究所副所长、大报恩寺遗址发掘领队祁海宁研究员做了题为“南京大报恩寺遗址的考古发现与相关认识”的讲座。这些讲座使公众进一步了解了文化遗产，是考古成果公众化的有效途径。

五、组织考古成果新闻发布会

组织考古成果新闻发布会是考古成果公众化的权威途径。每次考古工作结束后，考古发掘单位均会取得各种成果，对这些成果的正确宣传介绍，既是文物工作者的使命，也是社会公众的需要。因此，考古发掘单位应该经常性地召开考古成果新闻发布会，发布会应邀请上级文物行政主管部门、考古工作的建设方、新闻媒体和社会公众共同参加，发布内容可以是某一考古项目的成果概况，也可以是即将要开展的考古项目。召开发布会的目的在于向社会公众及时传递最新考古工作进展和成果信息，扩大文物工作的社会影响力和群众支持度。

镇江博物馆在镇江市文物局的统一领导下，经常召开考古成果新闻发布会，如：镇江市文物局召开 2014 年第二季度新闻发布会，会上发布了马脊墩土墩墓发掘的最新成果；镇江市文广新局召开 2018 年第二季度重点工作暨镇江博物馆获国家考古发掘资质新闻发布会等。

六、举办考古工地开放日活动

举办考古工地开放日活动是考古成果公众化最直观的途径。考古发掘单位可以根据考古成果情况，不定期地举办考古工地开放日活动。考古工地开放日应选在考古工作基本结束、考古成果明确且具有代表性的考古工地进行。考古工地开放日的主要内容是向公众介绍考古工作的过程，以及取得的成果、收获和意义，同时可以现场演示一些考古操作流程，使公众对考古工作有更直观的认识。考古工地开放日的参与对象，应以社会公众为主，举办时间一般为连续两三天，以便公众系统地了解考古工作。

镇江博物馆每年都举办考古工地开放日活动，如：2015 年，镇江博物馆在梦溪园考古工地举办了“网友品文化”考古工地开放日活动；2016 年，镇江博物馆再次举办梦溪园遗址考古现场公众开放日活动；2017 年，镇江博物馆开展孙家村遗址和龙泉村墓地考古工地开放日活动；2018 年，镇江博物馆组织京口闸遗址考古工地开放日活动；等等。此外，每次开展考古工地开放日活动时，镇江博物馆都会做好文物保护宣传标语，热心解答观众提出的问题，吸引社会力量了解和参与文物保护工作。

七、组织考古夏令营

组织考古夏令营是考古成果公众化最系统的途径。考古夏令营的针对性较强，主要对象是学生，时间可以稍长，有专人负责，通过对考古成果和参与者的综合分析制定相应的系列学习、参观和实践活动内容，以便加深学生对考古工作和文物保护工作的认识。通过参加考古夏令营，学生可以学到平时较少接触的文物知识，往往还会在夏令营结束后向其家长、亲属、朋友讲述所学知识，这样就能够通过以点带面的方式，扩大文物考古工作的社会普及度。

镇江博物馆会不定期地举办考古夏令营，如在 2018 年，镇江博物馆在孙家村遗址组织了考古夏令营，开展公众考古实践。

八、开展考古成果进学校、社区活动

考古成果进学校、进社区是考古成果公众化最主动的途径。考古发掘单位可以将考古成果系统性地整理制作成图文并茂的资料，在保证文物安全的前提下，资料包含部分文物标本或者文物复制品，将这些资料选送到当地的学校和社区中去，使学校和社区的公众在足不出户的情况下就可以了解文物知识，扩大文物工作的普及面，推动考古成果公众化。

镇江博物馆会不定期地举办考古成果进学校、进社区活动，如在 2013 年，镇江博物馆举办了“中国大运河 江南第一闸——中华路遗址考古成果展”进社区活动，将制作的文字和图片资料送至学校和遗址所在社区。此活动持续半年之久，取得了广泛和良好的社会影响。

除以上论及的考古成果公众化的途径外，未来考古发掘单位还应根据新的形势发展，创新思维，大胆探索新的考古成果公众化方式，促进考古成果公众化途径更加丰富多样。以下两条途径便是笔者的初步构想。

1. 考古成果公众化最新颖的途径——考古成果文创产品

文创产品一般以文化、创意理念为核心，是人的知识、智慧和灵感在特定行业的物化表现。考古成果文创产品，则以文化、创意理念为核心，以考古成果为基础，是人的知识、智慧和灵感在考古成果方面的物化表现，形式包括了文物复制品和创作品。这种文创产品，应由考古发掘单位提供考古成果资料，专业机构设计、制作，文物行政管理部门负责监督，向社会公众免费发放或者低价出售。考古成果文创产品以实物产品的方式，使公众能够更直观地触摸到复制的文物或精心设计的产品，不仅可以扩大文物工作的影响力，而且可以满足公众将考古成果带回家的美好愿望。

2. 考古成果公众化最长期的途径——考古成果博物馆

考古成果博物馆区别于传统的综合类博物馆，其主要内容是对考古成果获得的过程、方法、意义等角度进行展示，这种展示可以集考古工具、照片图纸、文物修复等于一体，增加公众对文物工作的兴趣。考古成果博物馆应包括详尽的展陈大纲、专门的场馆、固定的讲解人员，将考古成果轮流在博物馆内展览，吸引公众参观。因考古成果不同，考古成果博物馆的展览也是变化的，这种不断更新的展览，往往更容易吸引社会公众的关注，成为社会热点，从而提升文物考古工作的社会影响力。

总之，考古成果公众化是新时代文物工作的基本要求和重要内容。近年来，镇江博物馆在考古成果公众化方面的工作成绩显著，探索出了丰富多样又行之有效的途径。这些途径可为业内考古发掘单位开展考古成果公众化提供良好的借鉴意义，同时对开创更具创新性的公众化途径发挥有益的启发作用，有助于推动更多文物保护成果惠及人民群众，不断满足人们日益增长的美好文化生活需要。

参考文献：

［1］中国共产党新闻网：习近平系列重要讲话数据库，http：//jhsjk. people. cn.

［2］王宏钧. 中国博物馆学基础［M］. 上海：上海古籍出版社，2001.

［3］姚安. 博物馆 12 讲［M］. 北京：科学出版社，2011.

［4］中国博物馆协会社会教育专业委员会. 中国博物馆青少年教育工作指南［M］. 北京：文物出版社，2018.

［5］韩骏伟，胡晓明. 文化产业概论［M］. 广州：中山大学出版社，2009.

三位一体：梦溪园的深度保护和开发利用

陆为中[1]

内容提要：梦溪园沈括故居作为镇江市内一处独特的文化景观，既是沈括的终老之地，也是《梦溪笔谈》的诞生地，园林、名人、巨著三者交集，不可分割。本文通过梳理沈括在镇江留下的历史文化印记，考证《梦溪笔谈》的版本源流，回顾近年来政府在梦溪园保护利用工作上取得的丰硕成果，基于“三位一体”的视角，从保护意识、人才队伍、推广模式及传播方式等方面对该处景观的保护利用工作进行了初步的思考和探索。

关键词：沈括　梦溪园　梦溪笔谈

梦溪园位于镇江市京口区梦溪园巷 21 号，占地面积近 2 亩，是北宋著名政治家、科学家沈括晚年的居所。沈括在梦溪园居住 8 年，撰成科学巨著《梦溪笔谈》，在中国科技史乃至世界科技史上留下了浓墨重彩的一笔。作为沈括“科学巨匠”形象的孕育、催生之地，梦溪园见证了他的成功，他也为梦溪园和镇江留下了重要的文化遗产。

一、沈括生平

沈括（1031—1095），字存中，号梦溪丈人，北宋钱塘（今浙江杭州）人。嘉祐八年（1063）中进士，后进入中央政府任职，为王安石变法运动的中坚人物。他励志变革，历任检正中书刑房公事、提举司天监等要职，改制浑仪、景表、玉壶浮漏等仪器，编《奉元历》，治理汴河，对水利、赋役、行政区划等进行了一系列改革和调整。熙宁七年（1074），为河北西路察访使，讲修边备，改革旧政数十事；次年出使辽国，取得外交上的胜利，后拜翰林学士、权三司使，主管全国财政经济，对茶法、盐法、货币等一系列国计民生问题提出了改革措施。元丰三年（1080）任鄜延路（今陕西延安）经略安抚使，积极防御西夏的入侵，后因永乐城（今陕西米脂西北）失陷事连累谪徙随州（今湖北随州），后移秀州（今浙江嘉兴）。元祐三年（1088），58 岁的沈括离开政治舞台，来到镇江定居，绍圣二年（1095）病卒，终年 65 岁。

二、梦溪园与《梦溪笔谈》

沈括在《自志》中说，他 30 多岁时曾梦见一处有山、有水、有花、有木的处所，景色非常优美。他在梦中非常喜爱这个地方，打算

[1] 陆为中，男，1985 年生，镇江博物馆副研究馆员。

在此居住。而自那以后，这个地方经常在沈括梦里出现，熟悉得如同亲身游览过一样。此后10多年，在王安石第二次罢相后，沈括亦于熙宁十年（1077）七月被宋神宗贬谪为集贤学士，知宣州（今安徽宣城）。当时有一位叫无外的道人对沈括讲了京口的山川之胜，刚好京口有人要出售园圃，沈括便花30万贯钱买下，但当时并未见过这个园圃。直到后来经过京口，见到以前买下的园圃时才猛然发觉，这里的场景与梦中所游之地一模一样。沈括于是在此筑室，以待将来居住。

按沈括自己的说法，梦溪之名来源于梦境。王骧先生认为，“梦境说”不过是为他不返归杭州故乡找个说法。这是因为在当时守旧派得势、变法派受压的复杂政治形势下，托为梦境可避免无谓的猜疑。

沈括逝世后归葬钱塘，其子孙仍居京口，但梦溪园已转属他人。南宋嘉定年间，镇江知府赵善湘曾勉励沈氏子孙恢复园貌，官府也出资修整，并在荷池中建立沈括祠堂，每年春秋祭祀时，梦溪园都是民众游赏的乐园。随着时代的更迭，梦溪园的主人换了一拨又一拨。明朝初年，梦溪园转属于京江严氏后裔严泰壹。到了清代，梦溪园演变成严、陈两氏宗祠，两家后人对其进行了一定程度的整修，后逐步发展成为风景名胜。清人周镐对京口美景进行归纳后绘有“京江二十四景”图册，并一一题咏，其中对梦溪园的题咏如下：“梦溪秋泛水天蓝，摘取云花纵笔谈。万物存中探就里，大音岂止绕江南。”诗中对当时梦溪园的建筑与周边环境进行了一定的描绘。民国学者赵醉侯也在他的《醉侯诗集》中提到“吾镇山水甲江南，梦溪为山水回环著名之胜迹”，明确指出梦溪园在镇江乃至江南地区有“胜迹”的美誉。但到了1958年以后，陈氏宗祠毁圮，其地陆续建起了楼房宿舍，严氏宗祠部分房屋也被工厂所占。

沈括晚年在梦溪园居住了8年，其间，他把平日的所见所闻编写成文字，汇集成为一本综合性著作《梦溪笔谈》。他在《自序》中记载说：“予退处林下，深居绝过从，思平日与客言者，时纪一事于笔，则若有所晤言，萧然移日。所与谈者，唯笔砚而已，谓之《笔谈》。”

《梦溪笔谈》是一部博大精深的百科全书式的著作，其内容按条目分共609条，既有天文、历法、数学、物理、地理、地质、生物、化学、农学、医药等自然科学知识，也有文学、史学、音乐、美术等人文科学知识，价值巨大。《梦溪笔谈》记录了历代和宋朝当代的科学技术成就，不但是沈括平生科学研究成果的结晶，也是沈括所处时代最新科技水平的总结。沈括在该书中提出了很多卓越的科学创见，展示了超凡的科学见识，比如：他发现磁针“常微偏东，不全南也”现象，比西方1492年哥伦布横渡大西洋观测到此现象时要早400余年；他提出的流水侵蚀作用的自然成因说比英国人郝登的同样见解早700多年；他曾创造出一种国防所需的立体地图，比瑞士18世纪出现的地理模型图约早700年；他把化石解释为生物的遗迹之说，比意大利达·芬奇的古代生物遗迹观点早约400年；他对隙积术和会圆术的研究，开了数学界对此领域研究的先河，西方数学界对此的研究在沈括之后约600年；他推断我国华北平原是由黄河等河流的泥沙沉积而成的，这是对华北平原的最早科学解释；他是在我国古代科学著作中第一个使用“石油”这一名词的作者；他发明的“十二气历”，比英国类似的历法早800多年。

沈括的《梦溪笔谈》宋本祖刻本早已不见。据流传本考订，可知《梦溪笔谈》最初刻本为30卷，内容比今本要多，但都已散佚。北宋有扬州刻本，南宋孝宗乾道二年（1166）又曾重刻行世，惜宋刻本今皆不存。

《梦溪笔谈》现所能见到的最古版本是中国国家图书馆收藏的元大德九年（1305）陈仁子东山书院刻本。此本据南宋乾道本重刊，尚可窥宋本旧貌，其开本很大，极为铺陈，而版框很小，装帧为当时流行的蝴蝶装，在元代刻本中独具特色。元大德刊本的卷首有“东宫书府”“文渊阁”两方朱文方印，卷内还钤有“汪士钟印”“平阳汪氏藏书印”“臣文琛印”“甲子丙寅韩德均钱润文夫妇两度携书避难记”等印。

该元大德刊本流传有序：元代曾藏于元宫中，明太祖朱元璋灭元后得到，并赠送给太子朱标，后又归宫中文渊阁。清代，从宫中流出，为汪士钟的艺芸精舍、松江韩氏先后收藏。后为近现代著名藏书家陈澄中收入囊中。陈澄中于新中国成立前后移居香港。1965 年，他有意将包括这部《梦溪笔谈》在内的一批珍贵善本出让，时任国务院总理周恩来为避免珍贵文物外流，亲自过问，责成文化部指派专人前去洽办，最终在国家经济并不宽裕的情况下，斥巨资购回，成为书林佳话。1976 年，为了让大众使用方便，文物出版社曾影印出版；2003 年，“中华再造善本工程”出版简体版的《梦溪笔谈》。

关于《梦溪笔谈》校订注释本等，明、清两代至民国年间，不断有高质量版本出现，如：明弘治徐瑶刊本；明崇祯四年（1631）嘉定马元调本；清嘉庆十年（1805）海虞张学鹏学津讨原本；清光绪番禺陶氏爱庐刊本；近代王国维、叶景葵也有手校本。通行的《梦溪笔谈》正、补、续三编本首出《稗海》。今有：《梦溪笔谈》文物出版社 1976 年影印元东山书院刻本；《梦溪笔谈》国家图书馆“中华再造善本工程”2003 年影印元东山书院刻本；胡道静《新校正梦溪笔谈》上海出版公司 1956 年版；《梦溪笔谈》中华书局 1957 年版；《梦溪笔谈·补笔谈·续笔谈》大象出版社“宋人笔记”第一编 2005 年版。

此外，《梦溪笔谈》在国外也很有影响，早在 19 世纪，它就因其对活字印刷术的记载而闻名于世。19 世纪中期，日本就用活字版排印了沈括的这部名著。20 世纪，法、德、英、美、意等国都有人对《梦溪笔谈》进行系统而又深入的研究，并有全部或部分章节的各国译本向社会公众加以介绍。从 1978 年起，日本又分三册陆续出版了《梦溪笔谈》的日文译本。

三、梦溪园的保护和利用成果

1. 修缮扩建，对外开放

1985 年，为配合“纪念沈括逝世 890 周年纪念活动”的举行，镇江市政府修缮了沈括故居（梦溪园）的部分遗址，并将其公布为镇江市文物保护单位，又开辟了沈括纪念室，内有沈括全身座像和文字图片、模型、实物展览，门前的街道亦改名为梦溪园巷。2010 年，为进一步加大对沈括的宣传力度，更好地利用这张城市名片，镇江市文物局启动了梦溪园周边环境整治与局部修复工程。该工程共整治面积 1218 平方米，新扩大面积 578 平方米，保留了原有建筑，并在此基础上新增房屋数间，新建半廊、四角亭和办公用房等。工程的实施使梦溪园沈括故居面积狭小、建筑破损严重的状况得到了一定的改善。该工程被列为首批江苏省大运河沿线重点文物抢救保护工程项目。工程结束后，梦溪园重新对外开放，推出“梦溪园沈括纪念展”。该展览采用人物生平与科技专题相结合的方式，借助文字、图片、模型、多媒体等多种形式，展现了科学巨人沈括一生的光辉业绩和伟大成就。

为实施梦溪园二期工程，镇江市文物部门做了大量基础性工作。2013 年，镇江市文广新局完成《梦溪园复建二期工程方案》的编制和论证工作，主要建设内容有：（1）沈括纪念馆二期，占地约 600 平方米，主要建设展厅，用于展览沈括生平事迹；（2）镇江古代科技馆，占地约 3200 平方米，主要建设展厅，展示古代科技文明，体现现代互动体验式教育功能；（3）梦溪花园，占地约 3600 平方米，主要是用于恢复沈括《自志》中的远亭、苍峡亭、壳轩等景观。同年 12 月，镇江市政府对梦溪园周边进行了征收，整合成约 6000 平方米的地块。2016—2017 年，镇江博物馆对梦溪园拆迁区域进行了考古勘探工作，在地块东南角发现了一段梦溪河道及部分石岸，以及宋代建筑残基等遗迹。未来，复建的梦溪园将会成为镇江市宋代文人园林的代表和一处重要的人文景观。

政府对梦溪园的开发具有重大意义，其价值并不仅仅是“摅怀旧之蓄念，发思古之幽情”，更体现出了镇江的文化底蕴，有助于彰显镇江的人文气质，传递独特的文化符号。

2. 打造品牌，服务社会

多年来，梦溪园贯彻“文化惠民”方针，在深入挖掘名人故居文化内涵的基础上，丰富展示手段，打造了“梦溪读书会”“梦溪传统节”“梦溪文化体验场”“流动博物馆”四大特色品牌，取得了良好的社会效益。（1）“梦溪读书会”以“弘扬镇江人文精神，传播优秀传统文化”为宗旨，如对《梦溪笔谈》的考证，定期邀请有关高校老师、文史专家、知名人士等开讲授课；（2）“梦溪传统节”立足于中国传统文化，以剪纸、泥塑、扎彩灯、画扇面等方式烘托出传统节日的氛围；（3）“梦溪文化体验场”以体验为核心，推出“梦溪园里读‘笔谈’”“线装书制作体验”“见字如面——体验古人的书信时光”“方寸天地——古代印章篆刻体验”“古代书法艺术赏析与体验”等项目；（4）“流动博物馆”是以流动展板的形式呈现镇江的历史、镇江的文化、镇江的名人，向市民讲述镇江历史发展的脉络和厚重的家乡文化、民俗风情。

3. 探索新路，加强交流

近年来，梦溪园采取与同一类型的名人故居抱团主动出击的方式，不断扩展传播宽度，不仅在镇江市开展了丰富多彩的活动，而且逐渐将梦溪园的展览带到全国，使梦溪园文化得到更为广泛的传播。2018 年，梦溪园推出原创展览“听风听雨　吾爱吾庐——镇江名人故居图文展”，之后，相继在北京鲁迅纪念馆、郭沫若故居、北京物资学院、常州吕思勉故居进行展出，受到参观者一致好评。我们不仅把展览“带出去”，还“引进来”，如“穿越时空的对话　名人故居的过去与未来展览”“常州三杰生平事迹展览”等，不仅为故居增加了展览内容，同时也从多方面扩展了梦溪园文化的多样性，为其发展注入了新鲜血液。

4. 学术研究，做出成绩

加强对沈括本身的研究，一是深化宋史研究、中国古代科技史研究的需要，二是因为沈括精神具有重要的当代价值和现实意义。如对《梦溪笔谈》的版本流传进行考辨，可以大力助推文史研究与发展。

多年来，梦溪园工作人员通过对沈括的不断研究，在各类刊物上不断发表文章，出版了图书《沈括研究论文集》，并将研究成果转化为“沈括生平事迹图文展”，加大了对沈括和梦溪园再次宣传的力度。

四、梦溪园保护与利用的对策及建议

虽然近年来镇江市在梦溪园的保护、利用方面投入不少人力、物力，使得梦溪园在国内有了一定的影响，但是“招牌”还不够亮。作为镇江的文化名片，梦溪园的吸引力还不够。让梦溪园承载的历史文化价值和教育意义充分展现，让名人故居文化真正活起来，是摆在我们面前的重大课题和挑战。笔者从以下四个方面提出相关的对策及建议。

第一，全面提升保护意识。梦溪园除了是风景名胜之外，也是沈括“科学巨匠”形象的孕育之地，寄托了我们对沈括的深切敬仰和对科学的无限崇尚之情。可以说梦溪园是镇江重要的历史文化印记和人文旅游资源。政府决策者应该从文化大繁荣大发展的高度，重新审视梦溪园的历史地位和现实价值，借鉴外地的先进经验，大力推进梦溪园改扩建工程和周边环境整治工作；文物管理部门应该加强政策引导和业务指导，严格落实相关法律法规，将梦溪园的开发利用和保护纳入重点工作并加以关注。

第二，大力挖掘梦溪园的潜力，建立一支业务精湛、善于钻研的沈括研究人才队伍。在条件成熟的情况下，可争取成立“镇江市沈括研究会”，由镇江市人民政府牵头，邀请高校教师与地方文史专家共同参与。在给予研究人员必要的政策、资金保障的前提下，集众家之长，建立一套完整的沈括研究体系。此外，还可以加强与沈括祖籍地杭州的联谊，共同开展沈括研究和梦溪园的文保工作。如此方能提升梦溪园的综合实力，使其迸发蓬勃强劲的发展活力。

第三，线上与线下相结合，创新推广新模式。梦溪园宣传推广的形式多样，比较常见的形式有在园内通过文献资料、沈括生平事迹、文物陈列等方式宣传城市名人文化资源，全方位展现其生平经历、成长事迹和伟大人格。利用新媒体技术增添吸引力，利用 VR 技术打造立体三维空间，以视觉艺术形式呈现沈括的日常生活，并融合梦溪园与镇江城市历史文化，留下珍贵的影像资料；推动梦溪园纪录片或者 VCR 等视频宣传形式，如街头采访市民、游客对梦溪园的看法与评价，运用微博、微信公众号等自媒体手段，多渠道、多途径地推介宣传，拓展梦溪园资源宣传的时空界限。

第四，结合多方力量，促进沈括与《梦溪笔谈》传播方式的多样化。融合社会资源，定期举办沈括与《梦溪笔谈》学术研讨会和梦溪主题年活动，搭建文化沟通平台，打造充满活力的常态化工作机制；定期邀请学界专家在市博物馆、图书馆等公共服务空间做沈括生平或《梦溪笔谈》解读的公益讲座，向市民宣传梦溪园，激发市民对文化遗产的兴趣与关注。积极组织志愿者宣传梦溪园遗产保护与利用的情况，使梦溪文化资源在人们心中真正“落地生根”，同时要加强对梦溪园沈括故居本体建筑的保护与利用。

镇江梦溪园文化旅游开发的问题与对策

孟　婷[1]

内容提要：文化产业代表着一个地方的软实力，大力发展文化旅游创意产业，是各个城市经济发展的新着力点。本文从文化旅游的概念和内涵出发，分析了镇江梦溪园文化旅游开发中存在的诸多问题，从梦溪园文化旅游资源的整合、梦溪园文化旅游商品的研发、梦溪园文化旅游产业发展的软实力等多个角度提出了加快梦溪园文化旅游发展的思路与建议。

关键词：梦溪园　文化旅游　开发

文化产业代表着一个地方的软实力，利用深厚的地域文化资源底蕴，大力发展文化旅游创意产业，已经成为各地发展文化产业的普遍模式，是各个城市经济发展的新着力点。镇江是一座有着3000多年历史的文化名城，文化底蕴深厚，地理区位独特而优越，自古就有“天下第一江山”的美誉，“城市山林”的自然风貌令无数名流大家纷至沓来，放歌题咏、挥毫泼墨，留下了许多不朽的作品[2]。镇江不仅是“甘露寺刘备招亲”等民间故事的发源地，也是《文心雕龙》《昭明文选》《梦溪笔谈》等名著的诞生地。这里名胜众多，钟灵毓秀，人文荟萃，各种文化现象精彩纷呈，如三国文化、六朝文化、移民文化、山水文化、爱国文化、运河文化、津渡文化、宗教文化、隐士文化、民间文化等[3]。近年来，镇江十分重视城市文化建设，形成了“三山—西津渡—长江”“茅山新四军纪念馆—‘福孝圣地’茅山—韦岗温泉休闲”“文苑—招隐—南山”等兼具各种文化特色的旅游项目，挖掘了各种旅游项目的文化内涵，初步形成了文化旅游的架构。笔者在镇江博物馆、梦溪园沈括故居工作多年，现就梦溪园文化旅游开发谈谈自己的认识。

一、文化旅游的概念和内涵

关于文化旅游的概念，国内外均有多种定义。国外最早关于文化旅游的定义来自罗伯特·麦金托什，他认为文化旅游囊括了旅游的各种行为活动，旅客可以利用这种活动了解对方的思想及生活状态[4]。1985年世界旅游组织指

[1] 孟婷，女，1970年生，镇江博物馆馆员。

[2] 王雅琴. 图书馆与城市文化建设 [J]. 图书馆工作与研究，2007（4）：59-61.

[3] 王雅琴. 镇江文化资源与旅游产业发展的交互研究 [J]. 镇江高专学报，2011（4）：57-59.

[4] 罗伯特·麦金托什，夏希肯特·格彼特. 旅游学——要素·实践·基本原理 [M]. 蒲红，等译. 上海：上海文化出版社，1985.

出文化旅游有广义和狭义两种，广义的文化旅游是指为满足人们的各种需求，提高自身的文化修养，改进经历、知识和机遇的所有活动；狭义的文化旅游是指为满足人的基本文化需要而开展的活动，包括节庆旅游、风情民俗旅游、古迹旅游、演艺旅游、修学旅游及朝圣旅游等[1]。1994 年 Reisinger 从旅游的主体出发将文化旅游定义为对体验文化经历有特殊兴趣的游客发生的旅游行为[2]。1999 年，在墨西哥召开的国际古迹遗址理事会通过的《国际文化旅游宪章》也对文化旅游进行了定义，认为文化旅游就是着重于文化环境及文化本身的旅游。文化环境，顾名思义，包括旅游目的地的传统习俗、生活方式、工业、风景名胜、价值和休闲娱乐。文化旅游还包括对当地的文物古迹、博物馆等进行参观考察，同时和当地居民进行深入接触等[3]。

国内学者魏小安于1987 年最早提出“文化旅游”一词[4]，之后关于文化旅游的定义逐渐增多。部分学者[5][6][7]认为，文化旅游是一种比较特殊的活动，是指旅游者通过文化旅游活动可以获取文化信息或者体验文化信息，利用自己的艺术鉴赏能力和历史知识来感受其中的文化底蕴并得到精神满足的旅游行为，包括建筑文化、风俗文化、历史文化、宗教文化、园艺文化、饮食文化这几种旅游。另有学者认为，文化旅游是一种产品[8]、一种意识[9]，所有的旅游都是文化旅游[10]。

二、镇江梦溪园文化旅游开发存在的问题

由文化旅游的概念与内涵不难看出，文化与旅游是一种互利关系，文化是旅游的灵魂，旅游是文化的载体，二者联系密切，不可拆分。反观具有深厚文化底蕴的镇江梦溪园旅游状况，距文化旅游这一概念还有不小的差距，其存在的问题包括以下几个方面。

1. 经典产品与一般产品开发不平衡，文化旅游带动力不足

镇江市区文化旅游主要以自然+文化、文化+自然的旅游产品为主，重点打造“三山—西津渡—长江”“文苑—招隐—南山”等文化旅游产品，而对于像梦溪园这样的“文化+文化”的旅游产品的开发则显不足。对许多外来游客来说，虽然“文化+文化”的旅游产品文化底蕴深厚，但缺乏有吸引力的文化景观遗迹，因此，游客对它们的关注度就不是很高。

2. 文化和旅游结合程度不紧密，产品市场认同单一

梦溪园文化旅游产品由于区位、交通、未保护好、未利用好等因素而出现了文化和旅游结合不紧密、文化旅游主题不多元的状况。另外，各大旅游企业在推介镇江文化旅游时重点倾向“自然+文化”的形式，主要关注“三山—西津渡—长江”“文苑—招隐—南山”等文化旅游产品，而忽略了梦溪园这类“文化+文化”的旅游产品。

3. 文化旅游资源内涵挖掘和开发不足

镇江梦溪园文化旅游资源在开发文化旅游产品时对文化的内涵挖掘和利用不全面不充分，直接导致了文化和旅游结合不紧密甚至脱节的状况，更直接影响了文化旅游资源的可持续开发与发展。镇江市对金山、焦山、北固山及南

[1] Thorburn A. Marketing Cultural Heritage: Does It Work Within Europe [J]. Travel and Tourism Analyst. 1996 (6): 39-48.
[2] Reisinger Y. Tourist-Host contact As Part of Cultural Tourism [J]. World Leisure And Recreation. 1994, 36 (summer): 21-28.
[3] 王向杰. 河南省文化旅游产业发展现状、存在问题及对策研究 [D]. 郑州：郑州大学，2008：8.
[4] 魏代俊，方润生. 文化旅游概念研究综述 [J]. 河南商业高等专科学校学报，2012 (2)：54-56.
[5] 马勇，舒伯阳. 区域旅游规划 [M]. 天津：南开大学出版社，1999：1.
[6] 陶汉军. 旅游文化与文化旅游 [J]. 旅游文化，1990 (6)：1-2.
[7] 黄郁成. 新概念旅游开发 [M]. 北京：对外经济贸易大学出版社，2002：173.
[8] 黄克. 文化旅游与旅游文化 [J]. 山东旅游，1992 (2)：20.
[9] 丁丽英. 浅谈中国的文化旅游 [J]. 湖北社会科学，2002 (12)：42-43.
[10] 李顺. 对我国文化旅游开发的几点思考 [J]. 天津市职工现代化企业管理学院学报，2004 (4)：5-6.

山的旅游资源的保护和开发较为重视，相继推出诸多文化旅游项目，如“梁红玉击鼓战金兵”“甘露寺刘备招亲”“白娘子水漫金山”等，受到了业界的广泛关注。但对于同样具有深厚文化底蕴的沈括故居——梦溪园的文化内涵挖掘不足，致使没有相应的旅游产品，旅游吸引力有限。尤其是产品拓展、推陈出新能力较弱，如“比较黏稠可燃的黑色油脂矿物质——石油的命名”“歌颂科技创新——活字印刷术的发明”“青铜器纹饰的认识”“对古代镜鉴的科学论释”等特色展览还没有成为极具吸引力的产品。主题鲜明的梦溪园沈括故居，面临的一个重要问题就是如何利用鲜明的文化旅游产品来扩大旅游吸引力。

4. 文化旅游市场及旅游商品深度开发不足

市场开发的问题主要是指对客源的开发。从当前的客源主体来看，客源以本市为主，很少有周边地区及其他省份的客源。这直接反映出的是有针对性的品牌宣传不够的问题。梦溪园文化旅游资源开发起步较晚，虽然政府在梦溪园文化旅游宣传上做了一定的工作，但总体的、有针对性的宣传力度不够，甚至方向定位还有待进一步改进。商品开发方面也存在一些问题。最明显的就是梦溪园文化旅游纪念品开发创新不足、档次低、品种少、特色不鲜明，对能够深入反映梦溪园文化的纪念品、工艺品没有进行深入挖掘和开发。旅游纪念品生产企业和民族文化工艺品生产企业缺乏“民族特征与地域风格是民族文化旅游商品的灵魂”[1]这样的理念。所以，应深入挖掘，强化产品设计，借以提升旅游纪念品和民族工艺品的档次和品味。

5. 产品格局的天然劣势与基础设施、配套服务建设不足

梦溪园位于镇江城东的一条窄窄的小巷中，周边环境脏乱差，没有停车场，也缺乏具有梦溪园文化风情的酒店宾馆，不能满足游客求美、求新、求知的文化旅游需求。

三、加快梦溪园文化旅游发展的建议

1. 加强组织领导

要加强对文化产业的领导，统筹各个部门，可由政府特设文化旅游产业发展中心，统筹产业资源开发、保护、宣传推介、规划整合等一系列产业发展事务，从而统一和加深产业发展认识，有效避免文化事业、文化产业、旅游业“三驾马车各自跑”的现象，品牌、服务及可持续发展的认识也能得到深化和提高。

2. 加快梦溪园文化旅游资源的整合

整合包括对酒海街、寿丘山等的规划与调整，形成大梦溪园的格局。

3. 加大梦溪园文化旅游商品的研发力度

加强校地合作，深入挖掘内涵，强化设计，进而提升旅游纪念品和民族工艺品的档次和品位。另外，可以把梦溪园文化符号刻印在产品上，对其他特色工艺品和特产进行文化上的深度包装。

4. 加强梦溪园文化旅游市场开发

加强对梦溪园文化的宣传，拓宽资金来源。可从政府及各类实体等多方着手解决，形式上可采取市场化运作，从每年的旅游收入中提取一部分作为专门的宣传基金，进而探索最佳宣传渠道。大力开发网络宣传，同时根据游客来源进行针对性宣传。另外，在努力开发国内和周边市场的同时，深入挖掘本地客源，特别是开发以本地青少年为主的“了解家乡、爱我家乡”的本地家庭旅游。

5. 创新机制，拓宽文化旅游投融资体系

首先，采取与工业招商同样的政策支持和奖励办法，以项目建设为载体，以资本运作为纽带，形成投资主体多元化、融资渠道多样化、运作方式市场化的投融资体制。其次，鼓励实行所有权与经营权分离，通过租赁、承包、拍卖经营权等形式，吸引各类社会资金投入文化

[1] 王兆峰，杨卫书. 基于产权理论的民族文化旅游产业创新研究［J］. 中央民族大学学报（哲学社会科学版），2009, 36（2）：16-21.

旅游产业。最后，在经营过程中，注意保护旅游区产权人的利益，形成大旅游的氛围和格局。

6. 加强梦溪园文化旅游产业发展的软实力建设

首先，加强文化旅游志愿者队伍建设。志愿者队伍是一个地区文化旅游成熟度的体现。镇江拥有江苏大学、江苏科技大学、镇江市高等专科学校等高校，为组建高层次人才的志愿者服务队伍提供了可能。其次，加强游客数据库分析系统建设。这需要统计游客详尽数据、满意度调查及问题反馈数据，依托数据库挖掘游客的特点并总结规律，有针对性地对目标客户及潜在客户进行分析，进而选择最节约最有效的宣传途径。最后，加强整体性的优质服务。尤其是在旅行社、景区景点、宾馆酒店等场所要注意服务质量，可以实行“试游员”制度，即选择高素质的游客作为整个文化旅游的体验者，对服务质量进行潜在的评估。

浅析名人纪念馆青少年爱国主义教育实践的创新方向

——以苏步青励志教育馆为例

陈婷婷[1]

内容提要：名人纪念馆在青少年爱国主义教育中扮演着独特且重要的角色，它依托场馆资源，通过举办丰富多彩的主题教育活动，将名人纪念馆中特殊的教育资源传递给青少年。本文以苏步青励志教育馆为个案，立足陈列展览，点燃学名人之火，搭建活动平台，践学做名人之行。以文创产品为载体，活化爱国主义，加强项目评估，增强爱国主义教育实效，积极寻求名人纪念馆青少年爱国主义教育实践的创新方向。

关键词：名人纪念馆　青少年　爱国主义教育　创新方向

习近平总书记在南开大学考察调研时曾指出，“培养社会主义建设者和接班人，首先要培养学生的爱国情怀”。在培养青少年爱国情怀方面，名人纪念馆具有独特的优势。首先，名人纪念馆是为纪念特定的历史人物而开辟的，纪念对象是对历史进程产生重大推动作用，或是对民族解放或国家发展做出特色贡献，或是在某些专业领域内有崇高历史地位的人物。而这些历史人物的人格魅力和重大贡献，以及所集中体现的人文精神，历来为人们所敬仰和推崇。他们往往就是民族精神、时代精神的象征。其次，名人纪念馆具有收藏、保护、陈列、研究和教育五大职能，其中教育职能更为突出，可以说名人纪念馆的立身之本就是为了研究名人文化和弘扬名人精神，而这些名人往往具备爱国奉献的共同特质。因此，名人纪念馆是进行爱国主义教育的极佳阵地。可通过借助名人的爱国主义事迹展览、爱国纪录片、爱国小故事等形式打造一场爱国主义教育的公开课，培养和强化青少年的爱国主义意识。现如今，有很多名人纪念馆被评为了“爱国主义教育示范基地”，正是国家为了表彰这些场馆在爱国主义教育方面所取得的成效，并以此鞭策他们不断地深入开展爱国主义教育活动，培育民族精神。

苏步青励志教育馆（以下简称苏馆）是平

［1］ 陈婷婷，女，1991 年生，平阳县博物馆（平阳县文保所）助理馆员，主要研究方向为博物馆宣传教育、博物馆展陈。

阳县委、县政府打造的一处青少年爱国主义教育基地，位于浙江温州平阳县腾蛟镇腾带村励志路，占地面积12360平方米，建筑面积4614平方米，2015年12月18日正式对外开放。苏馆在开馆之初被确立为复旦大学、浙江大学、温州大学德育教育基地，经过6年多的运营，荣获“全国科普教育基地”“国家首批科学家精神专题实践教学基地”“中国华侨国际文化交流基地”等诸多荣誉。自2017年获评“浙江省爱国主义教育基地”以来，苏馆始终坚持落实爱国主义教育基地的功能向社会免费开放，年均参观人数达13.1万人次。同时，苏馆加强以青少年为重点的爱国主义教育，不断探索与创新爱国主义教育的形式与内容，以此强化青少年的爱国意识。

一、立足陈列展览，点燃学名人之火

名人纪念馆的陈列展览是衡量名人纪念馆工作质量和学术水平的重要标志。它是在一定的空间内，以名人遗物文物标本为基础，配合适当的辅助展品，按照一定的主题、序列和艺术形式组合而成，进行直观教育、传播名人精神和提供审美欣赏的展品群体。陈列展览是赏析藏品和传播知识的主要手段，是名人纪念馆开展青少年爱国主义教育的主要形式。结合青少年多样化的文化需求，名人纪念馆应基于青少年的心理特点，策划出有利于激发青少年学习兴趣的名人陈列展览。

（一）前言、结语点亮“爱国奋斗”的主题

前言和结语是陈列展览的重要组成部分。前言是对展览内容的阐释，在某种程度上可以是整个陈列展览的浓缩版，以特色的语言风格奠定整个陈列展览的基调；结语是对整个展览内容进行延伸总结，升华中心思想，让青少年观众的认知从感性升华到理性。将展览视为一整套文化产物，分析其内在思路，梳理其逻辑关系，始于有启发性的前言，终于具有说服力的结语，这才能表达出展览的意义所在。

前言是展览的起始，需要快速激发青少年的观展热情。前言文字表述应尽可能精练和朴素，切忌用大段冗长的名人生平事迹来作为展览前言。通常而言，名人纪念馆前言字数应控制在300字以内，既要表达名人的闪耀之处，也要表达策展目的、展览重点及主要展品内容。

远渡重阳，为科学救国的理想刻苦攻读。青年的他功成名就，却毅然返回战火纷飞的祖国。古稀之年，他仍然为祖国的教育事业倾注自己的全部。从平阳乡野中的放牛娃，成长为世界著名的数学家。他用自己的一生，走过了从平凡到伟大的路程。中国现代数学的奠基人之一——苏步青。

苏馆的前言文字充满力度且富于情感。首先，文笔精练地按照苏步青成长时间线，总结了苏步青的主要光辉事迹；其次，将苏步青与祖国振兴紧紧联系，突出苏步青的责任感，而后将苏步青的定位放至整个世界范围。仅134字，便将名人特性、展览主旨都一一展现了出来，是一段比较具有代表性的展览前言。

展览结语同样重要，以青少年为教育对象的优秀展览结尾，不仅要呼应前言，而且要升华内容，给青少年带来启发，引起思考。

卧牛山下农家子，牵牛去耕天下田。东京地震连天火，从此弃工改学数。衰鬓布衣归祖国，同甘共苦为民仆。老来尝尽风霜味，马枥空怀千里志。待得神州四化时，重上卧牛寿一卮。

结语摘抄自苏步青的诗作《卧牛山谣》，以一种苏步青自我剖析的表述方法强化展览主题，再次加深观众对主题人物的认知。该结语既呼应前言里的苏步青农家子、数学家的身份，又用“弃工改学数”“同甘共苦为民仆”等对主题名人的主要精神进行升华，折射出贯穿苏步青一生的重要精神品质是爱国主义，是兼具思想性和艺术性的展览结语。

（二）展览内容突出名人的爱国精神

展览内容不在于多，而贵在“精”。布满了图片、文字说明的展览，密密麻麻，易使人产生疲劳感。加之青少年本身接受知识的能力有限，要求他们在观展的有限时间里对名人的生平、事迹都印象深刻是十分困难的。因此名人纪念馆展览内容的设计在把握突出“人”这个中心外，还应该努力突出名人最重要的几个爱国节点，着重提炼名人的爱国精神实质。苏馆为突出苏步青的爱国精神，展出了两个事迹：其一是1931年3月苏步青获得日本东北帝国大学理学博士学位，时值祖国政局动荡，苏步青毅然拒绝日本亲朋的挽留和日本东北帝国大学对他留校任教的聘请，回归报效祖国；其二是在浙江大学西迁湄潭期间，苏步青在山洞、破庙里废寝忘食坚持教学科研，在暗淡的桐油灯下写出高质量的学术专著《射影曲线概论》。这两个事迹在反映苏步青爱国精神时，从苏步青经历的挫折与艰难及其自身勤奋的角度出发，告诉青少年“成长为一代名人靠的是后天努力，而不是天赋意识”，既能拉近名人与青少年的情感，又能激励青少年学习这种精神品质。

（三）丰富陈列形式吸引青少年

好的陈列形式能发掘青少年心理特征、年龄特征，充分调动青少年的积极性和参与性。心理学研究表明，人们从视觉获得的知识能够记忆25%，从听觉获得的知识能够记忆15%，两者综合能够记忆知识的65%。名人纪念馆在展陈设计中，若能巧妙运用声、光、电技术，使观众形成听觉、视觉乃至触觉等多感官的体验，将会加深青少年观众的参观印象，从而深化参观效果。

在视觉方面，苏馆使用场景复原艺术，复原苏步青在复旦大学的书房和卧室，里面陈设着简单的木床、陈旧的书桌和一盏古朴的煤油灯。青少年来到这里，睹物思人，抚今追昔，仿佛看到了一名老师如何在这里践行“满案薄书双睡眼，毕生事业一教鞭”的情形。它不但还原了特定时期的历史和人物，还能充分表达历史内涵，高度概括苏步青的气质。

在听觉方面，苏馆设置了“抗日战争时期浙江大学西迁”的路线图，并配以此起彼伏的机枪扫射声、导弹划过空中的声音，同时播放朗诵苏步青那时期创作的诗：“三年海上不能忘，六载湖滨乐未央。国破深悲非昔日，夷来莫认是同乡。遥怜儿女牵衣小，无奈家山归梦长。且住江南鱼米地，另求栖息费思量。”让青少年能轻松融入这样的爱国主义氛围。

在触觉方面，应用IVR技术，利用专业级的头盔把观众的视觉、听觉及其他感觉统合起来，使青少年身临其境地感受苏步青在艰苦条件下科研与生活的情景，通过动静结合、虚实相接，大大增强互动性。

二、搭建活动平台，践学做名人之行

理论与实践的统一，是马克思主义最基本的原则之一。名人纪念馆教育的最大优势在于它是带有情境体验的学习方式，能够结合馆藏实物和情境体验进行实践。名人纪念馆的活动平台是青少年践行知行合一和培养综合素质能力的一个重要且有效的途径。名人纪念馆要立足于本馆的文化和资源优势，通过搭建一个广阔的平台，让青少年置身于优秀人物和他们崇高事迹所营造的环境中，对青少年实施潜移默化的影响，感召青少年去学习和践行名人的爱国精神，从而实现爱国主义教育的目的。

（一）“请进来”，充实爱国主义教育的内涵

名人纪念馆必须化被动为主动，增强主动服务意识，充分利用馆内阵地资源，通过开展特色的教育活动，将青少年“请进来”；在活动中渗透名人爱国的教育理念，让青少年时时处处沉浸在名人爱国主义精神的氛围之中。方式大约有以下几种。

1. 结合名人纪念馆主题事件或名人各种纪念日开展活动

苏馆以苏步青诞辰纪念日、开馆周年纪念日为主线，举办苏步青爱国诗词朗诵活动、苏步青精神研讨会等；同时，创新活动形式，激励青少年积极参与学做名人实践活动，体验学做“名人”的成功感。在活动中，我们把“讲读、写编、比评”作为主要形式，形成了“知名人、学名人、做名人”的阶梯式发展平台。

讲读，即先通过读苏步青生平事迹和走访苏步青故居、苏馆，了解名人事迹和成长轨迹，再讲述他的成长故事，体悟他获取成功的优秀品质和精神内涵；写编，即写学习心得体会，连续举办五届“弘扬步青精神·传承历史文脉”征文活动，并把优秀作文编纂成册送给青少年，引导其向名人学习；比评，即“讲好苏步青故事”评选活动，每年推陈出新，宣传名人事迹，树立名人典型，形成名人教育系列主题活动。

2. 组织学生走进名人纪念馆，通过参观、瞻仰、缅怀等形式使学生接受爱国主义教育

苏馆面向全市学生开展“名人轶事知识有奖竞答”活动，发放万份宣传册，吸引学生走进名人纪念馆，观看“苏步青生平事迹”展览，倾听苏步青“立志成才”“科学报国”等故事，感受苏步青的励志人生。在五四运动100周年之际，我们组织本地中小学生举行入团仪式，将参观苏馆作为一次生动的主题团课，并向学生推出红旗绘画、爱国主义手抄报等特色活动，提升青少年的爱国情怀。

3. 长期为青少年提供社会实践平台

名人纪念馆应结合学校教学目标和课程目标，在保证趣味性的前提下使教育资源和教学目标相契合，为青少年量身打造社会实践课程；应注意在课程导入环节做到引人入胜、发人深思，同时保障实践过程生动形象。苏馆以场馆特色资源为立足点，精心打造了寓教于乐的研学路线：联安桥—苏步青故居—苏馆—亭子古街—棋王碑林—雳山园—数学奥妙体验馆。苏馆讲述名人刻苦求学故事，奥妙馆展示奇妙的数学王国，卧牛山户外拓展营地使人在游览中趣味解题，棋王碑林和雳山园中人们可接受爱国主义教育，等等。这些景点串联起来让人沉醉其中、流连忘返，尤其适合青少年参观游玩，整条路线给广大青少年送上了一堂生动的爱国主义课。同时，配套推出“励志修身”“爱国奉献”等课程试讲和情景演绎试演，丰富学校教学形式，让苏馆真正成为爱国主义教育基地。

（二）“走出去”，延伸爱国主义教育阵地

2018年国际博物馆日的主题是“超级连接的博物馆：新方法、新公众”。全球联络网变得日渐复杂、多元和融合。在超级互联的今日世界，名人纪念馆也融入了这一潮流。在新时期，如果名人纪念馆还在坚守馆舍，而没有以更加多元、开放的态度去拥抱新变化、新思维，这样的名人纪念馆必定是不能高质量发展的。因此名人纪念馆在做到“请进来”的同时，也应实施“走出去”战略，增强其作为爱国主义教育基地的辐射力，扩大其影响面。

1. 送文化进校园

名人纪念馆举办巡展是“走出馆门，服务青少年”的重要宣传教育形式之一，也是一种简单有效的教育模式。名人纪念馆要以巡展为手段，为青少年量身打造的“公共文化服务校园行”，将名人纪念馆搬到了校园里，通过临时展览、讲座、手工DIY互动等方式，让学生们在轻松活跃的气氛中接受爱国主义教育。苏馆将“苏步青一生风雨任‘几何’”临时展览送进本地的10所学校，展览内容以反映苏步青勤奋爱学、科学救国的故事为主，让学生直观地感受苏步青精神；在中国共产党成立100周年之际，推出“苏步青——此身到老属于党”专题展览。

2. 开辟网上教育阵地

数字虚拟博物馆已逐渐成为开展网上教育的重要阵地。世界上许多著名博物馆还专门开设了青少年教育版块。如大英博物馆首页上设有为各个年龄层次的学生提供的“教育单元”，3~6岁、7~11岁、11~14岁、14~16岁、16岁以上，为孩子们了解博物馆及相关知识提供专门园地。名人纪念馆可借鉴该种模式，充分利用数字虚拟打造青少年版块，为青少年提供在线专题展览和在线教育活动等。苏馆打造掌上苏馆（云展厅），设有VR展厅导览、藏品鉴赏、活动精彩回顾等模块，全面展示线上苏馆。温州大学步青学区有位学生在浏览了我们的掌

上苏馆后留言："看到贵平台有如此丰富的苏步青资料，真是喜不自禁。我正在撰写一篇有关苏步青的论文，找了很多的图书馆和资料室，但都比不上贵平台提供的资料丰富，太好了。"名人纪念馆以网站形式走出去，打破时空的限制，使之成为实体纪念馆的补充，成为青少年爱国主义教育又一重要的互动平台。

3. 开展赠书活动、拍摄纪录片

一直以来，通俗易懂的科普读物和连环画册都深受青少年喜爱。为了使青少年能更加形象、更加系统地了解和掌握名人纪念馆的爱国主义教育内容，加深参观印象，同时也为了扩大爱国主义教育宣传，编写教材和介绍重大历史事件及名人高尚品质的连环画册、故事书并开展赠书活动成为另一重要的教育手段。苏馆授权再版了《温州历代名人故事（二）——苏步青》漫画书、《小溪——苏步青的故事》等图书，并开展了"三送六进"活动，将这些图书赠送给青少年，这些书籍为他们进一步了解苏步青的光辉思想和崇高品质提供了一种新的介质。此外，还可以借助纪录片等形式"走出去"。纪录片对真善美的表达，以及提升纪实美学的审美感染力、先进文化内外传播优势及传达主流价值观的优势，能够为青少年提供丰富的影视教育教学资源。像《鲁迅之路》《走近毛泽东》等人物纪录片，对青少年的世界观、人生观和价值观具有积极的引导作用。因此，名人纪念馆应充分利用名人的这些资源，结合文物资料，以纪录片的形式将名人的爱国故事娓娓道来。苏馆协助中国文学艺术界联合会、中央广播电视总台等单位联合摄制了大型系列人物传记纪录片《百年巨匠——苏步青》，多角度展现了中国著名的数学家、教育家苏步青的人生历程和学术造诣。该纪录片于 2021 年 5 月 28 日起，在各大卫视及网络平台联合播出。名人虽已故去，但一段段真实的影像、一张张老照片，会将观众带回苏步青的年代，让观众感受他的精神品质。

三、以文创产品为载体，活化爱国主义

名人纪念馆的文创产品是指名人纪念馆结合自身馆藏文化资源的文化特征与文化符号，通过与文化创意产业的结合，将创造性思维与馆藏文化进行结合，将文化和创意思维这两种抽象的意识相统一并整合成带有名人纪念馆文化特色的创意产品。名人纪念馆作为社会教育机构，无论采取何种形式进行文创产品的设计与开发，都是为了弘扬名人精神，因此要将社会效益作为首要目的和第一原则。将爱国主义融入文创产品，使文创产品以一种更易被接受的方式走进青少年的视野，既能满足青少年对新鲜事物的追求，又可以延续名人纪念馆的教育职能。

（一）结合地域特色

名人纪念馆文创产品的第一属性是文化，其次才是产品。文创产品的研发一定是基于馆藏文物的，而大多数名人纪念馆文物资源是有限的，珍贵的文物更是凤毛麟角。如何利用有限的文物发展文创产品，使之成为名人纪念馆的一个亮点？名人纪念馆往往是一个城市文化的名片甚至是一个城市的标志，它体现的是所在区域的名人效应、人文精神和政治地位。每一个名人纪念馆都是当地人文情怀的传承者，其藏品往往会蕴含着地域文化特色。因此，文化创意产品在设计中可以融合当地的文化旅游特色。苏馆所处的平阳县腾蛟镇，是浙江省历史文化名镇，拥有丰富的文化旅游资源。苏馆利用好当地的资源，开发出了以腾蛟爱国名人为特色的旅游文创产品，将名人爱国精神、地域特色转化为了青少年观众喜爱的文创产品。例如文创产品"书签"，其设计为四个象限，分别刻字"东京地震连天火，从此弃工改学数""衰鬓布衣归祖国，同甘共苦为民仆""寇虏无端兴鼓鼙，困穷八载甘如荠""梦里家山几十春，清风两袖无纤尘"。轮回的象限铺满了人生路，并且在书签外包装印上苏步青故里风景图。这些文创产品可以激发青少年的爱国热情，这正是文创产品的价值所在。

（二）保证实用性兼具经济性

精致、实用的文创产品才更有价值，也是商品销售数量的保障。对于青少年群体来说，他们更愿意接受在日常生活和学习中能够用到的这类参与性强的体验性消费。青少年在反复的使用过程当中既可以延长自身对文创产品的体验经历，又可以强化消费文化的快乐感受。同时，要意识到价格是影响消费者购物决策的关键因素之一，因此，对文创产品进行定价时要充分考虑到青少年群体的消费水平。青少年属于名人纪念馆进行文创产品交易的重点对象，因此以青少年为主要受众的文创与展览周边等产品的价格要偏低。苏馆基本陈列中有一件“为学应须毕生力，攀高贵在少年时”的书法作品，这是1980年国庆前夕苏步青赠给青少年的两句话，他希望青少年都能用功学习，在治学上取得优异的成绩。这两句话很励志，因此可以尝试以这件文物所蕴含的文化元素为依据，设计多种形式的文创产品，如书签、笔记本、优盘等学习用品。这些文创产品，可以时刻提醒青少年奋发向上。此外，要进行分档定价以满足不同人群的需求，对青少年群体可以进行适当的价格倾斜。苏馆针对中老年受众群体的具有收藏价值的高档艺术品的价格控制在100~1000元，日常生活用品集中在10~150元。考虑到青少年群体的消费能力，适合青少年使用的文创产品的价格范围集中在5~10元。

（三）拓宽营销渠道

在新的文化消费环境下，名人纪念馆发展文创产品最为关键的步骤是做好营销宣传和拓宽推广渠道，可以借助各种宣传和购物平台，以优秀的文化符号和多元化品牌形象来获得观众的青睐，以此提升文创产品的认知度和市场竞争力，通过对文创产品的营销，将名人纪念馆的历史文化信息传播出去。

1. 新媒体推广

相比传统媒体，新媒体的可操作性更强。可利用微信、抖音等新媒体对产品进行推广和营销，帮助名人纪念馆“扩圈”和“破圈”，获得更多的观众流。目前微信的用户已达到7.6亿人，名人纪念馆可尝试以微信小程序作为载体，利用图文、动画、游戏等形式宣传文创产品；也可向故宫博物院学习，与抖音、淘宝、拼多多等当前比较热门的购物平台合作，实行线上销售。故宫博物院在淘宝上开辟“故宫淘宝”，截至2022年5月13日，该店铺圈粉已超829万人，“来自故宫的礼物”已蝉联该店榜首7天，故宫画神手链、宫猫手账、勤政亲贤手机支架等都是爆款，取得了不俗的销量。

2. 建设“最后一个展厅”

国内名人纪念馆的文创商店大多是单独设置在出入口处，与展厅区域隔开，文创产品信息与展览内容不够连贯，也丧失了一个更好诠释展览的途径。因此，名人纪念馆不妨构建“最后一个展厅”，在展厅动线尾端或者展厅出口增设文创微型商店，要求文创产品能够与该展厅陈列内容相契合。青少年观众在参观完主题展览后，会产生购买文创产品的欲望，以文创产品的形式将名人纪念馆的“文化”带回家，能够加深对展览主题的理解并留下纪念。

四、加强项目评估，增强爱国主义教育实效

综观各大博物馆、名人纪念馆，可以发现其主要集中于日常运营管理，在教育项目上侧重项目的开发和策划，但忽略了更重要的评估。名人纪念馆应在每场主题教育项目方面建立起有效的评估。每一个青少年爱国主义教育项目都应从策划方案落地、执行效果、创新程度及青少年群体影响力等多个方面来一一评估与总结。把每个项目效果量化之后，能够发现存在的优点和不足，其将对以后的青少年爱国主义教育的系统化和特色化带来极大的改善。

1. 从需求的角度

对教育项目进行前期评估，通过问卷、访谈等方式了解不同年龄青少年对名人纪念馆教育的需求。可针对小学、初中、高中等不同学段和学生、教师、家长三类群体，分别制定调查问卷。在实施调查活动中，可以请学校协助发放和回收调查问卷；在名人纪念馆的各咨询台、展厅门口开展随机问卷调查；到学生、家长密集的图书馆、培训机构等场所发放调查问卷；通过设立展厅留言板、开辟网络调查通道等形式展开全面的调查。对问卷调查结果进行数据分析和动态研究，形成系统的调研报告，全面了解青少年的需求和态度，并以此作为教育项目策划的指引，切实提高名人纪念馆爱国主义教育的针对性和品牌质量。

笔者以苏馆“小小讲解员夏令营”为例，针对此次拟开展的教育项目进行需求分析，对前来参观的家庭观众开展问卷调查。在获得的100份参观家庭观众有效样本中，关于年龄，主要是7~20岁的青少年，陪同的家长以三四十岁居多。关于居住地，来自温州市内的家庭数量最多，占85.29%，这表明参观距离是影响家庭观众现场参观的重要因素之一。关于教育项目的了解途径，有一半多的家庭观众是由学校老师推荐而来的，其他是通过官网资讯、电视新闻、亲朋推荐而来。以家庭为单位的参观往往是多目的的，“培养孩子学习兴趣”“学习知识需要”“完成孩子学校作业”名列前茅，共占87.16%。同时，对项目开展可行性分析。根据“小小讲解员夏令营”教育项目可行性报告，我们得出该项目具有较强的可行性的结论。因此，对项目进行的提议，经过主管领导及部室主任的讨论研究，批准实施。

2. 从可持续性的角度

名人纪念馆应建立一套考核体系，用来评估和调节教育项目，以此衡量教育项目是否具有生命力和延伸性。

第一步是验收。判断该教育项目是否达到预期值、是否按照方案实施。如苏馆“小小讲解员夏令营”的验收工作的主要评判指标为项目是否按时进行、物资使用情况是否明确、各类资料记录是否齐全等。

第二步是开展效果评估。主要针对两大类人群进行：针对教育项目的实施人员，需评估他们在项目实施过程中各自职责及工作任务的执行及完成情况，该部分评估需由团队内部测评及外部专家评价组成；针对参与教育项目的受众对象，从青少年的满意度、自身改变、影响力，以及教育活动的内容形式、创新性、青少年参与数等层面来制定评价指标。通过汇总分析，找出教育项目开展过程中存在的问题并提出对策加以改进。之后将教育项目的材料、评价材料及结果进行分类存档，以备与改进后的活动进行对比。如此往复，及时发现青少年爱国主义教育工作中的各种不足，并积极进行应对和改进，名人纪念馆的青少年爱国主义教育将实现可持续发展。

五、结语

爱国主义精神是中华民族精神的重要组成部分，名人纪念馆是宣传爱国主义教育的重要载体，对提高青少年的思想品质有着非常重要的辅助作用。现在大部分名人纪念馆都被授予了“爱国主义教育基地”的荣誉称号，这些有能力且有义务让更多青少年接受爱国主义教育的纪念馆，需要走出一条为自己量身打造的有特色的爱国主义教育道路，为实现中华民族伟大复兴而努力奋斗。

注释：

［1］张玉伟. 如何提高陈列展览的水平［J］. 黑龙江科技信息，2011（24）：146.

［2］牛泽坤，王壮. 博物馆图书出版的现状及发展策略探析——以中国国家博物馆为例［J］. 出版广角，2018（6）：40.

陶瓷教育课程在博物馆中的设计与实施

蓝旻虹

内容提要：陶瓷教育课程是博物馆社会教育课程的重要组成部分。在现有条件下，博物馆要充分利用已有的古陶瓷资源，尤其是古陶瓷标本，建立适应自身发展的完整陶瓷教育课程体系，应涵盖陶瓷工艺、艺术、人文等各个方面，真正让古陶瓷这一承载着人类文明之光的物质，在博物馆转变成大众教育最好的历史与艺术教材。

关键词：陶瓷教育　博物馆　设计理念

一、博物馆开展陶瓷教育课程的缘起

陶器和瓷器是一般综合性博物馆收藏中的大宗藏品，是目前考古出土数量最多的文物类别之一。在博物馆开展陶瓷教育课程，是注重实物教学的体现。通过近距离观察古代器物，人们能够最大限度了解与学习中国古代传统制瓷工艺，感受造物之美。国内大部分博物馆很早就开展了与陶瓷相关的社会教育活动，一般以大家所熟知的陶瓷艺术教育为主。现代意义上的陶艺教育发端于欧美，并形成了一套完整的教学体系，但是单纯的陶艺教育无法担负起传承与弘扬中国优秀传统陶瓷文化的重任，也没有体现出自身博物馆的教学特色，在陶瓷传统和现代工艺方面的教学稍显薄弱。

笔者认为的陶瓷教育课程，涵盖的范围应更广，不局限于简单的陶艺教育，陶瓷人文、艺术鉴赏、陶瓷绘画、陶艺活动等都应该纳入课程，统一设计和实施。目前国内博物馆与陶瓷相关的教学活动主要针对中小学生，往往由社教员主导和设计。限于学科背景等方面的原因，一方面，课程设计相对单一，陶瓷工艺与艺术、人文教育结合不够紧密；另一方面，博物馆（考古所）古陶瓷教学资源尚未得到充分利用。在教育活动日益丰富的今天，需要提升博物馆相关课程的合理性，充分发扬博物馆馆藏古陶瓷资源的优势，让更多的人通过博物馆陶瓷教育课程了解中国传统艺术与工艺，获得通俗易懂的知识，从而达到传承中华优秀传统文化的目的。

二、国内博物馆陶瓷教育课程的现状

教育是博物馆活动的目的之一，陶瓷类别的社会教育活动在国内大多数博物馆都有开展，但限于场地、人才、安全等方面的原因，陶瓷教育课程的设计和实施大都存在一定的局限性，导致了包括教育群体窄小、课程吸引力不足等一系列问题。河北博物院和杭州南宋官窑博物馆这两所文博机构是两所陶瓷器馆藏丰富的大馆，其中河北博物院以收藏省内著名窑口如定窑、邢窑、磁州窑、井陉窑的产品及河北省境内出土的各类名瓷著称。杭州南宋官窑博物馆则是一座遗址博物馆，是在南宋御窑遗址考古发掘后建立的一个专题博物馆，专门展示南宋官窑瓷器。如何利用好馆藏陶瓷资源开展陶瓷教育活动？在课程设置上该有着怎样的思考？带着问题，笔者对这两座博物馆进行了实践观察。

河北博物院是国内开展陶瓷教育培训较为完善的文博机构。河北历代窑口众多，因此河北博物院常设展览中有“名瓷名窑”的基本陈列。凭借着丰富的陶瓷馆藏资源，依托比较固定的场地，河北博物院引进陶瓷专业人才，很早就开设了陶瓷教学课程，根据馆藏陶瓷藏品，设计了不同类型的课程，除了中小学陶瓷教学课程以外，还针对社会上成年人开展教学活动，培养了一批热爱中国传统陶瓷文化的群体。其中“快乐手工坊·体验传统陶瓷艺术”系列课程融陶瓷精品赏析、陶瓷历史溯源、陶瓷制作体验于一体，通过手工捏塑、泥条盘筑、拉坯成型、素胎装饰、釉下青花、釉上彩绘、综合创作等层层递进的系列课程（图二、图三），让参与者在亲身体验中增进对陶瓷文化的了解，感受陶瓷艺术千年不息的文化魅力。

杭州南宋官窑博物馆早在 1999 年就设立了专门的“陶艺培训中心”。2006 年博物馆二期改扩建，中心建筑面积 306 平方米，包括陶艺多媒体教学区、捏塑区、拉坯区、服务区等，常设体验项目主要有拉坯、捏塑、彩陶、彩绘等。值得关注的是，其承办的杭州市中小学陶艺大赛连续成功举办多届，已成为弘扬陶瓷文化、促进中小学生全面发展的一项品牌活动。以上两馆基本可以代表国内博物馆陶瓷教育培训的整体水平，根据馆藏陶瓷器特色，形成了自身教育培训体系。

图一　河北博物院教育人员介绍揉泥方法

图二　河北博物院参训人员体验拉坯技艺

三、博物馆陶瓷教育课程存在的问题

1. 自身定位认识不清

博物馆围绕自身的陶瓷器藏品开展的教学活动，与普通社会陶吧、高校文博艺术教育机构最大的不同在于有着无可比拟的实物支撑。博物馆不仅仅是文物的收藏单位，更应该是研究机构。尽管目前大多数博物馆未被纳入科研事业单位序列，但研究性博物馆建设的脚步从未停止。如果意识到自身的科研属性，那在博物馆陶瓷教育课程的设计与实施上，必然要注重与一般陶艺教学的区分，而不是亦步亦趋，忽视了本身的研究教学属性。所以笔者在调研中一直强调的是博物馆陶瓷教育课程，而非简单的陶艺教育。但事实上，包括笔者调研的两所博物馆在内，大部分博物馆都在课程设计上更多地倾向于简单的陶艺教育，尚未真正整合博物馆研究力量设计出符合博物馆特色的教学体系。相关学者在研究古代陶瓷器物时，关注

的角度更多元化，涉及陶瓷胎釉原料的制备、窑炉烧成，以及陶瓷制作、装饰艺术、陶瓷贸易各个方面。把学者的研究成果转化成普适的博物馆教学课程，才是博物馆作为科研单位应该有的社会责任。

2. 博物馆陶瓷标本资源利用率不高，未建立系统的标本教学体系

博物馆对陶瓷标本的重视与利用程度仍远远不够，不是将其束之高阁，就是在考古工作中将其丢弃。事实上，陶瓷标本尤其是成体系的标本库，有着不可替代的作用。正如有学者说，多数陶器、瓷器历经岁月沧桑和兵荒马乱后粉身碎骨多与泥土为伴，完整器则被人视为珍宝，陈列供后世欣赏。纵观浩瀚如烟的古代陶瓷，“陶瓷标本”从未被像现在这样备受青睐。阅读碎片可以由一斑窥全豹，为我们触摸历史、追根溯源架起一座桥梁。通过碎片同样可以了解精美、珍稀的中国古陶瓷的历史文化和工艺发展过程，同样可以感受到古人的工匠精神，了解其包括的文化内涵、人文精神。陶瓷标本大多无法修复成完整的器形，但透过标本，可直观感受到器物之美，近距离观察细节，在亲手触摸中与历史对话。同时标本也是文物鉴赏与保护、文物修复体验等课程最好的教学材料。不同于一般的现代陶艺教育，博物馆的陶瓷教育课程应该重在体验古代陶瓷的制作工艺，复原古代陶瓷的生产过程，让受教者从实践操作中感知中国陶瓷文化的博大精深。

3. 硬件设施不足和专业人才缺乏

课程对场地的要求较高，尤其是要有窑炉等相关设备。尽管现在的烧成设备在向小型化、电力化发展，易于推广和使用，但考虑到安全等方面的原因，很多博物馆选择了放弃或者联合社会陶艺机构烧制成品，这不利于陶瓷教育课程在博物馆中的开展。同样，古陶瓷标本教学室的建立，也需要有足够固定的空间。此外陶瓷专业人才相对缺乏，更是影响了课程的设计和实施。

四、设计具有博物馆特色的陶瓷教育课程

1. 对自身陶瓷器藏品和标本有充分的认知

陶瓷教育课程的设计高度依赖馆藏陶瓷器，这样才能体现博物馆的教学目的与特色。所以在设计课程之前，必须对自身的馆藏有着清晰的认识。以笔者所在的镇江博物馆为例，其馆藏陶瓷器大部分来源于历年镇江地区考古出土，从先秦时期的印纹硬陶到宋元明清各个窑口的瓷器，有着浓郁的地方特色。丰富的馆藏为我们课程的设计和实施提供了基本的素材。我们有大量的景德镇窑宋代青白瓷标本，能够反映一千多年前的刻花、划花工艺和温润如玉的质感，有名贵的元代青花、釉里红瓷器标本，有大量明清的青花瓷残片，纹饰丰富多样，涉及山水、人物、花卉，是学习中国传统纹样装饰的宝库。此外，宋代的吉州窑、建窑黑釉瓷，尤其是大量的茶盏的出土，折射出了宋代镇江的饮茶文化。定窑的白瓷、龙泉窑青瓷等，都见证着城市过往港口水运繁忙的光景。

2. 专业人士介入，树立社会教育员理念

开展该课程的意义，是让科学的理性思维与艺术、历史文化充分交融。因此博物馆社教理念的更新，是保证陶瓷课程设计与实施成功的关键。具体课程的设计与实施都离不开博物馆、高校及社会上其他专业机构人才的交流与沟通，应注重听取专业人士的建议。专业学者的学科背景包括却不局限于陶瓷考古、文物鉴定、科学技术史、美术史论、陶瓷艺术、艺术设计等，每个学科都可以在古代陶瓷文明中碰撞出新的火花。同时馆内要树立人人都是社会教育员的理念，加强各部门间的业务合作，为课程的设计出谋划策。

3. 建立古陶瓷标本教学室

如何对待破损的古代陶瓷碎片？答案已经很明确，建立古陶瓷标本室，让古陶瓷标本系统化保存，使其在课程教育中发挥出独有的作用。古陶瓷标本日益成为一种稀缺资源，在民间有古瓷片收藏爱好者大量收藏。博物馆一定要注重对古陶瓷标本的收集、整理与利用。在

高校中类似的工作开展得比较早，在全国各地陶瓷主产区和拥有无机材料专业的高校，大多进行了古陶瓷标本的收集与整理，并建有各自的教学标本室。以南方科技大学为例，在其标本陈列室（图三）中，上千件陶片整齐地码放在专门定制的可抽拉透明玻璃展柜中。

图三 南方科技大学考古陶瓷标本室

除此之外，在有限的空间内多组展柜还围绕釉色多样性、装饰技法、装烧工艺、窑具等进行专题展示。他们的标本大都来自国内同行院所的支持。而博物馆相对高校更容易获得古陶瓷标本，如果博物馆能够将陶瓷残片标本作为一种文化资源保存，进行全面、系统、科学、有计划、有目的的收集、整理，建立区域性乃至全国性的古陶瓷教学标本室，并进行展示与利用，展开与高校的合作，进行文物艺术品鉴定、文博考古等专业的合作教学，将是一项开创性工作。古陶瓷标本可以作为将来博物馆藏品的一个重要组成部分，一方面可以为博物馆和相关交叉学科的发展建设培养人才，另一方面可以增加博物馆的社会影响力。

五、结语

从博物馆陶艺课程扩展到全方位的陶瓷课程教育，不仅是对已有陶艺课程的补充，而且是对古陶瓷藏品设计课程体系更加全面与系统的认识。博物馆拥有大量标本资源，应该发挥其在教育工作中的作用，真正实现博物馆古陶瓷教学资源的充分利用，实施课程设计所展现的博物馆方案。

参考文献：

［1］吴晓力．博物馆陶艺教学资源的发现与拓展初论［J］．杭州文博，2007（2）：114-116.

［2］宋雪，李玉．基于博物馆工艺美术资源校馆合作教学探索［J］．湖北科技学院学报，2018（6）：115-118.

［3］施方也，昝辉．面向素质教育的高校公选陶艺教学探究与实践［J］．实验技术与管理，2019（8）：230-233.

中小型博物馆文化创意产业的SWOT分析和发展策略研究

——以镇江博物馆为例

刘世发[1]

内容提要：当前经济全球化的背景下，我国博物馆事业的发展面临着新的机遇和挑战。发展文化创意产业是当前博物馆的主要业务工作之一，也是博物馆发挥公共文化服务职能的有效手段，在博物馆探寻良性发展的道路上发挥着关键作用。博物馆盘活文物资源、发展文化创意产业时需引入市场机制，利用SWOT分析法加以研究，制定科学合理的发展策略，可有效推动文化创意产业的发展。

关键词：中小型博物馆　文物　文化创意产业　SWOT分析

2015年2月，国务院发布《博物馆条例》，鼓励博物馆挖掘藏品内涵，增强活力，发展文化创意产业。2016年5月，国家文物局、财政部等多部门联合出台《关于推动文化文物单位文化创意产品开发的若干意见》，积极推动文化文物单位发展文化创意产业，文件的出台充分调动起了博物馆发展文化创意产业的积极性。2016年年底，江苏省人民政府办公厅印发《省政府办公厅关于做好文化文物单位文化创意产品开发工作的通知》，部署了文化文物单位文化创意产品开发工作。镇江博物馆成功入选文化创意产品开发试点单位，在产品开发模式、收入分配激励机制、营销与管理等方面进行了探索。本文将以镇江博物馆为例，对中小型博物馆文化创意产业发展进行SWOT分析，并研究其科学合理的发展策略。

一、中小型博物馆文化创意产业发展现状

博物馆文化创意产业具有产品类型丰富、形式多样、内涵丰富、地域文化性强等特点，堪称博物馆的“最后一个展厅”，是博物馆事业发展的新趋势。中小型博物馆在发展文化创意产业方面存在着起步晚、经验少、人才和资金等要素投入不够、政策保障不足等诸多难点和堵点。在实际运营和操作层面，产品结构单一、同质化现象严重、缺乏特色、种类不够丰富、销售渠道不畅通等都是中小型博物馆常见的发展现状。

镇江博物馆为发展文化创意产业采取了多

[1] 刘世发，男，1989年生，扬州中国大运河博物馆文博馆员。研究方向：博物馆事业发展、陈列展览、社会教育等。

项举措。一是专门成立了产业发展部，立足馆藏文物资源，与优秀企业或工艺美术家合作设计开发了数十种符合市场需求、融合地方历史文化元素的文创产品。二是依托江苏省博物馆商店联盟这一专业的联盟平台，设立“博苏堂”镇江博物馆商店，融入全省文创网络体系，充分调动和运用全省文创资源。三是积极参加博物馆行业内的文创培训和展示展销等活动，积极与国内外同行学习交流，积累经验、融入市场。作为一家中小型博物馆，镇江博物馆立足馆藏特色，创立起了以“杏园雅集”主题为品牌的文创产品，摸索出了一条有效的产品开发路径，基本实现了文化创意产业发展的特色化、品牌化和模式化。

二、中小型博物馆文化创意产业的 SWOT 分析

作为企业参与市场竞争的营销基础分析方法之一，SWOT 分析法通过对企业的优势、劣势、机遇和威胁因素进行分析，继而据此制定出相应的科学发展策略。中小型博物馆谋求文化创意产业发展时应充分运用 SWOT 分析法进行全面、系统、准确的研究，找到一条适合自身的文创发展之道。

（一）中小型博物馆文化创意产业发展的优势因素

中小型博物馆作为文物收藏、保管、研究和社会教育的机构，拥有第一手的文物资源，这类文物大多具有鲜明的地方特色，是博物馆发展文化创意产业、开展业务工作的重要基础。如镇江博物馆拥有 3 万余件（套）馆藏文物，数量众多，种类全面，吴国青铜器、唐代金银器、明清书画、清宫瓷器等品类文物极具特色，依托此类资源，镇江博物馆开发出“杏园雅集”“京江二十四景”等主题系列文创产品，设计出“古吴神韵——镇江出土吴国青铜器精品展”“古韵茶香——镇江博物馆馆藏历代茶具精品展”等原创精品陈列，推出了“走进家乡文物——文博展览进校园”“金戈铁马话古吴”微视频等社教精品项目，基本实现了博物馆文创产品的多元化、特色化和精品化。

此外，中小型博物馆组织机构设置比较简单，不烦冗，部门联动性强，人力资源调配便捷，容易集中力量办事，有利于增强工作实效，助推文化创意产业更好更快发展。

（二）中小型博物馆文化创意产业的劣势因素

1. 政策保障不足，标准体系建设不充分

国家和地方都出台了一系列文件鼓励和推动博物馆文化创意产业发展，但在下行过程中，贯彻和执行的效果不如人意，部分地方政府和文物主管部门囿于财政、编制、体制机制等诸多复杂因素无力大幅度改变的现状，在博物馆文创运营模式、收入分配机制等方面难以实现政策创新，一定程度导致了博物馆行业呈现出“只见口号，不见成效”的普遍现象。同时，目前博物馆行业还未有统一、规范的文创指标评价和工作规范标准，博物馆发展文化创意产业实效难以评估，缺乏行业标准。

2. 购买主体发生变化

近年来，我国礼品市场发展萎靡，文化创意产品的发展在一定程度上受到了冲击。2014 年以前，镇江博物馆的文创产品购买主体主要为政企单位，特点是单次购买量大，单价高，回购率高。2014 年以后，购买主体主要是参观的游客，特点转变为单次购买量小，单价偏低，回购率低。市场购买主体发生了巨大变化，博物馆文化创意产业的发展受到一定影响。

镇江博物馆针对近年来消费群体的情况进行了分析（表一），依此情况，相应调整了文创产品的种类、结构和价格，开发了“京江二十四景扇子”“银质佛卡”“唐人写经册页”等中低端价位的文化创意产品，这些产品采用的文物元素丰富，能满足大部分游客的实际需求。在此基础上，依托江苏省博物馆商店联盟平台，镇江博物馆设计生产了大量文创钥匙扣、明信片、挂坠等物美价廉的产品，使得产品种类更加丰富，价位更具有吸引力。同时，针对购买力较强的群体也推出了档次较高的“京江二十四景纪念邮册”“杏园雅集图礼盒” 等产品。

表一 镇江博物馆文创产品消费群体情况表

群体分类	参观目的	经济特点	文创消费特点	购买商品喜好
大、中、小学生	了解和学习传统文化为主	无固定经济来源、购买力较低	低单价为主，购买率低，量少	喜好购买小印章、宣传画册、书签等小件产品
普通国内成人游客	获得一定文化体验和知识；休闲、娱乐；科学研究等	基本都有固定经济收入、购买力中等	中、低单价为主，购买率中等，量中等	种类多样，喜好购买与博物馆文化内涵、展览相关的或具有地方文化特色的产品
海外游客	对传统文化寻根和了解异地文化	经济实力和购买力都较强	中、高单价为主，购买率高，量多	种类丰富、喜好购买具有中华传统文化韵味的产品
潜在消费群体	通过线上渠道了解博物馆及文物相关情况	经济实力和购买力难以预测，多为年轻群体	低单价为主，购买率低、量少	喜好购买低价格但蕴含了文化的创意产品

3. 人才紧缺

人才是文化创意产业发展的核心，中小型博物馆在待遇、规模、发展前景等方面与一流博物馆存在较大差距，普遍存在人才紧缺的现状。一些博物馆有编制却人才难求；一些博物馆编制数少，人员严重不足，导致一人身兼多职的情况普遍存在。这些情况无疑制约了博物馆的文创产业发展。自 2013 年以来，镇江博物馆共引进了 2 名专业的文博人员从事文化创意产业的发展，这 2 名工作人员还需同时承担陈列布展和馆内其他方面的重要工作。目前，镇江博物馆文创部门不仅需要承担文创开发、管理、文创商店运营等工作，还需负责博物馆的陈列布展、票房运营与维护等方面的工作。“一岗多职” 的现象在一定程度上制约着文创产业的发展。

4. 知识产权保护和品牌意识欠缺

要实现文创产业的长足发展并参与市场竞争，一定要培育和建立知识产权保护体系，培育品牌意识。文创产品的知识产权保护工作是指在产品开发过程中根据需要进行专利和版权的申报，遭到利益侵犯时能够依据《中华人民共和国著作权法》《中华人民共和国商标法》《中华人民共和国文物保护法》等法律进行维权。中小型博物馆在这方面的意识稍显淡薄，工作开展较迟，尚处于探索阶段，保护力度有限。品牌意识是企业参与市场竞争的重要思想，博物馆作为事业单位，其文创产品不仅在馆内销售，还涉及线上营销、馆外营销等，在一定程度上参与市场竞争，因此创建好的文创品牌是文化创意产业发展的必由之路。镇江博物馆在开发中注重品牌意识，针对馆藏特色一级文物《杏园雅集图手卷》开发设计出 20 多种文创产品，打造出以“杏园雅集” 主题为品牌的文创精品，并对开发出的产品登记了版权，加强了保护力度。但受限于人才、资金等因素，未申请相关专利，产品种类还不够全面。

（三）中小型博物馆文化创意产业的机遇因素

2021 年 5 月，国家文物局等多部门发布了《关于推进博物馆改革发展的指导意见》，鼓励博物馆创新体制机制，释放发展活力，健全激励机制，文化创意产业取得的收入可纳入单位预算统一管理，可用于博物馆文物征集、事业发展和对人员的绩效奖励等。文件的出台为博物馆发展文化创意产业提供了政策保障和发展依据，为制定切合实际的发展方案提供了科学遵循和指导。

移动互联时代下文创发展有了新的方向，随着国内电子商务平台和新技术的日臻成熟，线上的网络销售平台已经成了博物馆发展文化创意产业的一大阵地。故宫博物院、苏州博物馆等抢先在淘宝、天猫开办文创商店；苏州博物馆淘宝店入选淘宝官方“造物节”精品店，带动了文创产品的购物风潮；淘宝官方还特设文创集市，在各种购物节活动中开设文创类版块，为博物馆的文创销售提供了一方天地，注入了大批流量。同时，随着新技术的不断成熟，新的信息平台不断涌现，数字化文创、AR 和人工智能等新技术给公众带来了不一样的感官体验，微博、微信公众号等网络社交方式不断推陈出新，也进一步拓宽了博物馆文创的宣传和发展阵地，十分有效地推动了文创产业的发展。

（四）中小型博物馆文化创意产业的威胁因素

随着近些年国家的推动和鼓励，越来越多的博物馆都在大力发展文化创意产业。2016 年，92 家博物馆入选全国博物馆文化创意产品开发试点单位；2017 年，37 家国有文化文物单位入选江苏省文创开发试点单位，其中博物馆、纪念馆占据了 25 席之多。如此众多的博物馆纷纷进军文创产业，导致了中小型博物馆的文创发展模仿成风，产品结构单一、同质化现象严重，再加上国外博物馆的文创产品也纷纷进入中国市场，竞争呈现出日益激烈的态势。

当前，大部分中小型博物馆对社会公众文化需求的研究显得薄弱，对馆藏文物的宣传力度不足，文物社会知名度低，一定程度上制约了文创产业发展。针对这种业界现状，博物馆需要开发更具识别性、设计性、功用性的文创产品，凸显产品的优势和特色，才能赢得公众好评。

三、中小型博物馆文化创意产业的发展策略研究

1. 紧扣政策，抓牢发展机遇

中小型博物馆要认真分析研究政府出台的各项条例和文件，评估发展环境，立足馆藏资源，制定切合自身实际的良性发展道路。在文化创意产业的发展过程中要提高政治站位，牢守为民服务初心，寻求地方政府和文物主管部门的大力支持，认真征求和听取社会公众意见，加强监督管理，守法运营。要与时俱进，开拓思想，善于抓住新发展方向，与社会力量通力合作，协同发展，抓牢发展机遇。

2. 找准定位，突出自身特色

每个中小型博物馆都是独立的个体，有不同的文物资源和办馆理念，虽然馆藏文物的数量和规模与一流博物馆存在较大差距，但有自身独特的文化“IP”，特色鲜明。中小型博物馆应在发展文化创意产业过程中找准定位，充分利用馆藏文物特色和优势发展文化创意产业。在展览和社会教育方面，应在深入挖掘馆藏文物史料内涵的基础上设计和开发项目，促进陈列展览项目市场化运作，不仅可以与行业内的博物馆互相交流合作，还可与社会上的专业机构开展合作，在保障安全的前提下，拓宽市场；应根据文物的特色和内涵，设计开发社会教育活动，大力宣传推广，与学校、旅游等行业合作，既实现社会效益，又探索经济效益的实现路径。文创产品的开发需充分结合馆藏文物元素与创意设计元素，每一件文创产品背后都要体现馆藏文物和文化特色，能够真正实现“把博物馆带回家”的美好愿景。

3. 加大投入，创新发展模式

发展文化创意产业需要有了解文物内涵、掌握先进设计理念、具备经营管理和销售推广理念的专业人才。中小型博物馆应根据实际培养或引进专业的文创人才，加大资金的投入力度，组建专业队伍发展文创产业；可以充分寻求社会力量的支持，与高校、科研机构、文创企业等开展合作，实现多方合作共赢；可举办文创设计大赛，为文创产业发展积累经验；还可积极参加文创行业博览会、发展论坛等，与行业接轨，推动文创产业的发展。

当下，文化创意产业的概念正在不断深化和拓展，已经从单纯的文创产品延伸到了博物馆的陈列展览、社教活动等领域。因此，在发展过程中，中小型博物馆不应单纯只开发和销售文创产品，还应把展览、社教活动等纳入文

创产业发展范畴，在日常业务工作中，引入文创思维，积极创新，设计出各类特色产品，并将其推向社会，充分融入市场，寻求文创产业发展的创新路径。

在文创产品的营销方面，应积极探索适合自身发展的营销模式，拓宽线下和线上的营销渠道，真正实现博物馆的文化和价值输出。做好文创产品营销，不仅要在馆内优化营销网络，做好流量引导和销售工作，还要积极向外对接，与社会机构合作销售，在车站、商超等场所开设销售展位，构建线下销售网络体系；同时要积极做好线上营销工作，在淘宝、天猫、京东等优质网络平台开设店铺，在微信公众号、微博等社交新媒体上积极造势和宣传，扩大影响力，增加线上流量入口，推动博物馆文创产业的发展。

4. 增强保护，培育文创品牌

中小型博物馆在发展文化创意产业的过程中，应积极做好知识产权保护工作，对开发的重要文创产品要及时进行版权注册登记，第一时间对馆标、商标、重要的符号和图案等进行专利注册，将其纳入法律保护的体系中；应在文创工作中树立品牌建设思维，开发产品不应随意、散乱、同质化模仿，要积极开拓创新、研究公众心理、回应公众需求，开发具备独特性和地域性强的优质产品，培育博物馆文创品牌，营造良好口碑形象。

四、结语

新时期的博物馆文化创意产业是一个朝阳产业，它以博物馆为发展阵地，以丰富的文物资源为发展基础，广受大众欢迎，具有一定的市场属性，前景广阔。中小型博物馆理应厚积薄发，立足馆藏，发挥特色，开拓创新，服务社会，运用好 SWOT 分析法综合评估文化创意产业发展状况，制定好科学合理的对策，谋求更好的发展，从而推动博物馆事业发展水平更进一步，更好地服务人民、造福社会。

参考文献：

［1］翁春萌、谭露．博物馆文创产品开发的“有效”策略［J］．包装与设计，2021（3）：134-135.

［2］邓冲，张尔宁．博物馆文创产业的守正与创新——以中小博物馆文创产品开发为例［J］．洛阳师范学院学报，2021（5）：64-67.

［3］李冯添．博物馆文创产业发展的 SWOT 分析——以中国（海南）南海博物馆文创产品开发为例［J］．文物鉴定与鉴赏，2019（6）：95-97.

［4］张景淇．博物馆文创产业发展的新趋势［N］．中国文化报，2021-05-27（008）.

［5］穆永强，张琳．博物馆文创衍生品的知识产权保护［J］．湖州师范学院学报，2020（3）：76-82.

［6］孙旻．我国博物馆产业化发展 SWOT 分析［J］．中国纪念馆研究，2017（2）：56-59.

浅析博物馆展陈之序厅设计艺术

黄佳丽[1]

内容提要： 博物馆展览的序厅是展览的起始空间，是展览策划的先导。序厅设计是对展览主题的思想性和艺术性的高度概括，对展览内容起着提纲挈领的作用。序厅如同乐章的序曲、图书的序言，是观众参观展览的“第一印象”，向观众传达着展览主题，感染着观众的参观情绪，因此它的设计水平与整个展览的成功与否关系重大。长期以来，尽管博物馆对于序厅设计的重要性都非常认同，但对序厅产生、发展、设计元素构成及设计形式等问题没有进行过深入的探讨。本文主要从展览序厅的起源、设计要求及艺术表现等方面分析展览的序厅设计。

关键词： 序厅设计　陈列展览　艺术形式

博物馆作为公共科普文化机构和社会教育机构，是社会公共文化体系的重要组成部分，承担着传播文化知识、提高社会教育水平的职责。博物馆的陈列展览是博物馆社会教育功能的主要载体，序厅是博物馆陈列展览的起首，是展示的延伸，也是对展览思想性和艺术性的高度概括。随着当今博物馆陈列展示的日新月异，序厅的设计也形式多样、精彩纷呈，创意新奇、引人入胜，主题突出、意境隽永。

一、序厅的起源

序厅是博物馆学的专有名词，位于展览的开端部分，是预示展览开始的空间。序厅主要是通过简练精确的形象语言向观众传达整个展览的背景、主题和内容，使观众在参观前就能对展览获得生动、形象的领悟，为参观做好心理预设。

根据《文物参考资料》在 20 世纪 50 年代登载的“马克思列宁主义经典著作在中国的传播展览”会场平面图，我们可以清楚地看到，在正对大门入口的地方设置着一面墙，这也许就是序厅最早的形式，我们称之为“照壁”。照壁是中国传统建筑特有的部分，明朝时特别流行，一般用来遮挡大门内的事物。照壁就是在住宅大门的背后砌一堵墙，这样可以保证院子里的安静和私密，墙面若有装饰则造成对景效果。这堵墙在北方被称为“影壁”，在南方称为“照壁”。影壁也是北京四合院必备的设置，它的这种隐蔽性还可以烘托气氛，增加住宅的气势。我国民族形式的平面设计中，非常注重“中轴线”，中轴对称原则契合中国古代

[1] 黄佳丽，女，1984 年生，镇江博物馆副研究馆员。

社会的宗法和礼教制度，符合中国的审美情趣，这也决定了展览中的序厅基本上都出现在展厅的中轴线上。屏风和照壁的形式是一脉相传的，在室内称为屏风，室外就称为照壁或影壁。中国的审美讲究“含而不露”，在展览的一进门设置序厅，对整个环境既起到装饰作用，又可以对里面的展览内容起到遮蔽作用，满足了中国人的空间审美习惯。综上所述，中国传统屏风和照壁的巧妙结合形成了我国博物馆发展过程中早期出现的序厅的形式。

二、序厅的功能

艺术形态的结构一般包括头、身、尾，人们对它们的认识，都是通过头部面貌及其眼神与气质，进而延伸到全身。陈列在场地空间的完整形象，是通过平行于地面的水平线的延伸来体现它们的头、身、尾结构的，这也确定了观众的参观过程必然是从开头到结尾。序厅作为整个展览的开端，通常是根据陈列大纲提取最能反映展览内容和吸引观众的一个主题，使观众通过序厅就能对展览有个基本认识，这也确定了观众的参观顺序是连贯的。

序厅除了能体现展览的思想内涵之外，也具有联系展厅内外的功能。当观众步入展厅，首先就进入了序厅，穿过序厅便进入了展览的正文部分。可以说，序厅与出入口之间的关系已经建立。

博物馆展厅在设计时都注意到了序厅的设置和主要功能，有很多博物馆根据展览的类型在序厅的形式和内容设计上进行了明显的区分。无论何种类型的展览，其序厅部分都是整个展览的交通要冲，是人流进出的汇集地，所以应根据人流量及入口的服务对象合理确定序厅的位置、大小和数量。

三、序厅的设计意义和要求

博物馆序厅的设计意义在于提炼展览主题、画龙点睛，为博物馆陈列展览的主题营造环境、渲染气氛，使观众在参观时产生身临其境的感觉。博物馆序厅作为一种艺术媒介，一端是虔诚热情的创作者，一端是不同层次的欣赏者，它在博物馆与观众之间架起了沟通的桥梁。当人们走进博物馆序厅时，时常会被一种气氛环绕着，在不知不觉中产生或欢乐或悲哀的情绪，这种情绪间接影响着观众对环境中展品的看法和态度。这就是设计者所要传达的信息，充分调动展示环境中的声、光、造型和色彩，营造出一种作用于观众的情感意境。如西湖全景沙盘，直观呈现了三面云山一面城的西湖整体格局，巨大的西湖雨丝幕帘让观众感受到烟雨朦胧的唯美西湖意境。

随着博物馆陈列艺术发展多元化、多样化的发展趋势，以及观众对陈列展示文化多方位的需求，序厅的设计不仅要传达一定的知识和信息，而且要求有艺术性、美观性和娱乐性。这就要求博物馆展示不仅要有艺术性，还要有人情味，要变得更为吸引人，更具视听效果。

四、序厅的艺术表现

序厅的内容来源于展览，同时又高于展览。序厅空间的艺术造型并不是一般形式的美化和装饰打扮，因此，设计师在设计展览形式时需要在充分熟悉展览陈列内容的基础上，善于提炼，高度概括，通过联想，充分考虑陈列的内容和观众的审美需求，创造出具有陈列特征的审美客体，去补充、丰富、再创造，从而达到观众所理解的艺术形象。序厅的设计主要应表现出三点：第一，要看出它是陈列内容的式样；第二，应该有自己的个性和面貌特点；第三，内在的精神表象要通过这些现象传达出来。构成序厅艺术形态的物质不是很多，但组合的手法却是丰富多样的，主要有以下几种。

（一）写实艺术

写实一般采用具有强烈代表性和说明性的物象，对展览主题进行真实的模拟或意境的艺术再现，通过情景气氛传达主题内容和文化内涵。写实主要有“生活写实”和“艺术写实”两种表现形式。

生活写实就是以复原某一个特定的真实情景的方式来作为展览的序厅。如天津民俗博物馆以表现清末民初的城市中等人家及店铺习俗现象为主题的陈列展览，是以复原方式设计一个中等人家的四合院大门，门中间悬挂的灯笼，门上贴的旧年画，门两旁的石狮、条凳等设置真实地再现了当年的四合院大门。观众由此门入室进展厅能充分体会到那个时代人们的生活情景。这个序厅的艺术表现，就是写实艺术带给观众的最直观的感受。

艺术写实是对生活写实的再度加工和提炼，不再是简单复原某一个特定的真实情景，而是对几个必要的情景进行艺术性的组合从而创作产生出新的情景模式。如井冈山博物馆序厅，正中央为一大型景观——井冈山主峰，采用实景、绘画及多媒体灯光演示相结合的手段让观众感受到井冈山的四季变化，中心位置的两个立柱制作成樟树和荷树，象征着毛泽东和朱德伟岸挺立，与主峰前后呼应，让观众了解中国革命就是从此走向胜利的。

展览的内容决定着设计的艺术形式。因此，序厅写实艺术的表现手法在纪念馆和民俗馆的使用比较普遍，这与展览本身所要体现的个性和精神面貌有关。

（二）写意艺术

写意一般是在对陈列内容深入了解的基础上提炼出几个最适合展览主题的表象，加以组合，创造出一个相互联系而完整的空间构成形象。这一手法一般分为寓意表现和联想表现。

寓意就是将那些能够说明主题且具有代表性的物象在序厅的空间里进行艺术的形象创造。观众通过认识物象的结构，再造想象，从而产生新的意象。如浙江革命烈士纪念馆的序厅，三面墙装饰的分别是奔腾的钱江潮、挺拔的苍松和起伏的群山，以及革命烈士群像的浮雕。巍巍青山，萦回万千革命忠魂；阵阵江涛，激起多少来者心潮。正前方墙面镌刻基本陈列展标“浩然正气垂青史”和前言，彰显烈士精神和展览主旨。顶部藻井投射的白色灯光，照亮了序厅和各色花岗岩拼合的浙江版图，寓意浙江革命烈士的精神与日月同辉。又如钱学森图书馆序厅所设计的巨量“手稿”雕塑，4015 页手稿，喻示着钱学森进行“两弹结合”试验的4015 个日夜；雕塑高 9.8 米，寓意钱学森 98 年的辉煌人生。

联想则是依靠感知和回忆某一事物，连带着想到其他事物的心理活动过程。如中国京杭大运河博物馆的序厅，中央为一艘商船，地坪处理成水波纹状，在光的映衬和折射下，让人联想到一幅波光涟漪、商贾往来的运河景象。《埃德加·斯诺与中国》展览的序厅左边一条长 20 米、高 3.2 米的弧形假墙中心布置了一幅 3.6 米×1.8 米的油画，画面上斯诺站在灿烂的阳光下，背后是覆盖着白雪的长城，一侧用中英文写着“我热爱中国”及斯诺的签名。假墙旁边的柱子上是几幅斯诺在中国的大幅照片，鲜花、翠柏簇拥着斯诺的画像和照片形象地告诉观众：斯诺热爱中国！长城是中国的象征，皑皑白雪又是严冬过后百花盛开、万紫千红春天到来的预示。让人联想到斯诺和中国这种双向的爱。

写意艺术在序厅设计时使用最为广泛，也最能满足展览主题的概括提升和观众的审美需求。

（三）实用装饰艺术

实用装饰通常是在序厅设置屏风、花坛，上面书写展览名称、内容介绍或者相关的绘画、照片等。此种格式简朴大方，装饰性强，已流行多年。如“近代上海城市发展历史陈列”序厅，采用一个扇形的玄关，像一幅展开的历史画卷，上面是一幅 1923 年上海外滩全景巨幅照片，气势恢宏，具有极强的视觉冲击力，为观众营造了一个凝重的历史氛围。

除了上面所述的艺术表现手法，还有一些序厅的设计手法抓住了展览本身独有的特性，没有使用太多艺术手法，却充分地彰显了展览的主题。走进扬州双博馆的中国雕版印刷馆，可以看到一个巨大的反着的“雕”字。因为雕版印刷技术是先在木板上雕刻反向的文字，所以木板上的字都是反字。设计者考虑到了印刷术的特点，在序厅的设计上点明了主题。中国茶叶博物馆的序厅，水幕墙上是一个偌大的“茶”字，流水从十米高处徐徐而下，曲水流觞、动静结合的设计诠释了茶与水的关系，象征着中国茶文化源远流长。

五、结语

设计是社会文化的产物，新的发展时期需要新的设计理念。随着当前我国博物馆建设的现代化，陈列展览的新理念、新技术也不断涌现，这些对博物馆序厅的设计提出了更高的要求。序厅的设计要向前发展就要求设计者拓宽视野，探究渊源广博的历史沉淀、丰富多彩的文化遗存，为序厅设计艺术的创新提供自由驰骋的多向维度。序厅设计在博物馆建筑、整体陈列展示设计中，既要体现独特的个性，也要服从于整体感的处理，从不同配置、造型、色彩、材质、语言上做到风格的整体统一。

21世纪的博物馆展示设计应以人为本。人文关怀是现代社会进步的重要特征。本着从观众审美需求出发，博物馆的展示应与社会生活、观众群体结合得更为紧密。因此，序厅的设计也应该多从人性化层面加以考虑。例如强化视像元素，充足的照明、大而清晰的字体图像、合理的视距、鲜明的色彩、强烈的对比度等。

元代杂剧家乔梦符在写作中提倡“凤头、猪肚、豹尾”，“凤头”是指文章的开头要像凤凰的头部一样美丽动人，才能吸引读者的阅读兴趣。博物馆陈列亦然，序厅设计应该成为整个陈列的“凤头”，通过对陈列主题的高度概括，使它达到思想性和艺术性的高度统一。从参观者的角度分析，序厅是观众进入展厅对展览获得的最初印象，印象的好坏很大程度决定了他们对整个展览的评价和参与程度。另外，序厅可以帮助观众迅速摆脱外界的干扰，调整心理，为参观做好心理铺垫。这些都充分说明了序厅在博物馆陈列中的重要作用，也为序厅设计提出了更高的要求。

全球化是21世纪世界经济发展的必然趋势，随着全球经济的日益融合，必然出现日益增多的世界各国博物馆之间的交往活动，这种交往也将带来博物馆陈列展示活动的国际化。经济无国界，文化无国界，艺术无国界，博物馆陈列展示也将相互融合，相互交流，相互推动，共同构建国际博物馆陈列展示艺术传播的新格局，这将是一种不可忽略的发展趋势。

参考文献：

［1］国家文物局，中国博物馆学会．博物馆陈列艺术［M］．北京：文物出版社，1997.

［2］丁允明．现代展览与陈列［M］．南京：江苏美术出版社，1994.

［3］黄秋野．21世纪现代城市博物馆发展趋势［J］．装饰，2004（12）：18.

［4］李文儒．中国博物馆陈列精品图解［M］．北京：文物出版社，2001—2004.

以点及面　内化于心

——以“镇江古代镜文化生活精品展”为例

王　玲[1]

内容提要：博物馆藏品是连接公众与多元文化的纽带，陈列展示是对藏品研究成果的体现。以博物馆藏品为基础，以点及面，深挖其内涵信息，辅以有效的展陈方式，尽可能真实、系统、完整地将藏品的文化信息和研究成果呈现给公众，为公众与多元文化的沟通插上翅膀，让各个文化阶层的人都能获得启迪与教育，并内化于心。本文以“镇江古代镜文化生活精品展”为例，就如何策划一场富有灵魂的陈列展示略陈管窥之见。

关键词：藏品　陈列展示　铜镜

《中国大百科全书》“文物博物馆”卷对“陈列”的定义是：“以文物、标本和辅助陈列品的科学组合，展示社会、自然历史与科学技术的发展过程和规律或某一学科的知识，供群众观鉴的科学、艺术和技术的综合体。”[2] 定义明确指出，陈列展示要以博物馆藏品为基础，确立一个主题，辅以有效的展陈方式，并发挥传播文化信息的职能，为观众与多元文化间搭建沟通的桥梁。本文以“镇江古代镜文化生活精品展”为例，就如何策划一场富有灵魂的陈列展示略陈管窥之见。

一、以点及面，深挖内涵信息

对博物馆藏品的认识，是博物馆各项工作运作的基础和出发点。因此我们要提高对藏品的认知，突破其固有的表象认识，深挖其内在的历史文化信息，并读懂它。苏东海先生认为，每件文物都有自己的故事，可是博物馆并不注意去追寻它。如果我们在加强对藏品的科学研究的同时，加强对藏品的人文内涵的研究，追寻每件藏品的故事及其中蕴含的动人心弦的情感，那我们的藏品研究将会进入更广大的领域，我们的观众将会流连于文物的情感之中而驻足不去[3]。

我国博物馆学者宋向光先生在《博物馆藏品概念的思考》一文中结合博物馆界同仁对博物馆藏品概念的研究成果，将博物馆藏品的概

[1] 王玲，女，1982 年生，镇江博物馆副研究馆员。
[2] 胡乔木，等. 中国大百科全书［M］. 北京：中国大百科全书出版社，2009.
[3] 苏东海. 博物馆的沉思［M］. 苏东海论文选：卷二. 北京：文物出版社，2006.

念总结为“博物馆根据收藏标准和履行特定工作程序收藏、管理的人类和人类环境的物证”[1]。藏品作为人类和人类环境的物证，其本身附带许多历史文化信息，早期民众往往只关注其外在的东西，如精湛的工艺、精美的纹饰、独特的造型等。然而今天，人们越来越清晰地意识到藏品作为信息载体的功能及其蕴含的更深层次的文化信息。

从宏观层面上看，任何时期的藏品都会记录其制造时代的历史文化特征，通过对藏品的研究，可以或多或少地了解当时的社会文化生活及历史环境背景。

镇江博物馆采集、考古出土大量宋代铜镜，通过研究可以推断出宋镜的基本时代特征及当时的社会文化、历史环境等。宋镜形制繁多，纹饰清新素雅，题材追求现实，出现了镜背素地上标铸字号的铭文镜，这些铭文镜一般以“州名+姓名+店名”的商标铭记取代图形装饰，为其他朝代所不见，显示出强烈的时代感。铜镜于宋代平民墓中大量出土说明其已进入寻常百姓家，已成为人们日常生活的必需品之一。

镇江历年考古出土的商标铭文镜有润州徐家镜、润州陈家镜、湖州石家镜、湖州周家镜、建康府茆家镜等，一方面反映了镇江宋代时期商海弄潮、百舸争流的场面，另一方面说明了镇江的地理位置优势——镇江位于长江与运河交汇处，交通便利，景德镇瓷器、湖州镜经长江和运河运抵镇江。

从微观层面上看，藏品是自然属性、文化功能、文化记录和文化联系这四个层次的信息和价值载体的见证物。“进一步考察这四个层次的信息或者价值，我们会发现，文化见证物的特殊生命周期充满了联系、转化和变异。”[2]

如铜带钩，其名称、时代、出土地点、材料、制作工艺、功用等都可以通过对器物本身的研究而获得，但其各个信息是孤立的。如果将它与同出铜镜组合研究，我们则会获取更加厚重的文化内涵。

杜迺松在《步入青铜艺术宫殿》中说：“带钩的用途不仅只用作在腰间束系带子，还可用作佩带剑、鞘、刀等器物的钩，佩带铜印、铜钱、铜镜的钩，以及佩带玉饰等装饰品的钩。”[3] 王锋钧在《中国古代置镜方式研究》一文中也说道：“墓主头前、腰侧的铜镜上面或其旁边有带钩同出的现象在战国至唐的墓葬中时有发现，有带钩同出的铜镜上一般都附着有布帛残迹。汉以后至唐……墓葬中带钩一般只出自墓主头前或腰侧，墓主头前的带钩旁边或下面一般都有铜镜，腰侧的带钩旁边有的有兵器，有的没有兵器只有铜镜，少数带钩与铜镜一同放在墓主头前或腰侧的镜奁内。”[4] 2015 年 12 月，镇江博物馆考古部对丹阳十墓山墓地进行清理，共发掘墓葬 30 余座，大多为汉代墓葬。其中一汉代墓葬墓主人腰侧同出一铜镜（图一）与一铜带钩（图二），以此推断古人不仅生前有佩镜习俗，死后往往佩镜入葬。

图一　铜镜

[1] 宋向光. 博物馆藏品概念的思考［J］. 中国博物馆，1996（2）：17-24.
[2] 安来顺，潘守永，吕军，等.“博物馆藏品架起沟通的桥梁”专家笔谈［J］. 东南文化，2014（3）：11-25.
[3] 杜迺松，杜洁珣. 步入青铜艺术宫殿［M］. 北京：人民教育出版社，1989.
[4] 王锋钧. 铜镜的鉴藏与市场［M］. 济南：山东美术出版社，2007：11.

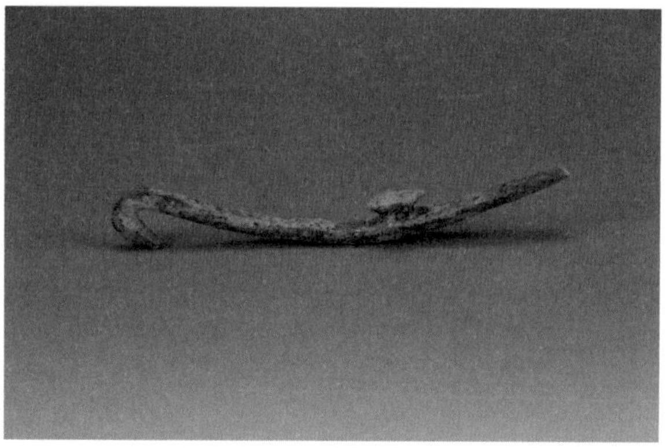

图二　铜带钩

众多相同或不同品种的藏品根据需要或整合或重组，形成丰富多彩的文化信息，这是博物馆藏品的魅力所在。当一件博物馆藏品成为展品时，它不仅仍保留其自身固有的文化信息，同时也承担着传播文化信息的职能，因此在深挖展品文化信息的基础上策划的展览更具可看性。

二、确定主题，搭建框架

办好一个展览，首先要学会讲故事，精准还原事实，高效传达信息。故事线体现了策展人表达的观点，将一个个散落的点串联起来，构成了一段段生动有趣的剧情。在日新月异的今天，人们已不满足于一个角色的舞台剧，只有多个角色相互碰撞，才能产生火花。策展人在充分研究藏品的基础上，从同类或异类藏品已知信息中选择有用信息，将其重组，才能形成需要的展陈主题。

镇江处于长江与运河两条黄金水道的交汇处，水陆交通便利，自六朝以来即为长江下游商品中转港口，在各个朝代都有着举足轻重的作用。镇江博物馆珍藏 3 万余件从石器时代至明清时期的文物和 10 万册古籍书。其中铜镜作为一个小门类，年代从战国至明清，品种丰富且基本未展出，于是我们萌生出做一场铜镜展览的想法。

铜镜为小众，却贯彻历史始终，其影响至今未泯。在漫长的发展过程中，其材质、形制、背面纹饰等已成体系，且镜又与其他文化互相渗透，形成更为复杂的镜文化。现今茶文化、酒文化、香文化等已得到颇多关注，因此由铜镜引申出的镜文化可能也会吸引人们的目光，带给观众新的体验与感受。于是我们决定依托馆藏策划一场镜文化生活展。

给予陈列展示最恰当的定名，是策展不可缺少的环节。一个好的名称，可以增强陈列展示对观众的吸引力，以利于陈列展示的宣传。主标题—副标题式，即用文学色彩较浓厚的文字作为主标题——提纲挈领，风格比较含蓄，具有浓郁的书卷气；而用写实风格的文字作为副标题——对主题的诠释帮助观众理解主标题的寓意[1]。经过推敲决定了“镜说——镇江博物馆藏历代铜镜生活精品展”这一展陈名称，不仅迎合了观众对古代民众日常生活的好奇心，也点明了该展览的主题——为观众讲述与铜镜有关的故事。

单元内容是陈列展示的骨架，一个展陈的内容与体量是由各个单元来支撑的，每个单元说明要起到引领作用，并能概括本单元展陈的主要内容，其内容须简明扼要。各个单元连成一体，共同支撑起这个展览。展览分“莹质良工、灼灼其华”“匪鉴斯镜、以妆尔容”“方寸之地、镜之万象”三部分，为观众演绎镇江地区古代民众的镜文化生活。镇江馆藏铜镜从汉到清历史发展脉络清晰，先按时间顺序为观众介绍历代铜镜，再讲述古人如何使用、收藏铜镜，最后探寻深藏在铜镜中的小故事，叙述由浅入深，娓娓道来。

三、合理排列，重组展品

一个好的展陈不光要有引人入胜的“剧情”，还要有撑得住场面的“演员”。以镜文化生活展为例，展陈的主角是铜镜，配角为瓷盒、奁、银盒等，两者各司其职，相互作用，才能使整个展陈丰满生动。“博物馆的陈列展览并非简单意义上文物的叠加与组合，而是一个复

[1] 齐玫. 博物馆陈列展览内容策划与实施［M］. 北京：文物出版社，2009.

杂的艺术创造的过程。”[1] 对展品进行重新排列组合，能让晦涩难懂的藏品鲜活起来。

选调展品，信息整合。并不是所有藏品都能成为展品，因此需要策展人依据展陈主题仔细推敲，这也是一个研究的过程。藏品作为历史的物证包含许多信息，但至少有一条信息符合展陈主题。策展人要选取合适的展品，并按需摆放。展品并不一定非得是重器或名家之作，但需反映当时人们的生活面貌。如春秋灰陶盆（图三），修复完整后虽品相一般，没有美丽的花纹装饰，却能反映先秦时期的人们在铜镜尚未普遍流行的时候是以鉴盛水、以水照容的。

图三　陶盆

将不同种类的展品重组置于历史环境背景中，使观众能深入了解展品的文化内涵。宋代，铜镜成为人们日常生活必需品之一，用于盛放香料、化妆品的瓷盒大行其道，根据用途不同，瓷盒可分为粉盒、油盒、花盒、镜盒等。因而在展陈中，将宋镜与各类瓷盒组合摆放，并制作小说明牌，点明其功用，让观众在观展中能一目了然，直观地感受古代仕女的妆奁文化。

合理利用考古发掘成果。长期以来，博物馆出土文物完整器较少，但为学术成果提供了最有力的实物依据，有着珍贵的学术研究价值。然而对一般观众而言，他们更关注品相好、艺术价值高的器物。如何将考古发掘成果转化为展品资源，让观众在观展过程中一目了然，就需要策展人充分挖掘考古资料蕴含的文化信息，将其融入展陈环境中，用简明且通俗的语言，主动向社会公众阐释其综合价值。

如 1979 年 8 月对镇江跑马山顶部进行发掘清理，出土有瓷器、银器、漆器、铜器等。其中刻花梅月瓷盒 1 件，出土时盒内尚存黄色粉块；银盒 1 件，出土时盒内盛放紫色香料数片；漆套盒 1 件，竹胎髹漆，外红内黑。还有 1 件铜镜、2 件鎏金钗等。其中漆器大部分已腐朽，瓷器与金银器虽保存完好，纹饰不甚精美，却能反映宋时妇女的梳妆情景。

四、完善辅助陈列说明

博物馆应在深入研究藏品的基础上，积极探索观众的接受能力、欣赏习惯，从便于观众理解、接受和欣赏的角度，将专业性、学术性和知识性、趣味性、观赏性有机结合起来，使不同文化层次的观众都能各得其所[2]。辅助陈列在展陈与观众间担任润滑剂的作用，用具体直观的图片、简明生动的文字说明、沉浸式的体验达到吸引观众、更快捷地输出知识的目的。

增加图片资料，图片更加直观，可为大部分观众所接受。如东晋顾恺之《女史箴图》局部“两女对妆”图（图四），画的是两女相对妆容。一女已梳妆完毕，正揽镜自照。一女正在梳妆，铜镜置于一形似蜡台的镜架上，附近放置各种梳妆用具。这幅画直观地向观众呈现出东晋时期仕女梳妆的场景。

图四　《女史箴图》（局部）

[1] 单霁翔. 解读博物馆陈列展览的思想性与观赏性［J］. 南方文物，2013（3）：1-8.
[2] 单霁翔. 试论博物馆陈列展览的丰富性与实效性［J］. 南方文物，2013（4）：1-8.

大说明牌的内容是对展品的说明或补充。博物馆陈列展示直接面对的是社会各文化阶层的观众，必须考虑到展示效果的直观性、普及性和知识性。观众大多较少接触文物，对展品陌生且好奇，因此策展人需增加对展品的补充与说明，做到言简意赅、通俗易懂，充分考虑各文化层次观众的需求。

如宋“润州元本陈家”亚字形铜镜（图五），素面，观赏性不高，观众在观展过程中往往忽视它，然而它却是镇江地区制作的，反映了镇江制镜业的悠久历史，有重要价值。如果制作一说明牌，用简明的文字阐述其重要性，配以铜镜铭文拓片，能使观众在观展中更直观、更易获取知识。

图五　铜镜

小说明牌是展览构成中的一部分，虽只是一小角色，但将其作用发挥到极致，才能构成一个完美的展览。

小说明牌如同展品的身份证，需标明展品的名称、年代、来源等基础信息，说明文字要做到信息准确、生动易读。如青铜蟠虺纹鉴，展品相对而言比较重要，可对其艺术、历史、功能等作详细说明。因蟠虺二字比较生僻，为其注音，可读性更强。

设计沉浸式场景，让观众在观展过程中，获得愉悦身心且富有教益的难忘体验。构建一个相对独立的空间，营造氛围，引人入胜的展示调动起观众的好奇心，邀请他们探索更多，然后徐徐展开宋代仕女的梳妆场景，熏炉、花瓶、铜镜、各种化妆用具，侍女手捧奁盒环侍左右……在当下，观众沉浸地探索有趣的事物，能在某些情感维度上产生共鸣，从而跟主题内容建立深层次的联结，获得一些新的认知。

五、创新方法，将文化信息分享给公众

对博物馆人来说，让观众在观展过程中将文化知识内化于心是目的，然而这是一个循序渐进的过程，并不能一蹴而就，观展也并不是唯一途径。博物馆还可以利用其他途径推送展览。

第一，利用微信平台推送展览及文物小知识。国内博物馆已普遍使用微信公众号及二维码扫描导览等一系列公众服务项目，为公众获取文博知识提供更多的平台。微信的应用，一方面能够让公众更便捷地了解博物馆信息，吸引他们走进博物馆进一步获取知识。另一方面能够使公众从以往的知识接受者转变为传播者，让没有机会去博物馆参观的人成为博物馆的“新观众”，主动接受博物馆文化，并分享给其他人。

第二，结合藏品及展览，面向不同年龄层的公众提供各类内容丰富、形式多样的专题教育项目，主动向他们宣传博物馆文化，吸引他们走进博物馆，进一步了解博物馆广博的文化信息。如博物馆走进中小学，依据馆藏藏品，将知识讲述、现场互动、动手制作相结合，讲述“古铜镜里的文化”，深受好评。如博物馆走进老年大学，讲述古人的镜文化生活，丰富老年人的业余生活。

2014 年 3 月 27 日，习近平主席在巴黎联合国教科文组织总部发表演讲时说，让收藏在禁宫里的文物、陈列在广阔大地上的遗产、书写在古籍里的文字都活起来。藏品本身是有生命力的，其价值本身就存在，只是需要我们去发现，进一步挖掘。因此，让藏品活起来，首先要读懂它，以点及面，深挖其内涵信息。其次，应尽可能真实、系统、完整地将藏品的文化信息呈现给公众，为公众与多元文化的沟通插上翅膀，让各个文化阶层的人都能获得启迪与教育，并内化于心。

博物馆文创产品的开发与销售策略研究

陈韦韦[1]

内容提要：随着我国市场经济的发展和时代的进步，人们越来越注重精神层面的追求，博物馆渐渐开始进入人们的生活，受到社会大众的喜爱。博物馆里精美的文物蕴含着各个时代灿烂的中华文化，我国政府部门也开始大力发展博物馆，同时也加大了博物馆文创产品的开发和研究。在新时期，我们要加强对博物馆衍生品的开发和推广，满足不同观众的需求。当代博物馆文创产品营销模式也在不断地创新，利用线上线下多个渠道销售具有博物馆特色的文创产品。本文研究了博物馆文创产品开发与销售的现状，讨论了博物馆文创产品销售方面存在的问题，并提出了相应的解决对策。

关键词：博物馆　文创产品　开发　销售策略

当前，随着人们生活水平的提高，人们对精神文化的需求越来越高，大众的文化消费意识增强，消费者的需求层次也越来越高，这些都为博物馆文创产业的发展开辟了新的市场。我国对文化的发展和弘扬力度不断加大，文化创意产业的发展也已经初具规模，即便我国博物馆文化创意产品的开发不够成熟[2]，但是，我国越来越注重文化氛围，间接促进了博物馆文创产品的发展。目前，博物馆文创产业已经获得了很大的发展，博物馆作为文创产业的重要管理部门，更应该采取正确的销售策略来促进文创产品的开发与销售。对于社会大众而言，文化创意产品具备文化传播功能和教育功能，是博物馆发展中一个不可或缺的因素。

一、博物馆文创产品的开发与销售现状

我国博物馆文创产品开发和销售起步较晚，没有足够的经验。大多数博物馆文创产品的设计都比较雷同，产品的设计现状和博物馆的资源不够匹配，和市场需求也有着不平衡的问题[3]。目前，我国博物馆必须要对现在的问题进行研究，制定一系列的发展策略，合理地开展博物馆文创产品的开发和销售。博物馆文化创意产品的营销肩负着文化发展和经济发展的任务，即便是博物馆不以营利为目的，也要考虑到文创产品如何满足社会大众的需求，被观众认可方能实现自身的价值。因此，博物馆

[1] 陈韦韦，女，1987年生，镇江博物馆馆员。

[2] 孙梦露．立足于馆藏文物的博物馆文创产品的开发与营销——以六朝博物馆为例［D］．南京：南京师范大学，2018.

[3] 孙心妍．博物馆文创产品的开发与营销研究——以南京博物院为例［D］．南京：南京师范大学，2018.

文创产品的开发和营销具备了公益性和开放性[1]。

二、博物馆文创产品的开发与销售存在的问题

（一）文创产品开发缺乏创意

创意是指人们利用文化创新意识，发掘出新的资源来提升产品的价值。创意是文化创意产业的核心，也是关键，缺乏创意的产品缺乏文化底蕴，也缺乏人文价值，某些文创产品也只是对文物上的图像和画面进行简单复刻，导致文创产品缺乏创新，有的文创产品类似于旅游纪念品，既不精美也缺乏使用价值。博物馆藏品都有着自己的历史文化，能够为消费者带来新的感受，产品缺乏文化创意是一个非常严重的问题[2]。

（二）文化创意资金不足

博物馆的经费紧张，只够日常经营管理，对文创产品的扶持不够。在日常经营中，文创产品也很少和市场接触，缺乏具体的市场营销经验。自博物馆免费开放以来，博物馆大多注重实现开放与服务的社会价值，不太注重博物馆自身的经济效益，对文化创意产品缺乏开发经验，也缺乏具体的营销经验。

（三）博物馆优质文创产品匮乏

当前，博物馆缺乏优质的文创产品。价格适中、品质优良、方便携带的文创产品数量很少，一些低端文创产品的制作比较粗糙，也不够精美，不能吸引更多的消费者。高档的文创产品工艺讲究，不过大多消费者都无法接受高昂的价格，不利于文创产品的开发和销售。而且，文创产品的开发都有待优化、调整，在创意、设计、制作、生产、宣传等环节的衔接都需要完善，博物馆实现文创产品的产业化任重而道远[3]。

三、博物馆文创产品开发与销售的解决对策

（一）政府大力支持文创产业

目前，我国要完善博物馆文创产品开发与销售的政策法规，通过政府部门的调控来促进博物馆文创产品产业化和规模化的发展。我国应出台文创产品开发的政策规定，包括人才培养、利润分配和企业合作问题。各地政府部门应大力支持文创产业的发展，改革文化创意产业发展制度，增强政治导向作用[4]。有关部门应推动文化创意产业向着市场化方向发展，扩大文创产业的规模化发展，从而形成单独的文化创意产业管理制度。政府部门也应加大对文化创意产业的支持，对进行文创产品开发的企业减税，以及对进行文化创意技术转让的企业免税。

（二）加强对文创产品的创新

如果博物馆没有及时地创新文创产品，那么很可能会失去潜在消费者。博物馆可以在配合重要临时展览或社会教育活动开发文化产品时，丰富种类，力求以人为本，开发不同档次的文创产品。例如，可以利用《红楼梦》做一场文化创意产品展，把作品中的人物、家具、食品做成文化创意产品进行展览并销售，让观众在欣赏传统文化之美之余将带有展览元素的文创产品带回家，真正将展览延伸，也真正让文创产品开发成为博物馆业务工作的延伸。

（三）培养文化创意产业人才

人才对博物馆的发展有着非常重要的意义，是博物馆发展的基础。就目前来讲，与博物馆文化创意产业蓬勃发展不相适宜的是我国文化创意人才的培养不够。文化创意产业是一个智力产业，人才是创意产业发展的根本所在，文化创意产业对人才也有着特殊的要求。因此，

[1] 张薇. 博物馆公共文化服务中的文创开发模式研究——以湖北省博物馆为例［D］. 武汉：武汉科技大学，2018.

[2] 江天若. 博物馆文创产品开发研究——以台北故宫博物院和苏州博物馆为例［D］. 西安：陕西科技大学，2016.

[3] 张宇. 讲好一个故事，讲一个好故事——浅谈博物馆文创产品开发与营销中的卖点发掘［C］. 江苏省博物馆学会，2016：283-287.

[4] 俞晓霞. 博物馆文创产品设计研究——以中国茶叶博物馆为例［D］. 杭州：浙江农林大学，2018.

必须培养文创产业方面的高素质、高水平人才，建立专业的人才队伍。在人才培养方面，要通过高校和社会培训机构培养一流的创意人才，增强文化创意产业高端人才的集聚；要注重培养既懂得博物馆业务知识，又了解市场销售的经营管理、产品设计和销售服务人才。

（四）建立文化创意品牌保护

目前，博物馆应该建立起对文化创意品牌的保护，进一步提升品牌培育意识和知识产权保护意识，提高博物馆的文创产业管理水平，培育出更具知名度的文创产品品牌，打造独特显著的品牌标识。例如，镇江博物馆的“杏园雅集”系列产品有着独特的品牌标识，每件商品都有精美的包装并且配有通俗易懂的产品说明。观众把商品带回家的同时，还能对产品背后的历史文化有一定的了解，这不仅让商品具备了观赏性和实用性，还富有历史性和文化性。

文化创意产业是一个以知识产权为核心的产业，完善知识产权法律法规，对知识产权法中有关文化创意不明确的地方进行完善和补充，从而形成尊重知识产权和创新成果的社会文化氛围，创造出保护文化创意产业的良好环境，加强知识产权开发、保护和管理的力度。这对地区文化创意产业的蓬勃发展有一定的积极作用。

（五）加强文创销售模式创新

线下门店销售一直是博物馆最传统的销售模式，门店销售也需要寻求创新，文创销售点可以遍布博物馆各个角落，如展厅出入口，以及配合临时展厅设立的临时卖场等。每个卖场要体现各自的特色产品，而不是同类化产品。在此基础上设立旗舰店，集中销售各个卖场的产品，让观众在任何一个角落都能够买到自己心仪的文创产品，让博物馆最大程度地吸引消费者。

网络营销是当前最热门的营销方式之一，消费者都希望能够更加便捷地买到文创产品。博物馆应跟随市场，采取线上网络营销模式，重视网络渠道的销售。

博物馆可针对性地开展促销活动，考虑目标客户和市场细分标准。大众固然会喜爱物美价廉的产品，但是也不乏一些有一定收藏能力的文物收藏爱好者。博物馆要加强对高档复制艺术品的开发，满足各种消费需求的客户。

四、结语

综上所述，博物馆应该有针对性地对文创产品进行有效的开发和销售，打造文创产品多方面的营销渠道，保证文创产品开发和销售具有强大的生命力。对于博物馆消费者而言，把文创产品带回家，既能够获得精神上的满足，也丰富了参观体验。对于博物馆来说，不仅提升了博物馆的经济效益，而且发挥了博物馆的社会价值、促进了博物馆文创产业的发展，进而提高了博物馆的社会影响力。

凝心聚力抗疫情　勇担新时代文博使命

——以镇江博物馆为例

秦九栋[1]

内容提要：2019年年末，一场猝不及防的新冠疫情席卷而来。习近平总书记作出重要指示："生命重于泰山，疫情就是命令，防控就是责任。"亿万中国人民凝心聚力共同参与到此次打赢疫情防控的阻击战中来，其中也出现了千万文博人的奋斗之姿。以镇江博物馆为例，博物馆文化工作者在疫情形势严峻时期充分发挥自身的岗位优势，做到"闭馆不闭资源，闭馆不闭服务"，更好地为人民群众在居家隔离期间提供精神文化服务。在复工复产、恢复社会经济阶段，博物馆持续做好疫情防控工作，承担起自身职责使命，为人员健康和文物安全保驾护航。

关键词：新冠疫情　镇江博物馆　博物馆文化工作者

一、闭馆期间，文博人牢记职责，不忘服务初心

受新冠疫情影响，2020年1月22日，文化和旅游部办公厅、国家文物局联合下发了《关于做好新型冠状病毒感染的肺炎疫情防控工作的通知》，要求各级文化和旅游、文物行政部门提高政治站位，加强组织领导和疫情防控。截至1月24日，全国登记备案的5000多家各级博物馆令行禁止，一律暂停对外开放，观众参观、文物讲解、活动展览等全部取消。虽然博物馆暂停了展出活动，但是文博系统千千万万的工作者没有忘记自身的职责使命，迅速做出应急预案，坚守岗位，并积极利用多种途径，将博物馆馆藏文物资源转化为公众喜闻乐见的数字化产品，积极推广博物馆文化，为人们传递文博正能量。

（一）牢记文物保护职责，严格坚守安保岗位

文物承载着文明与文化，维系着民族精神与时代价值，因此文物保护工作"功在当代，利在千秋"。疫情形势下，博物馆虽实行闭馆，但文物安全保卫工作不能放松警惕，不给安全隐患留余地，不给别有用心者钻空子，严守文物安全底线。

文博人要始终牢记习近平总书记的教导："历史文化遗产是不可再生、不可替代的宝贵

[1] 秦九栋，镇江市政务服务管理办公室业务协调指导处科员。2018年7月至2020年10月期间，在镇江博物馆任保卫干部。

资源，要始终把保护放在第一位。”疫情闭馆期间，镇江博物馆进行全馆安全检查，馆领导带队对监控设备、消防设施运行情况进行检查，对办公区、配电房等重点区域进行隐患排查，对文物库房进行上锁贴条……为做好疫情闭馆期间的保卫值班工作，镇江博物馆采取“1+1+4”的安保模式，即1名馆领导带领1名保卫干部和4名保安员对全馆进行24小时监管，定时、不定时在馆区进行巡逻检查，全面贯彻“人防、物防、技防、协防、联防、制度防”的六位一体、全方位安全防范体系。在全体值班人员的共同努力下，镇江博物馆无任何安全事故发生。

（二）牢记文物宣传职责，积极开展线上展览

战胜疫情，离不开科研人员、医生、护士、警察及社区人员的艰苦付出，也离不开精神文化，它能抚慰疫情给人们带来的心灵创伤。在疫情防控期间，全国各地的博物馆积极响应国家文物局号召，以最快的速度整合现有数字资源，创新传播方式，通过门户网站、移动客户端、微信小程序等载体，搭建云展览、网上博物馆，实现博物馆陈列展览、精品馆藏、相关知识图谱等内容的数字化、创意化、可视化。在不到一个月时间里，国家文物局推出了200个全国各地博物馆线上文化产品项目，努力满足人民群众居家防疫抗疫的精神文化生活需求。

镇江博物馆也做到了“闭馆不打烊”，将公共文化服务阵地转移到线上，利用微博、微信、抖音等自媒体平台提供丰富多彩的线上文化惠民活动。自闭馆以来，镇江博物馆通过微信公众号介绍馆藏精品文物；通过微信、抖音等推送“假如文物会说话”防疫小贴士，以及“金戈铁马话古吴”“古代儿童游戏”等微视频；通过微博发布“与镇江有关的历史文化名人”系列科普内容；积极向“文化镇江”“文化云”等平台投稿，发布了“镇江博物馆馆藏精品文物线上赏”“镇江名人故居介绍”等内容。此外，为进一步丰富线上资源，“镇江博物馆公众活动”订阅号也依托馆藏文化和文物资源，推出“镇博线上微课堂”和“宅家逛镇博——我为家乡文物代言”两大主题教育模块：结合传统节日和节气普及相关知识，进行线上创意手工教学；通过视频，由镇博小讲解员讲述镇江历史文化和文物背后的故事。

疫情防控期间，文博人集思广益，以实际行动践行着做好文物宣传的岗位职责，为人民群众提供更优质的线上文化服务，为抗击疫情加油鼓劲。

二、恢复放开阶段，文博人多措并举，勇担抗疫使命

2020年2月27日，国家文物局出台了《关于新冠肺炎疫情防控期间有序推进文博单位恢复开放和复工的指导意见》，指导公共文化机构和文博机构分区、分级、分类、有序恢复开放。3月16日，镇江博物馆根据江苏省文化和旅游厅《关于精准有序做好文化场馆恢复开放工作的通知》及《全省文化场馆有序恢复开放工作指南》的文件要求，多项防控举措并举，全面做好开放期间疫情防控工作，正式恢复对外开放。

（一）制定疫情防控预案，成立工作领导小组

针对疫情防控的严峻形势，镇江博物馆成立新冠肺炎防疫工作领导小组。由馆长担任组长，统筹全局，亲自部署，副组长具体推动，狠抓落实。对照工作责任制，层层分解疫情防控任务，确保防疫任务和措施落实到每一个部门和每一个人，形成全馆人员齐心协力、共同抗疫的良好氛围。

（二）全面开展健康排查，严查入馆办事人员

1. 本馆员工

明确部门管理职责，掌握全馆员工的健康状况和行程动向，有疫情高发地区居住史或旅行史的员工，自离开疫情高发地区后，居家观察或在指定场所医学观察14天。如有可疑症状，应报告单位，及时就医，待痊愈后再返岗。

2. 来访人员

来访人员一律走员工通道，由保安室对其进行体温检测，实行实名登记，如体温异常，则禁止入馆。

3. 施工人员

明确施工单位职责，要求施工单位报备施工人员的健康状况和行程动向，如有可疑情况，不得进场施工。

（三）采购防疫物资，落实每日全馆消毒

预备复工、恢复开放前期，镇江博物馆通过各种渠道，按要求配备了防控物资，如口罩、体温计、洗手液、消毒剂、一次性手套、防护服等；安排专人每日在开放前，对全馆区进行消毒，办公区域提倡开窗通风，保持室内空气流通；消毒过程中必须保证文物安全，避免造成损坏；同时，建立健全消毒、检查台账，做到有据可查，有迹可循。

展厅安保人员、文明引导员、体温检测员、扫码员、保洁员等一线工作人员必须正确佩戴口罩和手套，勤洗手，加强个人防护措施。

（四）实行实名制参观，严格控制入馆人数

疫情防控期间，为严格控制参观人数，镇江博物馆实行实名制预约参观，观众入馆参观前，需提供预约码和健康码，进行体温检测，佩戴口罩且体温正常者方可入馆，一旦超过瞬时接待量，就立即暂停入馆。除此之外，镇江博物馆在游客服务中心设立临时隔离点，将体温异常者或有明显发热、咳嗽等可疑症状人员第一时间带至隔离点进行应急处置。

（五）引导观众单向参观，避免人员聚集

在场馆内，镇江博物馆拉起 1 米线、设立楼层平面路线图，对游客参观线路进行单向设计和区域划分，引导观众相距 1.5 米有序参观，避免人员聚集。

（六）加强防疫宣传，普及卫生知识

全国各级博物馆单位利用自身影响力，通过电子显示屏、宣传海报、线上多媒体平台等方式积极宣传防疫知识，普及防疫卫生知识，科学指导公众正确认识和预防疾病，提升人民群众抗疫信心。一方面在单位内部形成预防疫情的良好氛围，另一方面积极引导公众规范防控行为，做好个人防护，出现症状及时就诊。

三、广泛征集抗疫见证物，致敬时代最美逆行者

习近平总书记指出：“人类文明史也是一部同疾病和灾难的斗争史。”中国各类博物馆不仅是中国历史的保存者和记录者，也是当代中国人民为实现中华民族伟大复兴的中国梦而奋斗的见证者和参与者。在这次防控疫情的战斗中，各级党委政府、人民解放军、各行业工作者，尤其是广大医护工作者，他们和广大人民群众一道，冲锋在前、坚守岗位，不畏艰险、忘我奉献，涌现了一批先进人物和感人事迹。为加强当代物证保存，为明天记录今天，2020年 3 月 18 日，国家文物局下发了《关于新冠肺炎疫情防控代表性见证物征集和保存工作的通知》。

征集见证物范围包括：各级党委政府为做好疫情防控工作发布的行政命令、通知公告等相关文件原件；各类医疗单位、医护人员的请战书、旗帜、工作日记、书信、医疗日志等实物资料；在疫情防控一线的人民解放军、公安民警、基层组织、人民群众、社区工作者和志愿者的标语横幅、出入证、消毒用具、测温仪、登记表等相关物品；有关单位或个人捐赠的抗疫物品和资金记录单据凭证、防疫物资生产记录等相关资料；反映抗疫典型人物、典型事迹的宣传报道、音视频等影像资料；宣传普及抗疫防疫知识的相关摄影、书法、绘画、歌曲等作品。

中国国家博物馆原副馆长陈履生在接受记者专访时曾呼吁建立中国防疫博物馆必要且迫切，他指出，我们应该用博物馆的方式来关注当下，给历史和未来做出交代。通过建立一座博物馆，像纪念碑那样的存在，能够把这段历史完整地保存下来，让人们了解公共卫生的重要性，以及传染病的危害，以教育后人既要树立正确的公共卫生观念，也要树立正确的历史观。

江苏、浙江、海南等近 30 个省份纷纷宣布，旅游景区、博物馆、文化遗产单位等对全国医务工作者及其家属实行免费开放的相关优惠政策及服务，向新时代最美逆行者致敬。镇江博物馆自恢复开放起至 2020 年 12 月 31 日，向全国医护工作者免费开放；周末或节假日等旅游高峰时段，以团队方式来馆的医护工作者，可通过电话预约方式享受免费参观政策。

四、结语

“火车跑得快，全靠车头带。”新冠疫情发生以来，党中央将疫情防控作为头等大事来抓，习近平总书记亲自指挥和部署，坚持把人民生命安全和身体健康放在第一位，领导全党全军全国各族人民打好疫情防控的人民战争、总体战、阻击战。在这场战斗中，千千万万的文博人也丝毫未曾退却，始终不忘服务初心，时刻牢记职责使命，借助互联网平台，尽力满足疫情防控期间广大人民群众的精神文化需求，书写出壮丽的抗疫答卷，让奋斗成为新时代文博人追梦最亮丽的底色。

试析明代嘉万年间御器厂的匠役制度

曹　凯　赵文正[1]

内容提要：御器厂是专门为皇帝生产瓷器的窑厂。明代嘉万年间，为满足宫廷用瓷需求，景德镇御器厂的生产任务逐渐加重，需要更多的人力资源来保证生产的有序进行。《江西省大志》中记载，此时期厂内的供役人员主要有四种：编役、雇役、上班匠和人夫。其匠役组成既反映出了传统的匠籍劳役制度，又体现出正在萌芽的雇役制因素。同时，为了调动工匠的积极性，御器厂也开始调整匠役管理模式，给工匠争取一定的优待。这些转变使御器厂顺应了经济社会发展的趋势，也促进了景德镇整体制瓷业的繁荣。

关键词：御器厂　嘉万时期　匠役制度

设立于景德镇的御器厂是明代为皇帝及宫廷生产瓷器的场所，尤其在正德之后，作为管理部门的御器厂由鄱阳县迁至景德镇窑厂，正式实现了管理机构与生产场所的统一[2]。嘉靖隆庆万历时期，御器厂已具相当规模，并且形成了一套比较完备的制度来保证御用瓷器的有序供应：在中央由工部和内府进行管理，并以部限和钦限的方式下达生产订单，在地方则有管场官员和督陶官直接负责，厂内各窑各作分工明确，生产原料和产品被严格控制。“贡于上谓之赋，供于上谓之役”[3]，为了满足皇帝与宫廷大规模、高难度的用瓷需求，御器厂内需要大量的人力资源支持，这就涉及厂内的匠役问题。自20世纪中期开始，就有学者开始从明清历史、陶瓷研究等角度，结合古籍文献记载，对明代整体的匠役制度与景德镇明清御窑厂的匠作做出阐释[4]。前人研究为我们提供了丰富的资料，但文献浩瀚，加上之前研究的侧重点各有不同，因此目前对于明代御器厂的匠役制度并未形成明确统一的认识，也没有专门针对工匠本身的研究。本文将时间段定为嘉万时期（1522—1620），因该段历史文献相当丰富，《江西省大志》《大明会典》《浮梁县

［1］ 曹凯，男，1993年生，南京大学历史学院博士研究生，主要研究方向为西北地区史前考古、丝绸之路考古；赵文正，女，1995年生，西北大学文化遗产学院考古学硕士，研究方向为科技考古、陶瓷考古。

［2］ 王光尧. 明代宫廷陶瓷史［M］. 北京：紫禁城出版社，2010.

［3］ 故宫博物院编. 钧州志：卷二［M］. 海口：海南出版社，2001.

［4］ 陈诗启. 明代的工匠制度［J］. 历史研究，1955（6）：61-88；梁淼泰. 明代后期景德镇御器厂匠役制度的变化［J］. 中国社会经济史研究，1982（1）：83-93；王光尧. 明代宫廷陶瓷史［M］. 北京：紫禁城出版社，2010；李传文. 明代匠作制度研究［D］. 杭州：中国美术学院，2012；朱顺龙，刘守柔. 明清景德镇瓷业用工初考［J］. 文物春秋，2003（2）：10-18+48.

志》等记载此时期御器厂详情的书目为深入研究厂内各项规章制度提供了基础而翔实的资料。此外，明代末期资本主义萌芽开始在我国产生，御器厂内发生了种种变革，匠役制度也在发生变化，有必要对这些变化阐释说明。本文将以史料为基础，结合前人研究，尝试对嘉万时期御器厂的匠役组成加以明晰，并对制度的变化、工匠的待遇和其背后的社会经济问题做出讨论。

一、明代的匠籍制度与嘉万时期御器厂的匠役组成

明代沿用元代的匠籍制度，在立国之初就将技艺高超的工匠收编官方，使其为国家服役。《大明律·户律》规定："凡军、民、驿、灶、医、卜、工、乐等户，并以籍为定。"以匠籍的方式严格管束工匠，在国家需要时对其调用。在籍官匠有轮班、住坐、存留之分。工部在洪武年间提出将在籍工匠"定以三年为班，更番赴京轮作，三月为期交代"[1]，为后来的轮班制度奠定了基础，此后轮班工匠一直隶属工部管理。据史料记载，轮班匠有其固定的排班次序，在当班期限内受工部及南京工部的调度[2]，其余时间可以自由工作。虽然国家发给官匠一定的月粮，但工匠需要自备工食、自行前往轮班地点，工作任务也十分繁重。为了缓和这一状况，自成化二十一年（1458）开始，轮班匠可"以银代役"[3]，即有一定财力的班匠可以向两京工部缴纳班银来免除当期轮班，工部以此班银再去招募人手。弘治时期再次优化制度，班匠每四年一季的轮班服役均可选择用一两八钱的班银来代替[4]。住坐工匠则是为皇宫内各项工程服务的军民匠户，多受内府官监管理，并且有明确的生产定额。地方各府因存在服务宫廷的需要，也会有一部分存留工匠，这些工匠一般服务于地方上的织染部门且不必去两京轮班。这三类工匠便是明代有籍可查的官匠，当有工程需要时，官方即以匠籍为基础在全国范围内对他们进行调度。

在景德镇御器厂内，据《江西省大志》记载："陶有匠，官匠凡三百余，而复召（招）募，盖工致之匠少而绘事尤难也。曰编役，曰雇役，曰上班匠。"[5] 嘉万时期，由于工作量的加大与产品难度的提高，厂内除原有官匠外又在民间招募工匠，参与生产的匠役就分为编役、雇役和上班匠三种。

其中上班匠指的就是在匠籍的轮班官匠。当御器厂有生产任务时，官方便会调派官匠中可用的轮班工匠来此参与制瓷。厂内的工作并不属于他们的正班行列，只能算是长期的临时差派，但御器厂服务皇帝的性质使得这些班匠不得不被强制长期居于此地，当期轮班之时也理应缴纳班银来免除在他处的役使。随着御器厂生产任务逐渐加重，仅凭300余名官匠无法及时承担订单的供应，而高强度、程序化的工作也使一些在籍工匠循规蹈矩、技术不精，为了更好保证御用瓷器的生产，御器厂参考民间的雇佣形式，也会雇募一部分民匠参与厂内工作。正德年间，梁太监招募民匠并且"开报民户，占籍在官"就是当时的一次尝试[6]。此时厂内所有工匠均被统编入籍，其中原非官匠的民户自然也就成了"编役"。编役的工作实质仍然是佣作，是被御器厂雇佣而来并强制收编的一部分民匠，因其备录于册，需要长期向御器厂服役乃至缴纳班银，但又因其未在原有匠籍之列，更因制度发展尚不充分，编役工匠并不能享受到与官匠等同的待遇，甚至"庸作

[1] 申时行，等修．明会典：卷一八九，万历朝重修本．影印本［M］．北京：中华书局，1989.

[2] 早期根据工种不同分别有三年、四年、五年等不同周期，景泰后均为四年一班，每班前往两京工部服役一季度，一般都是三个月，逢闰增加一个月。

[3] 申时行，等修．明会典：卷一八九，万历朝重修本．影印本［M］．北京：中华书局，1989.

[4] 逢闰月增加为二两四钱，即不当班的工匠平均每月要缴纳六钱来抵免未值班次。

[5] 王宗沐著；黄长椿，左行培，许怀林点校．江西省大志：卷七［M］．北京：中华书局，2018.

[6] 王临元修．康熙浮梁县志：卷四［M］．1662-1722.

与官匠同而无分毫雇值”[1]，在很多方面都深受压迫。嘉万之时，御器厂还会选召一些“堪用民匠”与“白徒高手”作为雇役，并对其技艺、效率有严格要求，厂内将雇工分为高、中、低三等，计日计件给付工银，这种计工给值的方式颇具雇佣关系的色彩。据记载，雇佣而来的龙缸大匠，每名每天给银三分五厘，其余各作的雇役高手每日三分，中手二分五厘，在订单紧急时还会每日各加五厘[2]；生产时也对每人每天的工作量做出规定[3]。这些雇役大多是行业内技艺高超的专门人员，如昊十九、吴明官等人，在应募之前就已经有了相当的名声。

此三类匠作之下还有夫役，承担着御器厂的一些基础徭役工作。一般来讲，明代匠役调配时多“一匠五夫”，用夫役来分担工匠的劳作。在御器厂内，饶州府会从各县征用一部分较低级的劳务人员，分为上工夫、砂土夫等，负责运送原料、分担杂役等体力劳动[4]，其工作几乎没有技术要求，但为工匠及御器厂的生产提供了基本保障。

御器厂的大部分匠役来自景德镇本地及饶州府下各县。窑工服役是由当地调配招募，厂内较为固定的供役人员自然就以当地和周边工人为主，但也有一部分来自南昌、都昌等稍远地方的外籍工人。这些远乡工匠并无土地田产，又不谙瓷业，最初只能以窑业佣工为生；后来以“都昌帮”为代表的外乡窑户才发展起来，逐渐能够自主经营参与制瓷并打破了景德镇人独霸当地瓷业的局面，这也使得更多的外乡工人被景德镇吸引从而参与到瓷器生产之中。虽然一些传统的核心技术仍然掌握在少数当地人手中，如魏氏和童氏长期垄断结窑与烧窑技术，但是外乡佣工的迁入与赴厂帮工，为御器厂提供了充足的人手，也为景德镇的发展注入了新的活力。

二、明代御器厂匠役制度的变化

明代御器厂最初仅是征解在籍的轮班官匠承担生产工作，“上班匠”也一直是厂内的劳役基础，为窑厂提供了最稳定、最基本的劳动力。但对班匠征集的强制性使得其因循消极，御器厂生产任务日益加重，而民间的雇役制又逐渐有了发展基础，种种因素导致明代中后期官方开始从民间雇佣部分工匠，并将其收编以便管理。征用民匠之初制度并不完善，仅仅以“编役”的形式束缚工匠，确保他们前去工作的同时并不能保证其应有的待遇，编役被以雇募的形式召集而来，却被迫承担劳役的任务，编役的实质是顺应雇役制发展而又发展不完全时的制度倒退。到后来，为了选募高手，从民间征募的工匠通过评估其劳动来支付每天的报酬，这种带有强烈雇佣色彩的制度形成之后，厂内才真正出现了“雇役”。从饶属各县征调的“人夫”则属于传统的服徭役的夫役行列，这是历朝历代国家无偿征用百姓参与官方性工作的强制性政策。总之，在嘉万年间这些或被征调或被招募的工匠夫役，撑起了御器厂生产的基础工作。其工匠组成以传统劳役制为基础的同时出现了新兴的雇役制因素，这种并存的状态反映出了在明末资本主义萌芽出现、雇佣关系开始发展的情况下，官方生产场所为适应时代由劳役制向雇役制转变的尝试。

御器厂对匠役的管理制度此时也在逐渐改进。为顺应工匠呼声、更好地调动工匠的积极性，嘉万年间管厂官员会为厂内匠役争取一定的权利，对原有制度做出一些调整，比如：申请将在御器厂的任务作为班匠的“正班”，免去其班银；对于家庭贫困、人丁单薄的匠户给予一定照顾，准其分班次上工[5]。这些措施

[1] 王临元修. 康熙浮梁县志：卷四［M］. 1662-1722.
[2] 王临元修. 康熙浮梁县志：卷四［M］. 1662-1722.
[3] 王宗沐著；黄长椿，左行培，许怀林点校. 江西省大志：卷七［M］. 北京：中华书局，2018.
[4] 王宗沐著；黄长椿，左行培，许怀林点校. 江西省大志：卷七［M］. 北京：中华书局，2018.
[5] 王临元修. 康熙浮梁县志：卷四［M］. 清康熙二十一年刻本.

使得工匠“稍得缓恤”，能够更好投入工作。同时，手艺高超的匠人不仅可以声名远播，而且可以凭此获得一定的社会地位，可与一些达官贵人相结交[1]。嘉靖年间，甚至出现了绩效突出“以木匠至工部尚书”的案例[2]，这种阶级上的跨越给了工匠很大的激励。虽然御器厂的性质使其不可避免地带有强制与剥削性质，但制度的改进仍然为工匠提供了对美好前景的展望，也尽可能免去其后顾之忧，使工匠的热情极度高涨，大大提高了御器厂的工作效率。

三、嘉万时期御器厂匠役的工薪试析

御器厂内匠役是通过劳动来获得较稳定的生活保障的。服役工匠有官府给的固定的食银或月粮，班匠的月粮约为三斗至一石[3]，他们身在匠籍，国家对其统一管理并已形成了较成熟的食粮发放流程，收入较为稳定。而供徭役的人夫，每名每年工银在各县粮差内征解，有七两二钱[4]，也是一笔不少的收入[5]。至于雇役，前文已有介绍，多数雇佣而来的民匠每日工银能有三分左右，即便是普通作内的“低手”，一天也能有二分五厘，那么雇役每月的最低工银也有七钱五分。《神宗实录》说粮食“每石银七钱折发，乃天下可行之制”，那么折合来看，雇役的收入整体上是高于班匠的。而且按照旧规，班匠还要向工部缴纳班银，相对来说，官匠的待遇并不算高。这或许与匠籍制度形成较早、因循守旧有关，而雇役模式起步较晚，更能与明末的社会环境相适应，也就更契合当时工匠的需要。相比之下，编役的生活不能得到很好保障，“既非租庸本差，又不得受工匠浮食”[6]，编役匠受到多方面的压迫，但归根结底还是制度发展不充分导致的短暂滞后。整体来讲，嘉万时期御器厂在对匠役严格管理的同时，能够给他们争取到一定的优厚待遇。

前人研究指出，明万历年间在北京从事非技术行业的普通劳动者，日薪为0.03—0.04两，掌握一定技术的工匠每天能有0.05—0.07两[7]。考虑到地区与工作差异，嘉万时期景德镇御器厂的匠役是基本达到当时工资标准的，可以勉强维持生计甚至小有积蓄。但劳动力的价格还是略显低廉，同时期欧洲国家资本发展、雇佣关系也逐渐成熟，据统计，16—17世纪时，英国建筑业如泥瓦匠、砖匠等工人，日工资约有15便士，约合银0.19两，小麦15斤[8]。同时期英国工人的日工资及工资购买力远远高于我国明代的匠役。而且这些工匠在厂内服役的同时就不能参与民窑的生产，明末景德镇一处窑户每年实际收入大概能达到65—80两[9]，扣除生产经营的基本费用、税费与各种杂项支出后利润也十分可观；御器厂给匠役提供稳定工作的同时，限制了工匠自由参与民间瓷业获取更高薪资。

御器厂内在人力资源的支出所占比重也并不算高。需要强调的是，御器厂是为皇帝生产瓷器的场所，产品只供应皇帝，不以营利为目的，更不存在用于出售的商品，不计成本，只求质量。文献记载烧造青花瓷器所需的回青料，一斤就需要二两白银[10]，这大致相当于一个低级雇役三个月的工银；又如大样龙缸，即使

[1] 梁淼泰. 明代后期景德镇御器厂匠役制度的变化［J］. 中国社会经济史研究，1982（1）：83-93.
[2] 陈绍棣. 明代“匠官”小议［J］. 安徽史学，1984（4）：80-81.
[3] 梁淼泰. 明代后期景德镇御器厂匠役制度的变化［J］. 中国社会经济史研究，1982（1）：83-93.
[4] 梁淼泰. 明代后期景德镇御器厂匠役制度的变化［J］. 中国社会经济史研究，1982（1）：83-93.
[5] 因待遇优厚，此项常有“包泊冒领之弊”，后来官府不得不裁减人数，并将多余派发的工银存留以备烧造支用。
[6] 王泽洪，吴俊，等纂修. 康熙饶州府志：卷十一［M］.
[7] 高寿仙. 明万历年间北京的物价和工资［J］. 清华大学学报（哲学社会科学版），2008（3）：45-62.
[8] 茅变变. 14—19世纪中期中英雇工工资比较［D］. 长春：东北师范大学，2014.
[9] 梁淼泰. 明代后期景德镇御器厂匠役制度的变化［J］. 中国社会经济史研究，1982（1）：83-93.
[10] 周梦旸著. 水部备考［M］. 明万历十五年序刊本，日本内阁文库藏本.

在分派民窑的情况下也要支出二十两左右[1]，对于工人来说就更加奢侈。此外，《江西省大志》记录厂内有官匠三百余人，梁淼泰先生统计说厂内总计工匠五百余人[2]，雇役人数并不算多，即需要御器厂支出的雇工银每年仅需一千多两（以雇役二百人，每天工银二分五厘，一年生产 9 个月计），相较动辄上万的瓷器烧造费用，人力成本已是十分廉价。劳动力的价格低廉是御器厂性质所致，本质上也是中央集权下一切归皇帝统治、为皇帝服务的反映。

四、总结与讨论

明代嘉万时期的御器厂内，班匠、编役、雇役与夫役组成了其生产的匠役基础，其中的班匠与夫役属于传统的归属国家统一管理的服役人员，而雇役与编役则是经御器厂自行招募收编的民间工匠。这种匠役组成体现了明代官方对生产及工匠的同一控制，也反映出明末御器厂由劳役制向雇役制的发展，是官方生产单位为适应时代而做出的调整。但御器厂始终是为皇帝服务的生产机构，产品不对外销售，无法赚取利润，厂内雇募工匠的行为就仅仅是具有雇役性质，而并非完全的商品经济生产下的雇佣关系；窑厂与匠役地位也始终不平等，对厂内工匠的欺压长期存在。万历二十七年（1599），潘相督理景德镇窑务时对工匠百姓大肆盘剥，引得民间不断反抗，最终潘相被裁撤回京，此后不仅宦官不再督理陶政，御器厂的生产也大大衰落，几陷停顿。万历遗诏说："罢一切榷税并新增造诸项。"[3] 此后的御用瓷器多交由景德镇民窑生产。到了清代，从顺治朝开始逐渐废除了匠籍制度，工匠才从无止境的服役中解放出来，能够自由选择[4]，御窑厂雇佣民间工匠的制度也更加完善。雇役制是明清之际社会经济发展不可逆转的趋势，御器厂作为官方机构，转变匠役制度顺应了这一趋势，不仅维持了自身的发展，也客观促进了全国各行业内雇役制度的形成与完善。

御器厂给予了窑工一定的生活保障使其能够更好地保证厂内生产供应。相对稳定的待遇吸引了景德镇及周边地区的工匠，越来越多的自由劳动力参与到景德镇的瓷器生产之中，不仅促进了御窑的发展，也促进了景德镇民窑的兴盛。明代中后期镇内窑户明确分工，雇主招募工匠参与到小家小户的制瓷工序，他们不仅掌握了当时最先进的制瓷技术，而且生产成本尤其是劳动力成本较低，质优而价廉的景德镇瓷逐渐在全国乃至世界范围内都极具竞争力。此时，欧洲国家不仅于此采办瓷器，还以订单的形式使工匠为其生产订制产品，使吸收了多元文化的景德镇民间瓷业更加兴盛。瓷业的发展促进了景德镇的整体繁荣，万历年间城市发展，"大之而两京，江浙闽广诸省，次之而为苏松淮扬诸府，临清、济宁诸州，仪真、芜湖诸县，瓜洲、景德诸镇"[5]，景德镇最终以其发达的制瓷业跻身于国内繁华市镇之中。

[1] 王宗沐著；黄长椿，左行培，许怀林点校. 江西省大志：卷七［M］. 北京：中华书局，2018.
[2] 梁淼泰. 明代后期景德镇御器厂匠役制度的变化［J］. 中国社会经济史研究，1982（1）：83-93.
[3] 张廷玉，等撰. 明史：卷二十一［M］. 北京：中华书局，1974.
[4] 范金民. 清代废除匠籍的历史意义［J］. 社会科学辑刊，1995（1）：108-115.
[5] 张涛，谢陛. 明万历·歙志［M］. 合肥：黄山书社，2014.

回顾与前瞻：武山木梯寺石窟研究四十年

成军鹏[1]

内容提要： 2021 年是武山县木梯寺文物保护管理所建所 10 周年，也是木梯寺石窟被发现 40 周年。本文按照发端、发展两个阶段回顾木梯寺石窟自 20 世纪 80 年代以来 40 年的学术史，客观地总结学术成果，概括不同阶段的研究特点，并提出了未来的研究方向。

关键字： 木梯寺石窟　学术史　回顾　前瞻

木梯寺石窟位于甘肃省天水市武山县西南 35 公里的马力镇杨家坪北侧 1.5 公里的柏林山上，窟龛主要分布于柏林山腰的桐树湾和松树湾内呈“M”形的崖壁上，窟区四周悬崖峭壁，仅北侧有一山门可入，沿一条可一人通行的羊肠小路到达各个窟龛，其中大多数窟龛集中在桐树湾内北侧和西侧的崖壁下方，其余窟龛及崖阁散布于桐树湾和松树湾内[2]。据传，旧时山门绝壁处架了 10 多米高的木梯供人们进出寺庙，因需攀木梯越险而过，木梯寺因此而得名[3]。据明代重建木梯寺序记载：“龙川东北有山曰‘林寺’，又曰‘木梯寺’，初建于汉，自唐迄今，历代经营，内有十殿九洞二砖塔，二塔已无迹可考，最西有天然石佛一尊，较伏羌大佛略小。明洪武初年，经林僧党郁刚重建，明万历十五年（1587）有平凉府隆德居士任寅明捐资重修。”[4] 序中所记，木梯寺初建于汉朝，不可信，但现存最早的遗存可确定为唐代[5]。综合近年来的研究成果，麦积山石窟艺术研究所和木梯寺文物保护管理所的专家一致认为木梯寺开凿于北魏，但原作均无存，此后，唐、宋、元、明、清陆续有所开凿或重修。木梯寺石窟现存窟龛和崖阁 20 座，历代造像 80 余尊，壁画 234 幅，榜书题记约 40 处，面积达 500 多平方米。

20 世纪 70 年代，木梯寺石窟遭到附近民众的破坏，祖师殿被毁，1982 年予以重修，而传说中的木梯已了无踪迹，原处何地也无从考证。实际上，早在 1972 年，木梯寺石窟就被武山县革命委员会列为县级文物保护单位，却未

[1] 成军鹏，男，1995 年生，国家古代壁画与土遗址保护工程技术研究中心、甘肃省敦煌文物保护研究中心助理馆员，主要从事石窟寺保护与研究。

[2] 孙晓峰，臧全红．甘肃武山木梯寺石窟调查简报［J］．敦煌研究，2008（1）：27.

[3] 李焰平，赵颂尧，关连吉．甘肃窟塔寺庙［M］．兰州：甘肃教育出版社，1999：34.

[4] 孙晓峰，臧全红．甘肃武山木梯寺石窟调查简报［J］．敦煌研究，2008（1）：27.

[5] 郑炳林，魏文斌．武山水帘洞・木梯寺石窟［M］．兰州：甘肃人民美术出版社，2015：151.

得到较好保护。1981 年，木梯寺石窟被甘肃省人民政府列为省级文物保护单位。2004 年 5 月，麦积山石窟艺术研究所中小石窟调查组为配合甘肃省文物局开展的甘肃境内中小石窟调查工作，对木梯寺石窟进行了为期 18 天的调查[1]。2006 年，木梯寺石窟被列为全国重点文物保护单位[2]。2011 年 10 月 1 日，武山县木梯寺文物保护管理所正式挂牌成立，开始对木梯寺石窟进行保护管理与旅游开发。

一、木梯寺石窟的价值

石窟最早起源于印度，是依山崖开凿而成的一种佛教寺庙建筑[3]。石窟按功用可分为两类：一是用作僧侣修行禅定的禅窟，称为毗诃罗窟；二是供僧众祭祀佛祖的礼拜窟，称为支提窟。石窟随着佛教东渐而与佛教、佛寺一起传入中国[4]。

中国开凿石窟始于 3 世纪，盛于 5—8 世纪，最晚的可到 16 世纪[5]。甘肃省地处古丝绸之路的黄金地段，是西域通向中原的走廊[6]。4 世纪中叶，佛教在甘肃境内兴起和发展[7]。5—7 世纪，由于社会经济稳定发展，丝路畅通无阻，佛教艺术得到迅速发展，甘肃成为全国石窟最多的省份，被誉为“石窟之乡”[8]。20 世纪初，敦煌藏经洞遗书的发现震惊国内外学术界，敦煌学应运而生，并在全球学术界兴起一股久盛不衰的“敦煌热”[9]。敦煌学虽经一个多世纪的发展，但学术界的眼光仍聚焦于大型石窟，如敦煌莫高窟、天水麦积山石窟、炳灵寺石窟等。然而，许多同木梯寺石窟相似的中小石窟群，因石窟类型和造像组合单一，故学术界关注度不高、价值挖掘阐释力度不够。笔者认为，中小型石窟也是中国石窟寺的组成部分，更是石窟保护研究中不可或缺的一部分。此外，中小型石窟也是研究区域内政治、经济、文化不可或缺的实物资料，不应忽视其重要性。

木梯寺石窟融儒、释、道三教于一寺，集建筑、造像、壁画于一处，具有极高的历史、文化、艺术、社会价值。

1. 历史价值

木梯寺石窟中北朝开凿的五、七、九号窟为平顶或覆斗顶方形低坛基窟，造像组合为一佛二菩萨、三佛二弟子四菩萨。十四号窟为唐代开凿的天然敞口大龛，内塑一佛二菩萨。五、七号大窟为晚唐到宋代开凿的平顶方形高坛基窟。十一号窟为元代摩崖浅龛，而一、三、四号窟为明代开凿，这些窟龛为研究石窟形制与造像组合的演变提供了丰富的实物资料。晚唐及宋、元时期是我国石窟寺开凿的衰落时期，而木梯寺以五、七号为代表的大型洞窟的出现，不仅仅填补了这一时期麦积山石窟寺开凿的空白，更是见证了佛教的发展，以及社会形态和宗教信仰的演变。

2. 文化价值

木梯寺石窟位于古丝绸之路和唐蕃古道上，是渭河上游地区重要的佛教遗址，对于研究佛教传播及文化交流具有重要的意义[10]。木梯寺石窟融佛、道于一寺，即太上老君、玉皇大帝、药王孙思邈、吕祖、魁星、佛陀、菩萨等共存一寺，对研究我国石窟及宗教文化交融具有重要的意义，其透过神、佛直接反映出当地民众的基本诉求和朴素的宗教观。木梯寺石窟

[1] 孙晓峰，臧全红. 甘肃武山木梯寺石窟调查简报［J］. 敦煌研究，2008（1）：27.
[2] 孙晓峰，臧全红. 甘肃武山木梯寺石窟调查简报［J］. 敦煌研究，2008（1）：27.
[3] 李焰平，赵颂尧，关连吉. 甘肃窟塔寺庙［M］. 兰州：甘肃教育出版社，1999：34.
[4] 李焰平，赵颂尧，关连吉. 甘肃窟塔寺庙［M］. 兰州：甘肃教育出版社，1999：34.
[5] 宿白. 中国石窟寺研究［M］. 北京：生活·读书·新知三联书店，2019：1.
[6] 李焰平，赵颂尧，关连吉. 甘肃窟塔寺庙［M］. 兰州：甘肃教育出版社，1999：34.
[7] 王宗光. 甘肃石窟文化综述［J］. 西北民族学院学报（哲学社会科学版），2002（4）.
[8] 李焰平，赵颂尧，关连吉. 甘肃窟塔寺庙［M］. 兰州：甘肃教育出版社，1999：34.
[9] 李焰平，赵颂尧，关连吉. 甘肃窟塔寺庙［M］. 兰州：甘肃教育出版社，1999：34.
[10] 孙晓峰，臧全红. 甘肃武山木梯寺石窟调查简报［J］. 敦煌研究，2008（1）：27.

现存历代榜书题记40余处，其内容包括明清文人所题匾额、木楹联、墨书题记和功德簿等，对于研究木梯寺的沿革具有重要价值，更为研究明清文人的社会生活提供了文献实证。

3. 艺术价值

木梯寺窟龛、造像、壁画、崖阁等造型精美，丰富了西北地区的石窟类型。木梯寺窟龛形制多样，有平面方形窟、平面方形龛等多种形式，极大地丰富了石窟形制。木梯寺石窟的开凿方式，以及木雕、砖雕等建筑构件技法精细，内容丰富多样。木梯寺石窟与崖阁完美结合，在建筑技艺和风格上具有地域特点，崖阁有前坡式、人字坡硬山顶式、二层楼阁式等不同形式，均为小型建筑，精巧别致，为研究我国西北建筑史发展提供了宝贵的实物资料。木梯寺石窟造像泥塑精细、工艺独特、装饰华丽，既有初唐的简朴，又有盛唐的风韵，体现出极高的艺术价值。木梯寺石窟彩塑是"神性"与"人性"自然生动的融合，独具艺术魅力，泥塑禅定佛塑造生动，微笑蕴含于端静的神态之中，具有较高的艺术性。明代壁画中的线描人物，技能和人物造型技法出色，为研究明代壁画艺术提供了重要实物资料[1]。

4. 社会价值

木梯寺石窟的窟龛、造像、壁画、崖阁等文物体现出一个时代的思想观念、风俗习惯和社会风尚。木梯寺石窟作为全国重点文物保护单位，对弘扬展示中华民族悠久的历史文化、灿烂的中华文明，以及开展爱国主义教育有着重要的社会作用。木梯寺石窟作为武山县重要的历史文化资源，具有文化展示、旅游观光、生态环境、美化景观等综合功能，也曾为红军长征途经之地，是红色旅游的景点之一，具有革命教育价值。

二、木梯寺石窟研究回顾

1981年至今，学术界对木梯寺石窟的考察和研究取得了一定的成就。纵观学术历程可分为两个阶段：一是发端期，即20世纪80年代至21世纪初，这一阶段为木梯寺石窟调查工作初步展开的时期；二是发展期，即21世纪初至今，这一阶段的成就是《武山水帘洞·木梯寺石窟》的出版。

（一）发端期

这一阶段是木梯寺石窟发现和调查的草创阶段，也是木梯寺石窟调查工作初步展开阶段，因此称之为木梯寺石窟调查和研究的发端期。

早在1981年甘肃省文物考古研究所董玉祥等人曾调查过木梯寺石窟，1987年武山县文化馆臧志军等人再度调查木梯寺石窟，但均未发表相关资料[2]。

这一时期木梯寺石窟研究可分为两方面：一是木梯寺石窟的调查；二是木梯寺石窟的价值探析。

关于木梯寺石窟的调查，学界明确提出了木梯寺的地理位置及窟龛保存状况。1987年，马天彩在《武山木梯寺石窟》一文中明确指出木梯寺石窟的地理位置、名称由来、窟龛及造像的数量，她提出木梯寺石窟的开凿年代有待考究，并简要介绍五、七号窟造像形态。同时，辨认五号窟内造像的尊名，即正壁主尊为燃灯佛，两侧或坐或立，分列着释迦佛、明王佛、文殊和普贤菩萨，弟子迦叶和阿难、侍女，以及牛王神和护法神。又提出七号窟主尊为释迦牟尼佛，其余为两佛、一罗汉、四菩萨，着重突出菩萨生动恬静的形象[3]。胡同庆在《甘肃石窟艺术概括》中介绍陇南石窟群时，提到木梯寺的地理位置、名称由来及保存现状，又提出木梯寺内现存窟龛14个、殿宇4座、保存造像78尊、壁画234幅，其中五、七号两窟较

[1] 孙晓峰，臧全红．甘肃武山木梯寺石窟调查简报［J］．敦煌研究，2008（1）：27.
[2] 孙晓峰，臧全红．甘肃武山木梯寺石窟调查简报［J］．敦煌研究，2008（1）：27.
[3] 马天彩．武山木梯寺石窟［N］．兰州：甘肃日报，1987.

大，保存较好，并认为木梯寺开凿年代有待考证[1]。潘国庆在《甘肃窟塔寺庙》中介绍了木梯寺石窟的地理位置、名称由来，阐明了木梯寺现存洞窟18个、殿宇4座、造像78身、壁画2100多平方，并提出一、五、七、九、十六号窟造像保存较好，艺术价值高，对以上五窟的造像风格和特点进行了说明，其中对五号窟造像尊名进行了识别，其识别与上述马先生所提相同[2]。

关于木梯寺石窟的价值探析，学界提出木梯寺石窟具有历史、文化、艺术价值。王骁勇在《天水地区石窟分布及其艺术特征》中介绍天水地区石窟和分布时，提到木梯寺石窟的地理位置、名称由来及石窟现状，认为五、七、十六号窟保存较好，未失原作风格。王骁勇认为木梯寺石窟形制有四种，即崖窟、摩崖龛、走廊、自然窟，窟形为平面方形和穹隆顶，造像多为石胎泥塑且以宋代造像为全寺精华[3]。王骁勇在《陇右石窟的建筑形制》中介绍渭河流域麦积山石窟群时，提到木梯寺石窟的地理位置、名称由来和保存现状，特别提出木梯寺部分造像具有北魏遗风[4]。孙晓峰在《甘肃天水、陇南地区中小石窟的初步考察》一文中从侧面阐明了木梯寺石窟的创建因素和石窟保护所面临的问题，并简要介绍了十四号窟的造像风格及其反映的阿弥陀佛净土思想，阐释木梯寺五、七号窟的窟龛形制及其研究意义，他在文章第四部分介绍碑刻题记时，提到木梯寺各窟的清代供匾及墨书梁记，并在文章附表中明确指出木梯寺开凿于唐朝[5]。闫婷婷在《甘肃石窟寺时空分布特征述论》一文中，引用卢文秀编著的《中国石窟图文志·石窟志编》指出木梯寺石窟的地理位置、窟龛数量，并认为木梯寺开凿于十六国时期[6]。

总体来看，这一时期学界对木梯寺石窟做了不少的考察和研究，但从考古学[7]视角看，这些工作略显粗糙，尚未在平剖面、立面图及洞窟位置关系图绘制等方面做出突破。其主要研究成果集中于木梯寺石窟造像探讨和年代判定等方面，对木梯寺石窟缺乏全方位的认识。而一些学者提出的观点影响深远，为后来的田野调查和研究奠定了基础。

（二）发展期

这一时期是木梯寺石窟调查和研究的发展阶段，也是木梯寺石窟调查工作全面展开的时期，因此称之为木梯寺石窟调查和研究的发展期。

2004年5月，麦积山石窟艺术研究所中小石窟调查组为配合甘肃省文物局开展的甘肃境内中小石窟调查工作，对木梯寺石窟进行了为期18天的调查。此次调查工作主要包括石窟编号、文字记录、摄影记录和窟龛的测绘等，当时除孙晓峰、臧全红两位学者外，还有魏文斌、项一峰、孙永强、唐冲、董广强、孙志军等学者参与此次的调查工作[8]。2011年10月，武山县木梯寺文物保护管理所正式挂牌成立。此后，木梯寺石窟文物保护工作由专人负责，木梯寺石窟的保护和研究开启了新征程。

这一时期的研究可分为三个方面。

一是木梯寺石窟科学调查，对木梯寺石窟进行了科学而翔实的调查。2018年，麦积山石窟艺术研究所的孙晓峰和臧全红在《敦煌研究》上发表了《甘肃武山木梯寺石窟调查简报》，该简报首次指明木梯寺石窟窟龛为20个，并从石窟形制、造像、壁画、榜书题记四

[1] 胡同庆. 甘肃石窟艺术概况［J］. 敦煌研究，1994（3）：157.
[2] 李焰平，赵颂尧，关连吉. 甘肃窟塔寺庙［M］. 兰州：甘肃教育出版社，1999：34-36.
[3] 王骁勇. 天水地区石窟分布及其艺术特征［J］. 天水师范学院学报，2005（3）：38.
[4] 王骁勇. 陇右石窟的建筑形制［J］. 天水师范学院学报，2007（4）：23.
[5] 孙晓峰，甘肃天水、陇南地区中小石窟的初步考察［J］. 敦煌学集刊，2006（4）：45-48.
[6] 闫婷婷. 甘肃石窟寺时空分布特征述论［J］. 和田师范专科学校学报，2007（2）：25.
[7] 宿白. 敦煌七讲（未刊稿）. 李永宁、施娉婷、潘玉闪等整理，敦煌：敦煌文物研究所，1962：37.
[8] 孙晓峰，臧全红. 甘肃武山木梯寺石窟调查简报［J］. 敦煌研究，2008（1）：27.

个方面调查木梯寺石窟。同时，该简报对木梯寺石窟开凿年代进行论证，根据其窟龛形制及造像特征，提出木梯寺石窟所反映出的宗教信仰，从而肯定了木梯寺石窟对研究我国石窟艺术及各民族宗教文化的交融具有重要意义。孙晓峰和臧全红在简报中提出，唐晚期及宋元时期是我国北方地区石窟开凿的衰落期，但木梯寺却出现以五、七号窟为代表的大型佛殿窟，不但填补了这一时期麦积山石窟的空白，而且对研究当地的社会形态、宗教发展，以及人们的宗教信仰等具有重要的作用。着重说明十三号窟明代线描人物因线描技能和人物造型出色，为研究明代壁画艺术提供了重要的实物资料[1]。马格霞、沈建刚在《唐代陇右东部地区佛教信仰研究》一文中，结合麦积山石窟艺术研究所中小石窟调查组的调查成果，对木梯寺十四号窟进行了详尽的阐述，并结合陇右地区大佛开凿过程，阐释陇右百姓对佛教的虔诚和执着[2]。

二是木梯寺石窟艺术研究，学界首次从艺术角度研究木梯寺石窟。徐越在其著作《武山石窟造像艺术》中，首次从艺术鉴赏的角度对木梯寺石窟宋代彩绘、清代弟子像及倚坐大佛开展了艺术鉴赏分析[3]。邓炜煜在《武山县木梯寺石窟艺术的调查与研究》一文中，从艺术学角度对木梯寺石窟做了定量的调查工作[4]。徐越在《论木梯寺“世俗化”菩萨造像的审美与表现》一文中，从艺术的角度分析了木梯寺七号窟胁侍菩萨的神性与人性，凸显佛教在传播过程中所表现出本土化和世俗化的倾向[5]。高波在《武山木梯寺造像残存——泥塑佛像释义》一文中，通过对木梯寺七号窟泥塑佛像分析得出木梯寺石窟造像表现出的民族化和世俗化倾向[6]。

三是木梯寺石窟的创建问题，学界基本明确了木梯寺初建于北朝及其创建因素。魏文斌在《武山水帘洞·木梯寺石窟》一书中提出木梯寺石窟同水帘洞石窟群均初建于北朝，终于明清，并对木梯寺五、七、十六号窟石窟造像做了详细图文介绍[7]。赵世金在《甘肃武山水帘洞石窟群研究》分析武山水帘洞石窟群与同期佛教石窟的关系中，提出木梯寺石窟造像可对水帘洞石窟群进行内容上的补充，木梯寺石窟开凿应是对水帘洞石窟的仿效[8]。吴旭东在《武山县木梯寺石窟研究》一文中，结合文献资料，利用学科交叉法、对比研究法总结前人研究成果，分析木梯寺创建因素并做出专题性研究，最后提出保护性建议。但在木梯寺沿革方面，尚未点明明朝以降木梯寺石窟的发展历程。在实地调查方面，未能突破麦积山石窟艺术研究所中小石窟调查组的调查成果，缺失道教石窟和榜书题记的田野调查。在专题性研究方面，用木梯寺十四号窟大佛胡须的特殊性来说明大佛的尊名有些牵强，尚未看到舍利塔的特殊性及所反映的宗教信仰和实用性功能，即塔是佛，三塔为三佛。吴旭东对十六号窟功德簿的研究，未能依据文献资料和实地情况科学分析，仅从数据片面分析出新寺镇和乐善镇两镇经济差异，导致结论与现实情况不符[9]。

这一时期的成果主要表现在三个方面：一是发表了木梯寺石窟的调查简报《甘肃武山木梯寺石窟调查简报》，以及出版了《武山水帘洞·木梯寺石窟》，这两项成果在木梯寺石窟学术研究史上具有里程碑式的意义，为后来木

[1] 孙晓峰，臧全红．甘肃武山木梯寺石窟调查简报［J］．敦煌研究，2008（1）：27.
[2] 马格侠，沈建纲．唐代陇右东部地区佛教信仰研究（一）［J］．天水师范学院学报，2011（3）：37-38.
[3] 徐越．武山石窟造像艺术［M］．北京：当代中国出版社，2011：110-142.
[4] 邓炜煜．武山县木梯寺石窟艺术的调查与研究［J］．大众文艺，2011（21）.
[5] 徐越．论木梯寺“世俗化”菩萨造像的审美与表现［J］．兰州交通大学学报，2013（5）：132-133.
[6] 高波．武山木梯寺造像残存——泥塑佛像释义［J］．雕塑，2014（6）.
[7] 郑炳林，魏文斌．武山水帘洞·木梯寺石窟［M］．兰州：甘肃人民美术出版社，2015：151.
[8] 赵世金．甘肃武山水帘洞石窟群研究［D］．兰州：兰州大学，2017：155.
[9] 吴旭东．武山县木梯寺石窟研究［D］．兰州：兰州大学，2018：1-6.

梯寺石窟的研究提供了最权威的参考依据。在此基础上，学者们开始从艺术鉴赏的角度来研究木梯寺石窟的窟龛造像。二是学界明确提出木梯寺石窟初创于北朝。三是木梯寺文物保护管理所做了大量的保护工作。

三、木梯寺石窟研究前瞻

在造像形制、窟龛数量、交通等因素的制约下，木梯寺石窟研究严重落后于其他大型石窟寺。但随着有关学者的关注，木梯寺石窟相关的研究明显增多。近40年来，马天彩、胡同庆、潘国庆、臧志军、臧全红、孙晓峰、魏文斌、马格霞、沈建刚、徐越、邓炜煜、赵世金、吴旭东等学者对木梯寺石窟进行了多角度的阐释与探讨。综合以上学者研究成果来看，木梯寺石窟研究中仍有相当大的学术空间。

一是木梯寺石窟创建年代的考辨，马天彩认为木梯寺开凿年代待考[1]，胡同庆尚未明确木梯寺开凿年代[2]，潘国庆却认为木梯寺石窟开凿于唐代，明、清两代多次修复[3]，卢秀文认为木梯寺石窟始建于十六国时期[4]，孙晓峰、全红认为木梯寺石窟开凿于唐宋之际[5]，魏文斌则认为木梯寺创建于北朝，终于明清，但木梯寺现存最早遗存为唐代[6]。近年来，麦积山石窟艺术研究所和木梯寺文物保护所的专家认为木梯寺石窟最早开凿于北魏时期，但缺乏翔实文献的支撑。

二是木梯寺石窟尚未开展专题性研究工作，麦积山石窟艺术研究所中小石窟调查组对木梯寺石窟进行了详尽的考古学调查，但在石窟形制、造像特征、壁画绘制、榜书题记、石窟保护等方面尚未做出突破性研究，而木梯寺石窟中道教窟龛和其呈现出的佛道融合现象亟待研究。

三是在古“丝绸之路”南道和唐蕃古道上分布有麦积山石窟、甘谷大像山石窟、武山水帘洞石窟群、武山木梯寺石窟和禅殿寺石窟等，这些石窟在形制、造像、壁画、榜书题记等方面有共性的联系，也有个性的区别，渭河上游石窟群间的内在联系尚待学者发掘。

四是木梯寺石窟研究十分薄弱，在考古学、艺术学、宗教学、社会学等相关的研究成果较少，石窟档案、内容总录等尚未整理。一切研究工作应建立在基础资料完善的基础上，目前，木梯寺石窟的文献与数据资料整理仍显粗糙，致使更深层次的研究无法开展，因此，木梯寺石窟今后的研究工作重心应在资料整理方面。

---

[1] 马天彩. 武山木梯寺石窟［N］. 甘肃日报，1987.
[2] 胡同庆. 甘肃石窟艺术概况［J］. 敦煌研究，1994（3）：157.
[3] 李焰平，赵颂尧，关连吉. 甘肃窟塔寺庙［M］. 兰州：甘肃教育出版社，1999：34.
[4] 闫婷婷. 甘肃石窟寺时空分布特征述论［J］. 和田师范专科学校学报，2007（2）：25.
[5] 孙晓峰，臧全红. 甘肃武山木梯寺石窟调查简报［J］. 敦煌研究，2008（1）：27.
[6] 郑炳林，魏文斌. 武山水帘洞·木梯寺石窟［M］. 兰州：甘肃人民美术出版社，2015：151.

苏南抗日根据地的金融货币斗争

吴 芳 顾 蓓[1]

内容提要：沪宁杭沦陷后，苏南成为日伪统治地区的心脏地带，也是汪伪政权的核心区域。苏南抗日根据地在与日伪开展艰苦卓绝、机动灵活的游击战时，还进行着另一场没有硝烟的战争——货币战。苏南抗日根据地通过整顿货币市场、建立银行、发行抗币，以及驱除伪币等一系列货币金融措施，有效地平抑了物价，保障了根据地人民的生活，推动了根据地经济建设，为根据地斗争书写了浓墨重彩的一页。

关键词：货币战　建立银行　抗币

1937 年日本发动全面侵华战争，金融货币侵略同时推行，为减少战争对日本国内经济的影响，日本实行“以战养战”的方针，利用各种伎俩破坏法币信用，设立伪银行，发行伪纸币，抢占市场，掠夺资源，以适应其政治、军事侵略的需要。这种破坏不仅使沦陷区的金融受到严重影响，而且使根据地的财政经济遭受很大损失。苏南抗日根据地距离日寇在华东最重要的侵略据点上海和汪伪政权的政治中心南京最近，这一地缘特点使苏南抗日根据地的经济建设具有一定的特殊性。根据地军民积极响应中共中央和华中局的指示，开展金融货币斗争，为中国共产党领导的敌后抗战做出了不可磨灭的贡献。

一、日伪的货币入侵手段

抗战期间，日本利用伪政府，企图以军事进攻与金融破坏并行的方式减弱我国抗战的力量。在战争的不同阶段，日伪采取不同的手段，扰乱金融，破坏经济。

1. 抢夺物资，贬低法币币值

抗战开始后的一段时期，法币是国统区和根据地的主要流通货币。日本通过向国统区倾销物资的方式获取法币，进而套汇。太平洋战争爆发后，日本则利用多种形式吸聚法币，进而对各种战争必需资源进行疯狂劫掠。粮食作为重要的战备资源，成为物资掠夺对象中的重中之重。日军先是占领粮市并查封存粮，仅在苏州、无锡、常州就抢夺粮食 140 余万石，继而又在城市和产粮区与奸商勾结串通，利用奸商潜入根据地，高价收买粮食和其他物资[2]。为缓解政府财政压力，国民政府超额发行法币，

[1] 吴芳，女，1966 年生，镇江博物馆副研究馆员；顾蓓，女，1987 年生，镇江博物馆馆员。

[2] 刘高嘉宝，刘晟. 华中抗日根据地（江苏部分）货币政策在稳定物价中的作用研究［J］. 江苏钱币，2016（2）：94-101.

加剧了货币市场上法币供大于求的情况，法币在国统区发生大幅贬值。在市场的流动性和趋利性的作用下，法币大量涌入市场秩序相对稳定的抗日根据地，严重扰乱了国统区的经济秩序，同时也给抗日根据地的金融稳定和人民生活造成了极大的威胁。

2. 发行军票，套取法币

日本军票，又称军用手票或军用票，是日本军队在占领区强制发行、带有军费性质而没有金融或物资保证的证券。为了推行军票，日伪当局规定占领区人民的生活必需品，如对米、盐、纸、肉、棉花、棉布等物资实行专卖，只准使用军票，不许使用其他货币。日本军票实际上成了硬通货。

3. 伪造法币，扰乱金融

为了配合日军的侵华军事行动、破坏国统区经济和法币制度，日本军部陆军最高指挥部参谋本部密令日本特务机构利用民间工厂制造假币，在上海设立实施机关，其他地区设立派出机构隐蔽进行，用伪造的法币采购军需品和民用品。1940 年 4 月，成批伪造的中国农民银行 1 元、5 元、10 元面额券共 500 多万元，经过特殊工艺变成旧钞，秘密运抵中国与真法币混合，交付日本侵华机关和沦陷区的“商社”等机构使用[1]；同时，肆意在边区周围遍设推行假币的联络点，汉奸伪装成商人或抗日根据地的工作人员，向抗日根据地收购土特产、山货、药材、土布等物资；还派出伪装人员，在集贸市场以查禁假钞为名，专门没收真币，推行假币，使抗日根据地蒙受了经济损失和物资损失。

4. 发行伪币，经济损失惨重

1941 年 1 月，伪中央储备银行在南京成立，发行伪中储券，企图以伪币驱逐法币，完成在华的统一经济系统，以达到“以战养战”的目的。银行机构的设立，迅速推动了日伪货币的流通。日军利用暴力迫使沦陷区人民使用伪币，并压低法币价值，强迫用伪币兑换，待收获大批法币后，再至外汇市场换取外汇。在军事和政治势力的扶持下，日伪银行大量发行无担保的钞券，使中国经济遭受惨重损失。仅在 1938 年到 1941 年间，伪钞券由 43.77 亿元增至 99.55 亿元，增长 127.44%，通货膨胀率为年平均 31.86%[2]。这些伪币广泛流行，成为日本侵略者抢购物资、破坏中国金融秩序、谋取侵华日军军费的重要手段。

二、苏南抗日根据地货币斗争策略

为粉碎日伪军和国民党顽固派的经济封锁和掠夺，保护抗日民主政权，发展生产，保障供给，苏南抗日根据地采取灵活策略，与日伪展开了针锋相对的货币斗争。

1. 整顿货币市场，加强金融管理

苏南抗日根据地初建时，市面流通的货币主要是原国民党政府中央银行、中国银行、交通银行和中国农民银行发行的纸币。辅币除纸币外，尚有法币改革后国民政府发行的铜币、镍币，乡间少数地区尚有法币改革前的旧铜圆继续流通。公团、行商和店号等都可以发行辅币并在当地市场上流通，币制十分混乱。1941 年，苏南行政委员会及苏南财经处成立，李建模任财经处处长，各专区设立财经局，各县成立财经科，形成系统的财经机构，着手整顿货币市场。如苏南二区经济委员会发表了《整理与取缔代币券并组织基金保管委员会暂行办法》（以下简称《办法》），由县商民协会、县各业同业公会等协助苏南二区发行“江南商业货币券”。同时，建立基金保管委员会，依法整理登记各类币券，调换与发行新券以取代原币券，并制定领取使用新券暂行办法，负责督促各项工作的开展[3]。通过整理货币市场、印发新的商业流通券，加强了金融管理。在边区，爱国商贩借口《办法》规定伪币券在明确

[1] 孟建华. 抗战中的中日货币战争［M］. 南京：江苏人民出版社，2016.

[2] 黄鉴晖. 中国银行业史［M］. 太原：山西经济出版社，1994：198.

[3] 中共江苏省委党史工作委员会. 苏南抗日斗争史稿［M］. 南京：江苏人民出版社，1987：109.

禁止之列，收下后不好处理，尽量推脱不收。在中心区，伪币券则完全绝迹，市面流通的都是我们发行的商业流通券、法币和基金完备的私人发行的币券，有效地配合了物资、贸易斗争，占领了货币市场。

2. 建立银行，发行抗币

随着敌后抗日根据地的巩固和发展，敌、友、我之间的斗争（含经济斗争、货币斗争）也日趋激烈。当时国民党政府的法币已呈膨胀趋势，他们企图把膨胀了的法币压到敌后抗日根据地和沦陷区，以换回物资，想把膨胀了的法币包袱让根据地来背。敌伪方面，1942 年 6 月 21 日国民党正式宣布在苏浙皖三省禁止法币流通，限令以 2∶1 比价在限期内向伪中央储备银行换伪币，收兑下来的法币主要抛向根据地，以掠夺根据地物资。苏南地区紧接浙、沪，所受影响尤巨。在敌、友、我三角货币斗争的形势下，建立自己的银行，并正式发行根据地的货币，以抵制敌、友两方对我根据地的货币冲击，便成了当务之急。

党中央敏锐地察觉到太平洋战争爆发对根据地形势产生的影响，1942 年 1 月 5 日发出《关于法币贬值各根据地应采取的对策的指示》，华中局扩大会议研究决定：尽快在各根据地建立独立自主的地方银行，各自发行地方抗币，禁止伪币流通，限制法币流通，并根据法币贬值的实际情况和各根据地财经状况，自行研究调整抗币对法币的比值[1]。根据这一战略要求，苏南根据地迅速做出反应，1942 年 5 月，苏南区召开党委扩大会议，传达华中局会议精神，研究成立惠农银行，发行惠农币（与法币同时流通），以抵制汪伪的储备券。惠农银行直属江南财经处领导，财经处主任李建模兼惠农银行行长，惠农银行筹备处与财经处金融科合署办公，下设办事处与兑换所，处理具体业务[2]。1942 年 12 月初（另一说是 1942 年秋），在延陵镇以西（今金坛市登冠境内）某祠堂召开惠农银行成立大会。李建模做了惠农银行筹备工作报告，金融科长苏民解释了惠农银行章程，与会者有句容、金坛、丹阳等地干群和开明士绅五六十人。会议讨论了平抑物价、发行抗币、动员扩股（为了筹办银行，通过当地开明士绅搞集股，每股 10 元）等事宜。为了取信于民，惠农币是以根据地公粮和部分金银作保证。会后，在延陵镇西街盐栈公开挂了“惠农银行筹备处”招牌，在西旸镇（在茅山附近）设办事处，在椏溪港（高淳境内）设惠农币兑换所，办理发行、收兑业务和发放贷款。

惠农银行建立后即发行惠农币，首先在丹南、茅东地区有计划地投放市场。惠农币的发行方针是：有限地投放社会，逐步建立信用，联合法币，排斥伪币，在根据地政令所及地区禁用伪币，纳税一律使用惠农币；公营商业机构、军政后勤供给部门和私商到敌占区购买根据地急需商品，经批准可到银行兑换所需伪币。惠农币 1 元券为流通券，与法币的比例是 1∶1，5 元券、10 元券与法币的比例是 1∶5。惠农币发行的渠道主要是通过发放农贷和党政军的经费开支，回笼的渠道是通过税收和实物供应，以税收回笼为主。惠农币主要流通于茅山东路和金坛、溧阳、溧水、江宁、句容、丹阳、丹徒、武进等地，即当时江南行政委员会五、六行政区辖地一带[3]。1943 年，“反清乡”“反扫荡”开始，由于环境恶化，惠农银行随江南财经处撤出延陵地区，即停止发行惠农币。中共苏皖边区党委于 5 月 6 日作出《关于五、六两个月财经工作的紧急决定》中规定：“惠农币由财经机关定期收回，至于一元、五角惠农流通券仍然保持流通，但不得公开宣

[1] 刘高嘉宝，刘晟. 华中抗日根据地（江苏部分）货币政策在稳定物价中的作用研究［J］. 江苏钱币，2016（2）：94-101.

[2] 丹阳市钱币学会. 惠农银行币研究［M］. 北京：中国文史出版社，2004：9.

[3] 徐建新. 李建模同志在苏南抗日民主根据地的货币斗争中所作出的贡献［J］. 江苏钱币，2015（2）：92-95+56.

布，惠农银行名称仍然保留。”[1] 对群众手中的惠农币，采取以实物兑换或以与法币 1∶5 的比价逐步收回。10 月，流通于市场的惠农币基本收回并销毁，随后惠农银行亦告撤销。惠农银行是苏南抗日根据地成立的第一家银行，由于苏南地区斗争的复杂性，惠农银行及惠农币存在时间均不长，但它是苏南抗日根据地继发行商业货币券之后在发行与流通抗币方面的又一次尝试，惠农币公开亮出发行单位的名称，反映了苏南抗日根据地的渐趋巩固和抗币的日益深入人心。

1945 年 1 月，苏浙军区成立。为适应抗日根据地市场流通的需要，打击汪伪中储券对我根据地的物资掠夺，苏浙军区和苏南行政公署决定成立江南银行和江南印钞厂，由范醒之任行长，孔朗任厂长，印制发行江南银行币，在镇江、无锡、常州、宜兴、江阴、苏州一带及该军区辖区范围流通。江南币与法币比价从 1∶5 不断调整至 1∶50。1945 年 10 月，新四军北撤时，各地抗日民主政府及时按比价用金子、银圆、布匹、棉花兑换，收回抗币，使人民群众免受经济损失。江南银行也随军北撤，并入华中银行。

除了银行币，苏南抗日根据地还发行过如下流通券：

（1）1939 年 8 月，管文蔚领导的新四军挺进纵队在丹阳北部坊仙桥地区发行了 1 角和 2 角的货币券，印有主管挺纵财务管文彬的英文签名。这是迄今发现的新四军在苏南最早发行的抗日货币[2]。

（2）江南商业货币券。1941 年 4 月左右，在澄锡虞和苏常太地区相继发行流通，面值有 1 元、5 角、2 角、1 角券，在市场上流通使用信用很好，商民称便，是当年苏南东路抗日根据地主要使用的一种抗币。

（3）双溪商用券。1939 年常熟双溪镇因辅币奇缺，商民零找不便，双溪镇商人集资印刷，报请常熟县政府及东路经委会批准后发行。解决了当时辅币奇缺、商民零找不便的问题。

（4）货币流通券。1942 年发行，流通于江南地区，盖有“管寒涛印”的小方章，票上还印有孙中山先生像。这是一种在特殊环境下发行的抗币，特点是无地区名称、无发行组织，便于在敌后根据地及附近的地区流通，即使在敌我交界的地区也可以通行使用。

（5）马迹山临时流通券。马迹山地处太湖西北湖面上的一个小岛，1939 年 5 月，新四军的江南抗日义勇军东进时曾进驻马迹山。1942 年 8 月，马迹山建立新四军办事处和马迹山工作委员会，马迹山成为新四军东进苏西、锡南的抗日根据地。为了粉碎敌人的经济封锁和发展山区经济发行此券，仅流通于马迹山地区，目前仅见 5 分面值。

（6）茅东临时流通券。1945 年发行，票面上印有“此流通券，暂代抗币，完粮纳税，一律通行”字样，盖有总经理和副经理印章，此券流通于茅东地区，目前仅见 5 角面值券。

（7）宜溧县政府财政经济局金融流通券。宜溧县政府在 1945 年发行，券上有“本券只限在本县流通，积拾角兑换抗币壹元”字样，背面盖有“宜溧县政府财政经济局”的方形图章，只发现 5 角面值券。

（8）溧阳县流通券。1945 年发行，中间印有五角星和麦穗图案，背面印有“此券两张兑换抗币壹元”字样。现在仅见 5 角面值券。

（9）金坛县辅币券。发行于 1945 年，背面印有四项发行流通的条典：① 本券限于金坛县辖区流通；② 本券两张合抗币一元；③ 本券除通货外，完粮纳税，一律通用；④ 本券以县负责人加盖印章为凭。目前仅见 5 角面值券[3]。

---

[1] 郭静洲. 我国发行时间最短的“抗币”——惠农币 [J]. 钟山风雨，2009（4）：64.

[2] 中共江苏省委党史工作办公室等编. 新四军挺进纵队史 [M]. 北京：中共党史出版社，2017：169.

[3] 吴筹中，朱肖鼎. 苏南敌后抗日根据地发行的“抗币” [J]. 苏州大学学报，1987（2）：38-40.

苏南抗日根据地发行的各种货币券，解决了根据地货币流通不足的问题，调节了社会金融，协助了广大工农群众恢复生产、发展战时经济，改善了人民生活，在执行货币斗争任务中发挥了积极作用。

3. 肃清日伪货币，建立根据地货币流通体系

货币发行与货币斗争是交织进行的，建立抗日根据地银行货币流通市场的过程，也就是开展货币斗争的过程。通过发行抗币，消灭土杂币，肃清日伪币，净化货币流通环境，逐步建立了根据地货币流通体系，维护了根据地经济秩序。

由于法币币值比较稳定，在当时市场上起主导作用。抗币刚开始是作为法币的辅币发行的。在抗日根据地，法币与抗币平行等价流通。初期采取的斗争策略是联合法币，排除敌伪币。1942 年 3 月，汪伪国民政府将法币贬值 30% 使用。华中局提出："为了更有效地打击敌伪阴谋，及挣脱其排斥法币给根据地人民所造成的损失与痛苦，在各根据地暂时收回法币，发行以法币为标准的抗币，代替法币流通（但人民保存法币不加干涉，人民如有需要法币，亦可以随时兑换），以杜绝敌伪掠取之法币混进。"[1] 此后，苏南抗日根据地货币斗争由保护法币转变为限制法币，惠农银行因此建立。为加大抗币投放量，各根据地放弃了抗币与法币等价流通的做法，提高抗币对法币的比价，建立根据地货币流通体系，惠农银行规定抗币与法币比价为 1∶5。在提高抗币与法币比价的同时，根据地又停止使用中国农民银行发行的"中农票"，并对法币按其票面成色打折使用。苏南根据地停用比较及时，避免了物资的流失。接着根据地出台了打折收兑旧法币的政策。由于采取了以上措施，抗币发行量大幅度增长，即使条件极为艰苦的惠农银行，也发行了抗币 15 万元。

1942 年年底，日军对华中抗日根据地发动了"大扫荡"。华中局已经预料到抗币将受到冲击，此时如果不适当承兑，抗币威信就要动摇，如果不用法币充实市场，伪币必定乘虚而入。因此，苏南根据地一边准备足够的法币准备金，以应付可能到来的抗币挤兑及支付军政经费要求，一边将法币的使用标准适当降低，按照法币破损程度打不同折扣使用。1943 年 3 月通过的中共苏皖区委苏南施政纲领宣布："调整金融关系，坚决禁止伪币，保护法币，巩固惠农币之流通，以利经济之发展与财政之充裕。"不出所料，在日军"大扫荡"中，抗币遭遇挫折。在苏南根据地，由于日伪"清乡"的加强，惠农币被迫收回，惠农银行也不复存在。

抗币的未来是逐渐摆脱法币，走向独立自主发行的道路。由于国民党继续其错误的财政政策和金融政策，法币的恶性膨胀越来越凶，法币购买力比之前已低落 300—600 倍。为此，华中局强调：必须有足够大量的抗币来代替法币，并将法币排出去。为了确保目标有序实现，先将抗币从次要流通工具变为主要流通工具，取得实际的本位币资格，法币则由主要降为次要，仅任辅币作用，然后再选择时机宣布停用。随着苏南抗日根据地一天天扩大，经济也一天天繁荣。1945 年春，苏南抗日根据地财经主管机关一边积极筹建江南银行，发行江南银行币，一边将新四军南下部队带到江南来的一批"江淮币"加印"苏浙"两字后，紧急投放市场流动，以敷急需。"江南银行币"广泛流通于苏南，以绝对优势占领了金融市场。1945 年，法币流通改"联法排伪"为"禁法排伪"，以保护根据地和人民群众的利益。与此同时，华中局要求各地抗币与法币的比价在调整中走向统一，指出：这一阶段的中心工作是组织合作社与组织物资的交流，排除伪币，建立抗币本位。江南银行（苏南）和浙东银行将抗币与法币的

[1] 孙礼新. 抗日根据地对伪币斗争的政策 [J]. 江苏钱币，2015 (2)：66-81.

比价定为 1 ∶ 50，确立抗币本位币地位，形成根据地自己的货币流通体系。在华中抗币逐步走向统一的过程中，苏南根据地由于特殊原因没有参与这一行动。

经过激烈的货币斗争，苏南抗日根据地逐步形成自己独特的货币体系。在华中局统一领导下，基本完成了保证抗战经费、实行合理负担、废除苛捐杂税和改善人民生活的任务，尤其是在保障抗日根据地物价稳定方面做出了重要贡献。苏南抗日根据地的货币斗争在抗战中所发挥的巨大作用和在我国金融发展史上的成就将永载史册。

鸦片战争前后中、英、美、日鸦片消费等问题的再探析

张晓婉[1]

内容提要：鸦片流向全球经历了漫长的历史。17 世纪时，南洋鸦片流入了中国。17 世纪前后，英国作为鸦片贸易的主导，与东南亚、中国形成复杂的“鸦片贸易三角链”。随着卷入这场三角贸易的程度的加深，18 世纪末以后，中国逐渐成为当时全球最大的鸦片消费市场和受害国。除中国之外，近代英国也经历过鸦片滥用的历史；19 世纪的美国商人也参与贩运鸦片，其本土亦有鸦片消费；日本本土在二战之前几乎没有毒品危机。

关键词：鸦片贸易　流传　消费

1840 年，英国以清廷“禁烟”为名发动鸦片战争，中国战败，从此沦为半殖民地半封建社会。在中国，“鸦片”的含义多重且敏感，但又是中国近代史无法回避的课题，时至今日，毒品问题依然是影响社会安定的痼疾。追根溯源，方可知古鉴今。俯瞰当时的世界，英国如何一步步主导中英鸦片贸易，鸦片在其他国家的流传和危害等问题同样值得探究。本文试对上述问题再做简要梳理。

一、中英鸦片贸易起源和对华影响

1. 鸦片在东南亚的流传和入华

很久以前人类就开始种植罂粟，罂粟叶子最早是作为牲畜的饲料，罂粟籽可以榨油。公元前 5 世纪，人们已发现罂粟的药用方法。公元 8 世纪前后，罂粟和鸦片传入印度和中亚，又沿着古丝绸之路进入中国，但此时国内栽种罂粟更多是追求其观赏性。

公元 10 至 11 世纪，鸦片在印度大范围传播，鸦片成为当地重要的贸易商品被阿拉伯人出口到国外，“逐渐形成了恒河中下游地区、麻洼高原两个主要鸦片产区”[2]。

公元 11 至 15 世纪，西亚和印度的鸦片逐渐向马来半岛、东印度群岛和中国扩散，南洋鸦片贸易活跃起来。从现有文献看，15 世纪的明代，中国文学典籍中才出现“鸦片”的记载。

[1] 张晓婉，女，1990 年生，扬州中国大运河博物馆典藏征集部馆员，南京艺术学院人文学院硕士研究生，研究方向为艺术传播与文物征集管理。

[2] 连东．鸦片罂粟通史：欲望、利益与正义的战争［M］．上海：上海社会科学院出版社，2018：33.

由于奥斯曼帝国的阻隔，西班牙和葡萄牙迫切希望寻找通往东方的新航道，从而开始了地理探索。1509 年，葡萄牙人发现印度后最早开启了殖民活动。1510 年，葡萄牙人占领了印度的果阿，控制了印度西北部的麻洼鸦片出海口，又于 1511 年占领海路枢纽马六甲，“成为最早操纵印度西海岸鸦片出口的欧洲国家”[1]。

虽然葡萄牙已开始参与鸦片贸易，但此时明王朝奉行严厉的海禁政策，故而卷入鸦片贸易的程度并不深。“隆庆开海”以后，万历十七年（1589），鸦片首次被列入关税货物的范围。此时中国进口的鸦片主要是作为药材，被制成中药丸散吞服。

殖民扩张加速了各国商品向全球传播，原产于美洲的烟草在 17 世纪时传入中国和印度，在印度甚至一度成为鸦片的替代品，后来有人“将烟草吸食方法引入鸦片，这种经过加工以供吸食的鸦片被称为‘曼达克’”[2]。17 世纪中叶，在东南亚又发明了可吸食的鸦片烟。

1602 年，荷兰联合东印度公司成立，并于 1641 年打败葡萄牙，从葡萄牙手中夺得马六甲，占领了东印度群岛的大部分地方，刻意推动鸦片贸易，扩大东南亚市场。鸦片烟的发明，大大加快了鸦片在东南亚的传播速度。

鸦片烟最有可能在康熙皇帝解除海禁的 17 世纪末期传入中国内陆，因为其致瘾性的提高，18 世纪可吸食的鸦片烟在华迅速流传。

2. “鸦片三角贸易”形成

1600 年，英国东印度公司成立，从建立商馆、占据贸易点开始，逐步吞并印度的大片土地，战胜了其他西方竞争者。1757 年，普拉西战役之后，英国实际控制了孟加拉国，1765 年英国控制了印度和孟加拉的鸦片贸易。

从 1765 年开始，英属印度采用包收人制度，公司给包收人预付金，包收人要求农民种植鸦片，收获后采集并由自己加工，交给公司后由其拍卖，竞买者再运到世界各地。1797 年，英属印度开始实行代理处制，进一步垄断了鸦片的种植和加工。

由于乾隆二十四年（1759）发生了洋商洪任辉案，故清政府限制洋船贸易，原来的多口通商紧缩到只开放广州一个合法通商口岸，直到鸦片战争前，对外贸易都是通过在广州的散商完成的。此时，参与对华鸦片贸易的散商中英国人最多，除了英美等西方国家的商人，还有一些亚洲的烟贩。

直到 18 世纪末，孟加拉国鸦片销售的主要市场还是东南亚。1818 年，英国人征服了马拉特诸土邦，开始管控印度西北部麻洼鸦片的出口。

“入华鸦片数量在 1729—1780 年间年均增长率为 4%，而 1780—1790 年间对华鸦片输入量却出现了跳跃式增长。”[3] 这归因于鸦片的主要消费方法发生了变化。乾隆年间（大约在 1785 年前后），广东一位妇人将烟草剔除，发明了单纯吸食鸦片的方法，此方法经改进后流传开来。

18 世纪中叶，东南亚市场已渐趋饱和。18 世纪末，吸食方法的改变促使对华鸦片出口大增，中国卷入东亚鸦片贸易。至此，印度、中国和东南亚市场之间开始形成南洋鸦片贸易“三角链条”，此时印度包括英属印度、鸦片产地土邦和非鸦片产地土邦三个市场，英国成为这宗三角贸易的主导力量和收益方，而中国渐成最大受害国。

3. 英国推动鸦片贸易攫取暴利

1819 年，英国东印度公司加大孟加拉鸦片

[1] 连东．中国、印度与东南亚之间的鸦片“三角贸易”研究（1602—1917）[D]．石家庄：河北师范大学，2011：38、68、79.

[2] 连东．中国、印度与东南亚之间的鸦片“三角贸易”研究（1602—1917）[D]．石家庄：河北师范大学，2011：38、68、79.

[3] 连东．中国、印度与东南亚之间的鸦片“三角贸易”研究（1602—1917）[D]．石家庄：河北师范大学，2011：38、68、79.

的生产，又主动购买麻洼鸦片投放中国市场，放开了印度鸦片的生产。自1821年开始，中国的鸦片进口量又出现了暴增，由于供应量大涨，鸦片价格下跌，南方市场趋于饱和促使外国烟贩北上，从而推动了中国北方市场的扩展。“1831—1832年度，孟加拉鸦片产量为前十年平均产量的两倍。输入中国的鸦片数量1835—1836年度达到了前所未有的3万箱。”[1] 根据市场规律，产量大增意味着价格回落，利于鸦片从“高收入群体”向中等收入群体渗透，由此鸦片流毒泛滥开来。

英国东印度公司通过鸦片贸易获取了巨额财富。截止到18世纪中期，公司的对华贸易总值已达到其他欧洲国家对中国贸易的总和。据不完全统计，康熙二十九年（1764），欧洲对华贸易总值为191万两，而其中英国占比竟高达63.3%。到18世纪末，英国对华贸易已占到欧洲总值的90%左右。[2]

1830年开始，公司规定麻洼鸦片需按照指定路线从孟买通过，并要求缴纳过境税。1843年，英国兼并印度信德地区以后，麻洼鸦片的出口通道被英国人完全控制。可以说，公司已完全垄断了印度产地的鸦片。孟买过境税与孟加拉垄断利润构成的鸦片收入成为英属印度仅次于地税的第二大税源，占总税收的八分之一；1833年，英国在华行号进口的货物总值中已经有一半是鸦片价值。[3]

4. 鸦片对中国的荼毒

清政府于雍正年间关注到“烟祸”并开始禁烟，沈复在《浮生六记》中记述到，其于1793年前后经商入粤，在广州游船上“有卧而吃鸦片烟者”。但是直到道光元年（1821），除了对外禁止鸦片入境，对内才明令严惩鸦片种植、贩卖和吸食。“然而道光帝的一系列禁令并没能遏止鸦片毒流，实际上只是使鸦片由公开、半公开的贩运变为完全的走私。”[4]

18世纪80年代到1858年，中国是英属印度鸦片的主要消费市场。从现有材料看，鸦片战争前我们不能过高估计当时中国鸦片的泛滥程度。为解决白银外流，清政府在19世纪80年代采取鸦片弛禁，土产鸦片“大行其道”，虽然最后将进口鸦片赶出了市场，但实质上加剧了社会贫困，以至于到了1901年，全国吸食鸦片的总人口约占总人口的1.5%～5%，是第一次鸦片战争时期吸食人口所占比例的5～7倍，鸦片终究成为中国“生民以来未有之大患”[5]。作为当时占据世界人口约三分之一的国家，鸦片成为祸国殃民最大的流毒。

二、同时期英美日三国的鸦片贸易与消费

1. 英国的鸦片流毒

近代英国对于鸦片的认识也经历了一个漫长的过程，18世纪末以来也经历过一段鸦片滥用的黑暗期。在从事罪恶的海外鸦片贸易之时，英国人也消费鸦片，本土亦有种植，甚至小部分能供应国外。英国所用鸦片多产自土耳其，吗啡含量更高，早期是以罂粟提取物配制成可吞服的“多弗粉”“哥罗丁”“鸦片酊”等药剂，当时英国民众可轻易从药剂师、杂货店、书店甚至流动小贩中廉价购买到，罂粟也因被很多名流形容为“病患的福音”而备受推崇。19世纪中期很多欧洲医学期刊、新闻报道、文学作品对此都有过描述，如在1857年英国夏洛蒂·勃朗特的《简·爱》及同时代法国大仲马的《基度山伯爵》中都提到和酒吞服用鸦片制成的小丸的场景。

一方面，随着医学的进步和知识的传播，很多病理学家逐渐认识到服用鸦片后药物成瘾带来的负面作用，对鸦片有了更客观而全面的认知。另一方面，传教士也力倡禁烟。据

[1] 连东．鸦片罂粟通史——欲望、利益与正义的战争［M］．上海：上海社会科学院出版社，2018：136.
[2] 黄毅青．东印度公司对华贸易探析［J］．成功营销，2018（10）：58-59.
[3] 连东．鸦片罂粟通史——欲望、利益与正义的战争［M］．上海：上海社会科学院出版社，2018：170-121.
[4] 张玉芬．鸦片战争前清政府禁烟述评［J］．辽宁师范大学学报，1990（4）：18-23.
[5] 连东．中国、印度与东南亚之间的鸦片“三角贸易”研究（1602—1917）［D］．石家庄：河北师范大学，2011：193.

“《中国丛报》（*The Chinese Repository*）统计，从1807年马礼逊来华，到1842年五口通商教会获得在通商地区传教的特权，其间来华活动的61名新教传教士绝大部分都是英国人或美国人[1]。英国传教士以信仰基督教新教为主，其教义规定不准吸食鸦片。大量晚清来华传教士目睹了鸦片给中国民众带来的悲惨遭遇，这与其教义和道德准则相悖，也削弱了宗主国的威信，他们回国以后更是大力劝禁鸦片。

1852年开始，英国议会陆续颁布《管理药物化学家资格的法案》《医疗注册法案》等完善医疗行业的资格认证与行业准入制度，“1868年7月31日，颁布《毒品药店法案》，鸦片及其制剂被纳入其毒品计划表第二部分，要求规范管理毒品销售”[2]，规定出售剂量、明确做好标签说明和销售备注。而更加严厉的禁毒法案也在19世纪末期到来，此时英国的科学研究和禁烟已然开始，而清政府之后为抵制进口鸦片竟生产土烟自我戕害，中西方差距渐大。

2. 19世纪鸦片在美国的兴起

17世纪，英属北美殖民地就有了烟草种植园。19世纪之前北美已有吸食烟草的习惯，随着鸦片烟的传入，出现了吸食鸦片之风，在华人社会中尤甚。

19世纪初，美国西进运动吸引了一批华人赴美淘金，据统计，1851—1890年中国对美移民29.06万人。由于彼时美国限制华人移民的政策，在美华人的地位低下，但开发西部的环境又恶劣，因此华人社会盛行吸食鸦片。19世纪中期以后，鸦片消费也向美国富人和中等教育群体扩散。

在殖民时代，北美商人与中国就存在海上贸易。美国对华出口鸦片的时间，一般认为始自1805年，早期为土耳其鸦片，后有波斯鸦片，1820年前后英国东印度公司取消对印度的贸易垄断，美国也开始参与贩运印度鸦片，虽远不及英国输出的数量，但美国也成为英国之后有力的竞争者。

同样的，第一次鸦片战争前后，如裨治文、伯驾等在华的美国传教士们不遗余力地宣传鸦片的危害，他们利用报纸媒介抨击鸦片贸易，其关于鸦片问题的报告成为影响美国国内舆论的一个重要因素。

3. 19世纪后半期中英美三国进口鸦片年人均消费量比较

资料显示，1874年美国全年鸦片进口量将近25万磅，是30年前的10倍，而且超过三分之二并非医用。[3] 为了更加直观地比较中英美三国在大约同时期鸦片的消费情况，根据有关资料绘制下表（见表一）：

表一　中英美三国进口鸦片年人均消费量比较

国家	年份	消费鸦片数量	总人口（亿）	年人均消费量（磅/人）
中国	1850	55000箱（约7333334磅）	4.32164047	0.01697
英国	1860	约280000磅	0.18937536	0.0148
美国	1874	约250000磅	0.4844	0.00516

注：表格里中英数据参考自王效《19世纪英国对鸦片认识的转变》；美国人口为估算

4. 日本的鸦片问题

在明治维新之前，日本也处于闭关锁国的状态，只与中国、朝鲜、荷兰等国保持极少的来往。中英鸦片战争的消息使日本深感危机，于是幕府严禁鸦片。1853年，美国舰队武力叩关，日本与其签订《日美亲善条约》，1858年

［1］李栋．鸦片战争前后英美法知识在中国的输入与影响［C］．亚欧法律史论坛第二届年会“理念与过程：近代亚洲与欧洲的法律交流”论文集，2013-11-4：6.

［2］王效．19世纪英国对鸦片认识的转变［D］．长春：东北师范大学，2018：24.

［3］Opium Eating In The United States［J］．The British Medical Journal，Vol. 1，May 23，1874：690.

在修改条约中规定“禁止鸦片贸易”，之后虽然其他列强如荷兰、俄国、英国、法国等纷纷效仿，但幕府都强烈坚持把鸦片贸易作为禁止条款写入条约中。日本结束锁国后开启近代外交，并很快走上了军国主义的道路。甲午中日战争以后，日本开始侵华，早期对占领地采取鸦片“渐禁”态度，实则是变相纵容；随着侵华规模的扩大，日本对日据地实施各种毒化政策。

由于19世纪中期以来日本对鸦片的认识逐步完善，资本主义改革也使得日本摆脱闭塞和贫困，免受鸦片的危害。在二战之前，日本本土几乎不存在毒品问题。

三、结语

鸦片战争的爆发有其复杂的背景，因为西方列强的侵略和清政府的腐败，毒品带给中国的苦难毋庸讳言。鸦片的利用印证了“物极必反”的定律——鸦片本可治病救人，滥用过度就成为可怕的毒品。本着科学求是的态度探究历史真相，是为了吸取经验，解决历史遗留问题。吾辈更应不忘过往，自强不息，为中华民族伟大复兴而努力奋斗。

由于缺乏对鸦片的科学认知，19世纪包括中国在内的多个国家皆曾受到鸦片戕害。自医学研究注意到其负面效应以后，浩浩荡荡的禁烟运动在千呼万唤中亟待出台，并终将成为主流。今天，在构建“人类命运共同体”的进程中，这一议题更具有现实意义，打击毒品犯罪成为世界各国团结协作的一个共同目标。

赛珍珠慈善思想探源

孟 婷[1]

内容提要：本文以赛珍珠在镇江生活期间的社会环境和历史事件为考察对象，结合赛珍珠的传记及文学作品的描述，着重从慈善从教、戒绝鸦片、关爱残障、尊重妇女等4个方面做地缘文化的初步考证，探寻中国传统文化对其慈善思想和行事方式的影响，以期更全面深刻地了解赛珍珠中西方文化双焦透视的思想渊源，并对今天的城市建设及新时代中国慈善文化的传播提供借鉴。

关键词：赛珍珠 慈善 镇江

赛珍珠在1938年获得诺贝尔文学奖的演说中强调，是中国小说而不是美国小说决定了她的小说成就。通过分析她100多部小说和1000多篇其他各种题材的创作，我们发现其慈善思想的产生不仅有着东西方文化的双重影响，而且有着童年镇江的各种生活烙印。究其一生的创作和言论，我们可以发现不仅她的文学创作源于镇江，其生活理念、慈善意识亦蒙始于镇江。

镇江的慈善文化源远流长，作为具有3000多年历史的文化名城，镇江地处丘陵山区，江河交汇，是兵家必争之地，但也水灾频繁、旱灾不断，战火连连、生灵涂炭。然而因灾生善，多难兴邦，城市滋养了慈善心怀，大爱镇江也成为现代镇江的名片。市民将赛珍珠评为镇江符号也不是巧合，而是文化内涵的自然发展，因为镇江为赛珍珠慈善思想的萌芽提供了土壤。

一、助教经历

赛珍珠自幼接受了家庭提供的双语教育，她在《我的中国世界》里介绍：上午妈妈教授英语阅读写作，下午孔先生打开丝绸包着的四书五经教授中文。1905年孔先生去世后，她去了附近的崇实女中读书，该校由教会创办，部分经费由募捐而来。资金有限，教师短缺，因此校长诺冰心看到赛珍珠时，希望她能在英语会话课上提供帮助，教低年级的初学者。

同样的教学经历在她大学毕业后又来临了。1914年11月，赛珍珠的母亲卡洛琳病情恶化，赛珍珠决心放弃心理学教学和研究生报考，从美国伦道夫-梅康女子学院独自一人返回中国故乡，照料病中的母亲，承担家务劳动，白天还在附近的教会学校教书。

通过这些愉快的从教经历，她理解了教育在改造人、改变社会方面的重要作用。无论是

[1] 孟婷，女，1970年生，镇江博物馆文博馆员。

她以后创立赛珍珠基金会，还是推崇晏阳初的平民教育，都显示了她对教育的极度重视。简而言之，她相信每个人都有不可剥夺的权利来实现他们的最大发展。她深受中国“最好”思想的影响，认同中国的旧观念，即教育的目标不仅是精神修养，而且是良好道德品格的养成。重视教育成为赛珍珠日后开展慈善活动的一项重要内容。

二、戒绝鸦片

《大地》中多处写到土地庙、观音菩萨，因为赛珍珠童年时生活的镇江佛教盛行，其登云山故居附近多山，佛寺、道观林立，原来的地名就叫三官堂。她的故居方圆 500 米范围内就有三茅庵、土地庙、紫竹庵、宝育庵、灵鹫寺、进渡寺、福善堂等 10 余座和尚庙、尼姑庵，香火较旺盛。赛珍珠幼时随王妈到金山寺、福善堂、土地庙等庙宇进香拜佛，看到了里面的许多圣灵塑像，给她幼小的心灵留下了深深的烙印。赛珍珠在 1933 年的自传中曾说，幼时要进和尚庙玩耍，会遭到老和尚虚张声势的竹竿驱赶，既害怕又有趣。因老和尚有时心情好，会慷慨地拿些别人敬供的糖果送给这白皮肤的小女孩。自传中还说，半夜醒来听到庙宇传出沉闷、孤独、单调、肃穆的钟声，不免恐惧。此庙非金山，而是登云故居旁最大的庙宇福善堂。《丹徒县志摭余》卷二“寺观”云，福善禅林在西城外山麓。并指出该禅林初名福善堂，光绪乙丑（1889）由天津叶泰椿居士所建。福善堂专为贫民戒烟而设，并附设施药、施医、施财、放生、惜字、义学等善举。民国乙卯（1915）改为福善禅林，为金陵宝华山慧居寺光慈法师传融山法，徒戒正主持。有关福善堂的沿革载于县志史书，足见其地位之重要。

据文史专家刘龙生前推断：福善堂建于光绪乙丑年，赛珍珠来镇江的时间为 1892 年 10 月。赛珍珠从懂事有记忆起到赴沪读高中期间，正逢该庙晨钟暮鼓，礼佛诵经，香烟缭绕、紫烟不绝，这一派旺盛景象吸引了年少的赛珍珠并对她产生了深刻影响。从规模看，此庙房屋 30 余间，寺后有荒地 20 余亩，虽次于金山、焦山，却居附近 10 余所寺庙之冠。再从地理位置看，该庙正在润州山下北面，距赛原故居仅约 200 米，即现在崇实女中对面，原有的碑匾、房舍已难见旧貌[1]。

戒烟、天足也是当年教会学校所倡导的。赛珍珠父母更是对鸦片战争强加给中国人民的灾难感到羞愧。在自传中，赛珍珠就揭露过父亲传教中用人不当，信徒中居然有吸食鸦片者，因为他们发现了他购买鸦片的票据。帮助“瘾君子”摆脱毒品的控制是赛珍珠关注的一个重要的慈善项目。

三、关爱残障

赛珍珠在著作中回忆了童年在镇江看到的残疾儿童受到家族照顾、不离不弃的生动事例。“他们有任何人类产生的病症：盲人、瘸子、侏儒、结巴、畸形——我在中国生活时，我看到所有那些人在中国人中来来去去被接受。他们的病症没有被弃之不理，有时他们也因此被叫上绰号。例如，小瘸子是我童年时期的玩伴，一个有一条腿变形的男孩。根据我们西方的概念，叫人的缺陷是很冷酷的，但中国人不这样认为。那是他们的习惯，渐渐地，他有缺陷的腿成为他自身的一部分，有一些仿佛是为了这个男孩在这方面缺陷理所当然的苦恼的宣泄。某种角度说，比我们美国朋友精心的忽视更易于接受，患者不感到任何隐瞒的需要。他是他自己，任何人所知道的他。那样更好，超过周围温柔的掩饰，他也喜欢周边每一个人。”[2]

赛珍珠还接受了中国人生活中的一些智慧或者是大爱思想：“中国人相信，因为老天爷的安排，无论是谁，那只是一个人的命运，既不是他个人的因素，也不是家庭的原因。中国人也相信，带着人类的同情，老天也将有补偿。

[1] 刘龙．赛珍珠研究［M］．昆明：云南人民出版社，1992：238.
[2] ［美］赛珍珠．永远长不大的孩子［M］．美国：伍德拜恩之家出版社（Woodbine House），1992：39.

因此，对待一个盲人很尊重，甚至有时带着恐惧，因为要想到他有一种遥远的感知只有他能看见。"[1] 这些应该是指那些在街上替人算命的盲人了。不管这是否有点迷信，但表现了中国人对残疾人的尊重和同情，也让深陷迷茫的赛珍珠获得了希望。中国人对残疾儿的宽容、收容以至尊重，还是给了她最大的动力，她不断地努力带女儿治疗，并期望养育女儿一生。以至于她觉得在中国和美国人中间，对残疾儿的爱，还是中国人更加人性、更加坦率。

她说，和生病的女儿生活在中国人中的那些年，呼吸着这种坦率的空气。中国朋友探讨她的女儿就像讨论他们自己的孩子一样容易。虽然中国当年的治疗水平还不如美国，也没有足够的经验知道女儿生的是什么病（卡洛尔患苯丙酮尿症，智力低下）。但中国人用他们的方式安慰着珍珠，"她这明智的眼睛还没有睁开""这智慧有些人来得早，有些其他人来得迟——耐心点"。

赛珍珠在镇江的见闻建构了她对残障问题的系统认知，为她以后的慈善事业奠定了坚固的思想基础。

四、尊重妇女

在中国封建社会的漫长历史中，妇女所受压迫比男子更甚。在君权、神权、族权之外，还有夫权。男尊女卑、三从四德、片面贞操、缠足，都是加在妇女身上的枷锁。

鸦片战争以后，西风东渐，男女平权之风从上海等通商口岸逐渐影响到内地，宁波、上海、镇江等地次第开设女学，妇女公开出入社交场所，不缠足运动逐渐开展。从 19 世纪 70 年代起，男女平等之说在上海等地的报纸上不断出现，男女平等思想逐渐深入人心。

镇江在第二次鸦片战争后开埠，随着长江航运，特别是沪宁铁路的开通，镇江与上海联系紧密。赛珍珠一家 1886 年就到过镇江，在这里建立过临时的家。1896 年定居镇江后，他的父亲赛兆祥创办了润州中学。赛珍珠就读的崇实女中就是由美国教会创办的。孔先生去世后，她在这所位于风车山上的教会女校就读，当时学校开设的课程内容除了中国传统文化外，还有根据西方学校的学制、内容增设的现代科学等科目，不仅拓宽了女子的知识面，更宣扬了男女平等的理念。

重男轻女的旧观念根深蒂固，非一日可以改变。赛珍珠曾经非常细致地回忆旧中国重男轻女的恶习，她的一位中国姐姐彩云连着生下 6 个女儿，她曾把这当成一个幽默故事记叙下来[2]。

比这种重男轻女严重得多的是有些家庭遗弃女婴，特别是由于灾年不能抚养。这种场景，幼年在旧时跑马山（今镇江火车站旁，曾作为刑场、坟场）及赛珍珠所居住的润州山、宝盖山等荒郊野外时有发生。

在赛珍珠的童年记忆中，她最慈爱的保姆王妈也是有着悲惨经历的底层女性。她躲过了太平天国的战火，嫁给丈夫之后，生育的女儿却因被丈夫砸破了头而死，惊动了路过这里的赛珍珠的母亲，王妈幸运地为母亲凯丽收留，并在赛家干到不能干为止。赛珍珠不仅将童年看到听到的这一幕幕写入了作品，而且这也促成她后来回到美国终身努力，致力于男女平等，维护妇女儿童的权益。

五、结语

终其一生，赛珍珠的其他慈善义举也与她在镇江生活的经历的密不可分。如在大学毕业可留校任教的优越条件下，她无条件听从了父亲赛兆祥的召唤回到镇江，照顾生"热病"的母亲，尽管病因不明，但她想尽办法帮着母亲延年益寿，改善生活质量，她在医生指导下用食物疗法为母亲改善营养等。因之，她与故居旁的妇幼医院应该也有着密切的联系。这段生活也对她此后的生活有着深刻影响，在她的许

[1]［美］赛珍珠. 永远长不大的孩子［M］. 美国：伍德拜恩之家出版社（Woodbine House），1992：39.
[2]［美］赛珍珠. 我的中国世界［M］. 尚营林，等译，长沙：湖南文艺出版社，1991：19.

多作品中都写到了医院的场景。如《生命的旅程》一开始对医院结构的那段描写就和今天崇实女中的图书馆楼特别相似，这栋楼就是原来教会设立的宝盖山妇幼医院，不禁让人联想到赛珍珠当年求医问药的情景。由小说改编成电影的抗日谍战片《中国的天空》也是围绕医院展开的。这些作品中医院的结构、功能都与赛珍珠在镇江的生活密切有关。

至于在镇江救济灾民的事迹，在她当年为子女准备的自传体作品《异邦客》中有生动真切的描述。她在其中回忆了母亲卡洛琳圣诞节救助苏北等地因灾害逃难到镇江、寄住在周边山坡上的难民，这些事情，在她妹妹格蕾丝的回忆中也有清晰的记载。从中可以看出，赛珍珠姐妹虽然盼望得到圣诞节礼物，可是为了救助灾民，她们省吃俭用，过了一个没有礼物的圣诞节。这些记忆加深了她对中国人民的苦难的了解，不仅体现在她的作品中（例如她在《大地》中写到了洪灾、旱灾），而且激发了她自幼生发的慈善大爱胸怀，成就了她一生的慈善事业。

总之，赛珍珠慈善胸怀的形成与她在镇江的成长经历密切相关，她的慈善思想既有美国宗教传统的影响，也有中国文化的影响。如，她在自传中写圣母玛利亚有个姐姐是观世音，孔子和她的祖先握手了。她对中国的慈善、教育、文学等大加赞赏，但她认为美国的海外传教没有必要。在慈善事业的一些举措上，赛珍珠也推崇中国的方式，比如对孤儿的收养，赛珍珠不推崇美国式的孤儿院，而是希望小孩子平等地融入传统的中国大家庭中，这与当今残疾人教育的融合式理念高度契合，让人不得不钦佩赛珍珠早年的远见。

赛珍珠回忆说，当看到许多饥寒交迫的穷人，父母要她去安慰他们；她很小就懂得了，只要拥有坚强的意志，总能摆脱烦恼和苦难。这些在镇江的慈善经历，她终生都牢记着，每遇绝望，总能释然。所有这些都不曾在她的记忆中留下丑恶的印记。见多了苦难，便不再畏惧。赛珍珠说道：“我的心只是变得更加温柔。早点认识生之艰难也许更好，因为悲苦、死亡都是生活中不可避免的，不能怕它们。”[1] 这些都对我们传承慈善文化、撒播大爱思想、克服当今面临的各种灾害不无激励作用。

[1]［美］赛珍珠. 我的中国世界［M］. 尚营林，等译，长沙：湖南文艺出版社，1991：11.